수능 국어 대비

매체
N제

프리미엄 **언매 문제집**

전형태 편저

2025
개정판

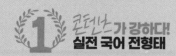

실전 국어 전형태

megastudy

Contents
이 책의 순서

매체 N 제 프리미엄 언매 문제집

N

매체
N제

프리미엄 **언매 문제집**

Part _01

매체 실전문제 1회

[1-1~1-4] 다음은 '지역 간호사제'에 대한 신문 기사를 다루는 텔레비전 방송 프로그램의 일부이다. 물음에 답하시오.

진행자: 안녕하십니까! ㉠지난 방송에서 우리나라 지역 간 인구수의 격차가 커지고 있다는 소식을 전해 드렸었죠. 그런데 지역 격차는 비단 인구수에서만 나타나는 게 아닙니다. 2019년 조사에 따르면, 시군별로 인구 1,000명당 배정될 수 있는 간호사가 □□시는 35.6명인 반면, ○○시는 0.7명에 불과하다고 합니다. ○○시는 이러한 문제를 해결하고자 지역 간호사제를 지난해부터 도입했습니다. ㉡정부에서도 2024년까지 이 지역 간호사제를 전국으로 확대할 계획을 발표했는데요. 오늘은 이와 관련한 기사들을 보겠습니다. 먼저 ○○신문의 사회면입니다.

○○시… 간호 인력 확보 81% → 89.5%

○○시가 지방 의료원의 만성 인력난 해결을 위해 지난해 도입한 지역 간호사제가 간호 인력 확충에 실제로 효과가 있는 것으로 나타났다. 9일 ○○시… 인력은 855명 정원에 현원 765명으로, 89.5%의 확보율을 보이고 있다.…지난해 지역 대학과 협약을 맺고 지역 간호사제를 실시한 결과로…

진행자: 표제가 '○○시… 간호 인력 확보 81% → 89.5%'군요. ㉢기사 내용 일부를 확대해 보겠습니다. 지난해 지역 간호사제를 실시한 이후로 간호 인력의 확보율이 정원 대비 89.5%로 증가했다고 하네요. 기사에서 지역 간호사제에 관해 간략하게 언급하고 있는데요. 이에 대해 구체적으로 설명해 주실 수 있을까요?

전문가: 지역 간호사제란 지역 간호사 선발 전형을 간호학 교육 과정이 있는 국공립 대학 혹은 부속 병원이 있는 대학에 두고, 해당 전형으로 입학한 학생에게 장학금을 지급하는 대신 면허 취득 이후 의료 취약 지역에 4년간 의무 복무하도록 하는 정책입니다. ㉣말씀하신 대로 이는 지역 간 간호 인력 수급의 불균형을 해소하기 위한 것입니다.

진행자: ○○시의 사례를 보니 효과가 꽤 좋은 것 같습니다.

전문가: 네, 그렇습니다. ○○시에서 제도 시행 이후 간호 인력 확보율이 증가했을 뿐만 아니라 간호사의 퇴사자 수가 절반가량 감소했다는 점 역시 눈여겨볼 만한데요. ㉤지방의 간호 인력이 부족한 이유가 입사 1~2년차 간호사 중 50% 이상이 대도시로 이직하기 때문임을 고려하면 매우 고무적인 현상이라고 볼 수 있겠습니다.

진행자: 아무래도 정부에서 장학금과 같은 지원 정책을 확대하다 보면 간호 대학에 진학하려는 학생들도 많아지겠군요?

전문가: 네, 맞습니다. 따라서 정책의 시행과 함께 간호학과의 신설이나 정원의 확대 등이 필요할 것입니다.

진행자: 그러나 정부의 지역 간호사제 시행에 대해 우려를 표하는 시선도 존재한다고 합니다. 다음은 인터넷 신문인 △△뉴스의 기사를 함께 보시죠.

△△뉴스

지역 간호사제, 근본적 해결책 될 수 없어…

작성 시각 : 20XX.05.20 08:00 수정 시각 : 20XX.05.20 08:35

○○시에서 작년부터 시행된 지역 간호사제가 2024년에는 전국으로 확대될 것으로 보인다. 정부는 지역 간 의료 격차를 해소하기 위해 지역 간호사제를 위한 기반을 적극적으로 마련하겠다고 밝혔다.

그런데 간호사들 모두가 지역 간호사제에 찬성하는 것은 아니다. 현재 지방의 공공 의료 기관에서 일하고 있는 김 씨는 "지방 의료원의 보수나 복지는 수도권과 비교하면 형편없는 수준"이라면서 "장학금 지급은 일시적 해결책일 뿐, 의무 근무 기간이 끝나면 결국 지역을 이탈할 것"이라고 전망했다. 지역 간호사제가 근본적인 해결책이 아니라는 말이다.

또한, 그들은 우리나라가 매년 배출하는 간호사 수가 OECD 국가 중 최상위 수준임을 들어 간호학과의 인원 증대는 현 문제의 해결책이 될 수 없다고 주장한다. 입사 후 1년 이내 사직하는 간호사는 45.5%에 달하며, 이 중 대부분은 과도한 업무량을 그 이유로 꼽는다.…

[SNS에 공유하기] [인쇄하기]

댓글(210개)

아뿔싸 : 저는 간호사인데요. 제 주변만 보더라도 지역 간호사제를 반기는 간호사들은 한 명도 없어요. 지금 간호사들 처우 개선을 우선시해 주셨으면 좋겠어요.ㅠㅠ
좋아요 : 30개

아이고 : 아까는 1년 이내 사직하는 간호사가 35.5%라고 되어 있었는데 수정됐네요. 지금이 정확한 정보겠죠?
좋아요 : 21개

마마마 : 지역 간호사제는 좋은 취지인 것 같은데요. 이를 실시하면서 간호사 1인당 환자 수를 함께 법제화함으로써 간호사의 업무 과다를 방지하는 건 어떨까요?
좋아요 : 35개

1-1. 위 방송 프로그램을 시청한 학생의 반응으로 적절하지 <u>않은</u> 것은?

① 진행자는 전문가에게 ○○신문의 내용과 관련한 질문을 던짐으로써 추가적인 정보를 이끌어 내고 있군.

② 전문가는 진행자가 언급하지 않은 정보를 제시함으로써 주제에 대한 ○○신문의 입장을 강화하고 있군.

③ 진행자는 ○○신문 기사의 표제와 내용을 언급함으로써 화면에 제시된 정보 중 일부를 선별적으로 전달하고 있군.

④ 진행자는 지난 방송의 내용을 언급함으로써 이번 방송의 주제가 지난 방송의 주제와 연관이 있음을 드러내고 있군.

⑤ 전문가는 진행자의 견해에 동의의 뜻을 밝힘으로써 해당 주제에 대한 다른 시각이 존재한다는 사실을 드러내고 있군.

1-2. ㉠~㉤에 대한 설명으로 적절하지 <u>않은</u> 것은?

① ㉠ : '-고 있다'를 사용하여 지역 간 인구 격차의 심화가 현재 진행 중인 문제임을 드러내었다.

② ㉡ : 관형사형 어미 '-ㄹ'을 사용하여 지역 간호사제와 관련한 정부의 발표 내용을 상세히 제시하였다.

③ ㉢ : 선어말 어미 '-겠-'을 사용하여 기사의 내용을 보여 주기 전에 수용자가 이를 추측해 볼 수 있도록 하였다.

④ ㉣ : 의존 명사 '대로'를 사용하여 상대방이 이미 언급한 내용을 다시 발화한다는 사실을 드러내었다.

⑤ ㉤ : 연결 어미 '-면'을 사용하여 앞 절의 내용이 뒤 절에 담긴 결론을 도출하는 조건으로 작용하고 있음을 나타내었다.

1-3. △△뉴스의 댓글을 통해 확인할 수 있는 각 댓글 작성자의 수용 태도에 대한 설명으로 가장 적절한 것은?

① '아뿔싸'는 기사의 내용과는 반대되는 의견을 제시하며 기사가 편파적임을 비판하고 있다.

② '아이고'는 기사에서 제공한 정보의 출처가 명시되지 않은 이유에 대해 의문을 제기하고 있다.

③ '마마마'는 기사에서 언급한 문제 상황을 해결할 수 있는 새로운 해결 방법을 제안하고 있다.

④ '아뿔싸'와 '아이고'는 기사의 내용과 자신의 경험을 관련지어 강조하며 후속 기사가 필요함을 주장하고 있다.

⑤ '아이고'와 '마마마'는 기사에 제시된 수치 자료가 정확하지 않음을 지적하며 작성자에게 수정을 요구하고 있다.

1-4. '○○신문'과 '△△뉴스'를 바탕으로 확인할 수 있는 매체의 특성으로 가장 적절한 것은?

① ○○신문은 지역 간호사제에 대한 기사를 사회면에 싣고 있다는 점에서 기사들을 주제에 따라 다른 지면에 배치하고 있음을 알 수 있다.

② △△뉴스는 수용자끼리 소통할 수 있는 댓글란을 운영하고 있다는 점에서 수용자들이 기사의 정보 구성에 직접 참여할 수 있음을 알 수 있다.

③ ○○신문은 지역 간호사제를 경험한 사람의 인터뷰를 삽입하고 있다는 점에서 △△뉴스보다 생동감 있는 정보를 제공하고 있음을 알 수 있다.

④ △△뉴스는 SNS에 기사를 공유할 수 있는 경로를 제공하고 있다는 점에서 ○○신문보다 기사 내용을 구성하는 정보의 타당성이 높음을 알 수 있다.

⑤ △△뉴스는 수용자가 기사의 수정 시각과 수정 전 내용을 확인할 수 있다는 점에서 ○○신문보다 신뢰할 수 있는 정보로 내용을 구성하고 있음을 알 수 있다.

[1-5~1-6] (가)는 학생의 개인 블로그이고, (나)는 발표를 위해 (가)를 참고하여 만든 카드 뉴스의 일부이다. 물음에 답하시오.

(가)

우리가 불편해야 지구가 편하다?

20XX년 8월 20일 18시 20분 올림

•불편한 여행법이란?

최근 SNS에서 #불편한여행법, #지구쓰담쓰담이라는 해시태그*가 유행하고 있는데요, 불편한 여행법이란 대체 무엇을 가리키는 말일까요? 사실, 이 해시태그는 한국관광공사가 최근 사람들 사이에서 환경 보호에 대한 인식이 커지고 있는 것을 반영하여 친환경 여행을 확산하고자 진행한 캠페인의 일환입니다. 이 캠페인은 평소 여행을 할 때 미처 생각하지 못했던, 환경과 관련한 우리의 행동을 돌아보면서 여행지에서 일회용품 사용 줄이기, 여행 기념품 포장 줄이기 등의 실천을 내용으로 하는데요. 불편한 여행법이란 이러한 실천이 우리에게는 조금 불편하더라도 자연과 지구를 편하게 만들 수 있다는 의미입니다.

이미지 출처 : 한국관광공사

*특정 핵심어 앞에 '#'를 붙여 써서 식별을 용이하게 하는 메타데이터 태그의 한 형태. 이 태그가 붙은 단어는 소셜 네트워크 서비스(SNS)에서 편리하게 검색할 수 있다.

•불편한 여행법 챌린지에 어떻게 참여하나요?

영월 에코 빌리지

불편한 여행법 챌린지는 8월 31일까지 진행되며, SNS를 통해 #불편한여행법, #지구쓰담쓰담이라는 해시태그를 달아 자신이 실천하였거나 실천할 예정인 친환경 여행 방법을 사진·영상·일러스트 등으로 게시하여 참여할 수 있습니다. 실제로 지난 4일에 캠페인이 시작된 이래, SNS에 다수의 게시글이 올라왔는데요. 그중에서도 제가 인상 깊게 본 것은 '여행중독자'님의 SNS(←글자 클릭시 해당 SNS로 이동합니다.)에 올라온 강원도 영월의 '에코 빌리지' 사진입니다. 에코 빌리지는 탄소를 배출하지 않는 에너지 자립형 건물로, 태양광으로만 전기를 만든다고 합니다. 또한, 9시 이후로는 소등하여 방문자들이 실내에서 별을 감상할 수 있다고 하네요.

(나)

카드 1	카드 2
 **#불편한여행법이 난 더 편해!** '#불편한여행법'이라는 해시태그를 SNS에서 본 적이 있나요? 불편한 여행법은 한국관광공사가 지난 4일부터 시작한 친환경 여행 캠페인입니다.	1. 일회용품 사용 줄이기 2. 기념품 포장 줄이기 3. 대중교통이나 자전거 활용하기 4. 친환경 에너지 사용 숙소 방문하기 불편한 여행법은 우리가 여행지에서 불편할수록 지구와 환경이 편해진다는 의미입니다. 불편한 여행의 실천 방법은 의외로 어렵지 않습니다!
카드 3	카드 4
 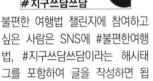 **# 불편한여행법 # 지구쓰담쓰담** 불편한 여행법 챌린지에 참여하고 싶은 사람은 SNS에 #불편한여행법, #지구쓰담쓰담이라는 해시태그를 포함하여 글을 작성하면 됩니다.	최근 사회적으로 환경 보호에 대한 인식이 커지고 있습니다. 지구와 환경을 위해, 우리의 여행을 불편하게 바꿔 보는 건 어떨까요?

1-5. (가)에 나타난 표현 방식에 대한 설명으로 가장 적절한 것은?

① 글자의 굵기와 크기를 조정하여 친환경 여행 캠페인의 특징을 강조했다.

② 특정 장소의 사진을 삽입하여 친환경 여행 캠페인이 가지는 한계점을 드러냈다.

③ 실제로 친환경 여행 캠페인에서 많은 관심을 받은 사례를 제시하여 그 효과를 부각했다.

④ 소제목을 활용하여 친환경 여행 캠페인에 관한 각 문단의 내용을 예측할 수 있도록 했다.

⑤ 하이퍼링크를 사용하여 독자가 이해하기 어려울 수 있는 개념에 관한 추가적인 정보를 제공했다.

1-6. (가)를 참고하여 (나)를 만드는 과정에서 학생이 고려했을 내용으로 적절하지 **않은** 것은?

① 불편한 여행법 챌린지에 참여할 수 있는 기간을 명시함으로써 참여 의지가 있는 수용자가 기대하는 정보를 제공해야겠어.

② 불편한 여행법 챌린지에서 사용되는 문구를 지구가 직접 말하는 것 같은 이미지와 함께 제시함으로써 수용자의 흥미를 끌어야겠어.

③ 불편한 여행법 챌린지가 시행되는 사회적 배경을 제시하고 질문의 형식을 활용함으로써 해당 챌린지에 대한 참여를 촉구해야겠어.

④ 불편한 여행법 챌린지의 구체적 실행 방법을 항목화하여 제시함으로써 수용자가 해당 챌린지의 실천 방법을 한눈에 파악할 수 있도록 해야겠어.

⑤ SNS와 관련된 이미지와 함께 불편한 여행법 챌린지의 해시태그 두 개를 보여 줌으로써 해당 챌린지가 SNS를 매개로 함을 알려 줘야겠어.

매체
N제

프리미엄 언매 문제집

Part _02

매체 실전문제
2회

[2-1~2-4] 다음은 '일반 식품 기능성 표시제'에 대한 신문 기사를 다루는 텔레비전 방송 프로그램의 일부이다. 물음에 답하시오.

진행자 : ㉠ 여러분, 슈퍼마켓에서 이런 문구를 본 적이 있으십니까? '본 두부는 칼슘 흡수 촉진에 도움을 줄 수 있다고 알려진 성분이 들어 있습니다.' 이러한 표기는 최근 시행된 '일반 식품 기능성 표시제'에 의해 가능해졌습니다. 해당 제도에 대해 다룬 □□신문의 기사를 보시죠.

식품업계, '기능성 표시' 마케팅 '치열'

올해부터 약국뿐만 아니라 마트에서도 기능을 강조한 식품을 쉽
게 된다. 지난달 식품의
가 '부당한 표시 또는 광고
는 식품 등의 기능성

'부당한 표시 또는 광고로 보지 아니하는 식품 등의 기능성 표시 또는 광고에 관한 제정 고시안'

관한 제정 고시안'을
출시의 길이 열린 데 따른 변화이다. 이에
따라 기존 건강 기능 식품과 구분을 위해
알리지 못했던 기능을 적극적으로 홍보할

진행자 : ㉡ 표제를 보니 식품업계에서 기능성 표시를 이용한 마케팅이 유행인 것 같군요. 기사 내용 일부를 확대해 보겠습니다. '일반 식품 기능성 표시제'의 구체적인 내용이 드러나 있네요. 해당 정책 시행을 통해, '부당한 표시 또는 광고로 보지 아니하는 식품 등의 기능성 표시 또는 광고'가 허용된다는 건가요?

전문가 : 네, 맞습니다. 기존까지만 하더라도 건강 기능 식품으로 구분된 제품이 아니면 포장지와 같은 제품 겉면에 식품의 효능에 관한 내용을 표기하는 것이 금지되어 있었습니다. ㉢ 하지만 이제 일반 식품이어도 과학적 근거가 갖춰져 있다면 그 효능을 표기할 수 있게 된 것입니다.

진행자 : 그렇군요. 그럼 건강 기능 식품은 일반 식품과 어떻게 다른가요?

전문가 : 건강 기능 식품이란 인체에 유용한 기능성을 가진 원료 혹은 성분을 사용하여 제조·가공한 식품으로, 대표적으로 홍삼이나 비타민 등의 제품들이 있습니다. 그동안 기능성을 갖추었음에도 일반 식품으로 분류되어 기능성을 홍보할 수 없었던 제품들이 많았는데요. ㉣ 식품업계가 앞으로는 기능성 표시를 마케팅에 적극적으로 이용할 것으로 보입니다.

진행자 : 그렇군요. 정책 시행에 대한 긍정적인 반응도 있지만 기사 내용을 보면, '일반 식품 기능성 표시제'로 인해 제품 가격이 인상될 것이라는 우려가 있다고 하네요. 이건 무슨 이야기인가요?

전문가 : 아무래도 기능성 표시를 위해 포장 디자인 등을 변경하거나 식품의 기능성을 위해 원재료를 추가하는 등의 과정이 발생하게 되면 제품 가격이 인상될 수도 있겠지요. 그러나 제 생각에는 이렇게 기능을 추가한 제품의 부가 가치가 상승하여 가격이 오르는 것은 당연한 수순인 것 같습니다. ㉤ 오히려 저는 제품의 다양화를 기대할 수 있다는 점에서 긍정적으로 바라보고 있습니다.

진행자 : 이제 다른 기사 하나를 더 볼까요? ○○신문인데요, 요약하자면

'일반 식품 기능성 표시제'가 현행 법률과 충돌한다는 내용입니다. 화면으로 만나 보시죠.

○○신문

최근 국내 식품 회사들이 일반 식품에도 특정한 기능이 있음을 알릴 수 있는 '일반 식품 기능성 표시제'를 적극적으로 활용하고 나섰다. 이는 식이섬유, 프로바이오틱스 등 최근의 건강 트렌드를 반영한 원재료의 함량과 그 효과를 기재하는 것이 제품 마케팅에 도움이 되기 때문이다.

그런데 '일반 식품 기능성 표시제'는 현행 법률과 충돌한다는 의견도 제기되고 있다. '식품 등의 표시·광고에 관한 법률' 제8조 제1항 제3호에 따르면 "건강 기능 식품이 아닌 것을 건강 기능 식품으로 인식할 우려가 있는 표시 또는 광고"는 현재 금지되고 있다. 일반 식품에 기능성을 표시하게 되면 소비자가 이를 건강 기능 식품으로 오인할 가능성이 생긴다.

따라서 일부 전문가들은 '일반 식품 기능성 표시제'의 실시를 미루고 새로운 대안을 찾아야 한다고 주장한다.

2-1. 위 방송 프로그램을 시청한 학생의 반응으로 적절하지 <u>않은</u> 것은?

① 화제와 관련하여 발생할 수 있는 문제 상황을 언급함으로써 다각적 관점을 제시하고 있군.
② □□신문 기사의 일부를 확대하여 제시함으로써 화제가 되는 대상의 구체적인 내용을 전달하고 있군.
③ 진행자가 □□신문의 기사를 읽고 기사 내용과 관련된 질문을 함으로써 기사에 대한 이해를 심화하고 있군.
④ 진행자가 ○○신문의 기사 내용을 요약함으로써 시청자가 기사의 특정 부분에 주목하도록 유도하고 있군.
⑤ 전문가는 □□신문의 기사와는 다른 자신의 의견을 덧붙임으로써 기사의 내용이 논리적이지 않다는 점을 비판하고 있군.

2-2. ㉠~㉤에 대한 설명으로 적절하지 <u>않은</u> 것은?

① ㉠ : 선어말 어미 '-으시-'를 통해 동작의 주체를 높이고 있다.
② ㉡ : 종결 어미 '-군'을 통해 화자가 새롭게 알게 된 사실에 대해 언급하고 있음을 드러내고 있다.
③ ㉢ : 연결 어미 '-다면'을 통해 앞 절의 내용이 뒤 절의 내용을 성립시키는 특정한 조건임을 밝히고 있다.
④ ㉣ : 서술어 '보입니다'를 통해 앞에 제시된 내용이 특정 현상에 대한 발화자의 추측임을 드러내고 있다.
⑤ ㉤ : 접속 부사 '오히려'를 통해 발화에서 언급된 대립되는 두 의견이 모두 마땅치 않음을 드러내고 있다.

2-3. 다음은 위 방송 프로그램 '시청자 게시판'의 내용이다. 시청자의 수용 태도에 대한 설명으로 가장 적절한 것은?

```
┌─────────────────────────────────────────────┐
│ 시청자 게시판 ×                      _ □ ✕  │
├─────────────────────────────────────────────┤
```

↳ **시청자 1** 슈퍼마켓에 가서 포장지를 유심히 본 적이 없었는데, 앞으로는 구매할 때 기능성 표시를 확인해 봐야겠어요.

↳ **시청자 2** 저는 아무래도 효능이 추가된 쪽을 구매하게 될 것 같아요. 가격이 조금 높아도요. 저와 같은 생각을 하는 분에게는 방송 내용이 매우 유용했을 거 같아요.

↳ **시청자 3** 다른 기사를 보니 일반 식품에 채소와 같은 신선 식품은 포함되지 않는다고 하네요. 방송에서는 건강 기능 식품이 아니면 모두 일반 식품이라는 식으로 언급해서 혼란스럽네요.

↳ **시청자 4** 건강 기능 식품과 일반 식품을 구분하지 못하게 되는 건 심각한 문제 아닌가요? 그 부분에 대해 더 길게 다뤘어야 한다고 봅니다.

① 시청자 1과 2는 일반 식품 기능성 표시제를 본인의 주관적 상황에 대입하여 이해하였다.
② 시청자 1과 3은 일반 식품 기능성 표시제에 대한 방송의 내용을 비판적 자세로 수용하였다.
③ 시청자 2와 3은 방송에서 언급한 정보가 불충분하여 수용자에게 혼란을 준다고 주장하였다.
④ 시청자 2와 4는 방송 프로그램이 전달한 내용을 유용하다고 판단할 주체를 특정하여 언급하였다.
⑤ 시청자 3과 4는 일반 식품 기능성 표시제의 장단점을 유사한 분량으로 다루고 있는지를 점검하였다.

2-4. '○○신문'을 바탕으로 확인할 수 있는 매체의 특성으로 가장 적절한 것은?

① 문단과 문단을 긴밀하게 연결하는 것으로 보아, 신뢰할 수 있는 자료로 구성되었음을 알 수 있군.
② 여러 전문가의 발언을 인용하는 것으로 보아, 대립적 의견의 균형적 제시를 중시하고 있음을 알 수 있군.
③ 최근 발생한 사건을 다루고 있음을 밝히는 것으로 보아, 시의성 있는 정보를 취급하고 있음을 알 수 있군.
④ 제시한 문헌 자료의 출처를 명시하는 것으로 보아, 필자의 주장이 타당한 근거로 뒷받침되고 있음을 알 수 있군.
⑤ 독자의 이해를 돕기 위해 다양한 사례를 제시하는 것으로 보아, 학술적으로 어려운 내용을 다루고 있음을 알 수 있군.

[2-5~2-6] (가)는 학생의 개인 블로그이고, (나)는 발표를 위해 (가)를 참고하여 만든 스토리보드의 일부이다. 물음에 답하시오.

(가)

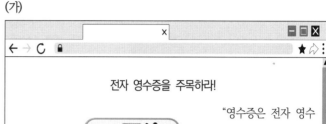

전자 영수증을 주목하라!

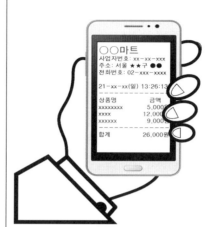

"영수증은 전자 영수증으로 발행됩니다." 생활용품을 판매하는 대표 브랜드 'O'에서 흔히 들을 수 있는 말입니다. 다들 들어본 적이 있으시죠? 전자 영수증이란 이전까지 보편적으로 사용되었던 종이 영수증과는 달리 핸드폰 내의 어플리케이션 등으로 발행되는 영수증을 말합니다.

기존에 사용되던 종이 영수증은 화학물질*로 코팅한 특수 용지인 '감열지'를 사용하여 재활용이 어렵고 환경 호르몬을 방출한다는 문제점을 갖고 있었습니다. 또한 보관이 어렵고, 타인에게 개인 정보가 유출될 가능성도 있었지요. 이에 많은 브랜드에서 몇 년 전부터 종이 영수증 대신 전자 영수증을 적극적으로 활용하고 있습니다.

전자 영수증을 사용하는 것은 종이를 생산하기 위해 투입되는 자원을 아껴 환경을 지키는 것에도

발행 건수	원목	물	쓰레기
180	180,000	320,000	13,068

출처 : 한국 인터넷 진흥원 (단위 : 억, t)

도움이 됩니다. 자료(←클릭하면 자료 전체를 확인할 수 있습니다.)에 따르면, 연간 180억 건의 종이 영수증을 발행하기 위해 원목 18조 그루, 물 32조 톤의 자원이 투입되고 있다고 하네요. 어마어마한 양 아닌가요?

종이 영수증보다 편리한 전자 영수증, 탄소 중립의 실현에도 도움이 됩니다. 전자 영수증 사용에 동참해 주세요!

*영수증은 비스페놀A라는 화학 물질로 코팅됩니다. 비스페놀A는 여성 호르몬과 비슷한 구조로, 내분비계 교란 등을 일으킬 수 있어 유아를 대상으로 한 제품에서는 사용이 전면 금지된 물질이랍니다.

(나)

	화면 설명	화면	내레이션 및 배경 음악
#1	배경 위로 제목이 떠오르도록 함.	전자 영수증을 주목하라!	요즘 종이 영수증 대신 전자 영수증을 발행하는 브랜드가 많습니다. 왜 전자 영수증이 선호되고 있을까요? (배경 음악) 잔잔한 느낌의 음악
#2	그림이 먼저 제시되고 글이 나중에 덧붙여짐.	비스페놀A란? 여성 호르몬과 비슷한 구조를 가져 내분비계 교란을 가져올 수 있는 화학 물질	종이 영수증은 비스페놀A로 코팅됩니다. 이는 건강에 유해한 화학 물질이지요. (배경 음악) 무거운 느낌의 음악
#3	도끼의 이미지가 제시되면서 나무가 꺾이는 애니메이션을 보여 줌.		또한, 종이 영수증을 생산하기 위해 매년 어마어마한 양의 나무가 벌목되고 있습니다. (배경 음악) 무거운 느낌의 음악
#4	나무 이미지가 제시되고 말풍선이 이후에 나타남.	전자 영수증아 고마워!	건강과 환경을 지키고 편리하기까지 한 전자 영수증! 우리 함께 사용해 보는 건 어떨까요? (배경 음악) 경쾌한 느낌의 음악으로 바뀜.

2-5. (가)에 나타난 표현 방식에 대한 설명으로 가장 적절한 것은?

① 전자 영수증이 활용되는 다양한 분야를 구체적으로 보여 주는 이미지를 삽입했다.

② 전자 영수증이 개인 정보를 지키는 데에 도움이 됨을 보여 주는 동영상을 제시했다.

③ 좀 더 상세한 설명이 필요하다고 생각되는 내용을 본문 아래에 주석 형태로 덧붙였다.

④ 자료에 대한 전문가들의 해석을 확인할 수 있는 게시물로 연결되는 하이퍼링크를 활용했다.

⑤ 독자들에게 친숙한 문구를 제시하며 글을 시작하여 전자 영수증이 가진 문제점을 암시했다.

2-6. (가)를 참고하여 (나)를 만드는 과정에서 학생이 고려했을 내용으로 적절하지 **않은** 것은?

① #1에서는 전자 영수증을 떠올릴 수 있는 이미지와 함께 (가)와 동일한 제목을 제시함으로써 전자 영수증에 대한 (가)의 관점을 반영해야지.

② #2에서는 종이 영수증과 관련된 화학 물질의 정의를 제시함으로써 종이 영수증의 사용이 특히 여성에게 좋지 않다는 (가)의 내용을 반영해야지.

③ #3에서는 나무가 도끼에 의해 꺾이는 애니메이션 효과를 넣음으로써 종이 영수증의 생산에 원목 자원이 투입되고 있다는 (가)의 내용을 반영해야지.

④ #4에서는 배경 음악을 적절하게 조정함으로써 종이 영수증의 사용을 지양하고 전자 영수증 사용의 동참을 촉구하는 (가)의 내용을 반영해야지.

⑤ #4에서는 내레이션을 통해 전자 영수증이 건강과 환경에 도움이 된다는 것을 언급함으로써 전자 영수증의 장점을 조명한 (가)의 내용을 반영해야지.

매처
N제

프리미엄 언매 문제집

Part 03

매체 실전문제 3회

[3-1~3-4] 다음은 '119 다매체 신고'에 대한 신문 기사를 다루는 텔레비전 방송 프로그램의 일부이다. 물음에 답하시오.

진행자 : 시청자 여러분, 안녕하세요. ㉠ 119에 신고할 때 전화를 거는 것 외의 다른 방법이 있다는 사실 알고 계셨나요? '불조심 강조의 달'을 맞이하여 최근 소방서에서는 '119 다매체 신고 서비스'를 적극 홍보하고 있습니다. 먼저 △△신문을 화면으로 함께 보시죠.

진행자 : 표제가 '119 신고는 느는데 다매체 신고는 제자리…'네요. 기사 내용 일부를 확대해 보겠습니다. ㉡ 작년 ○○지역 119 신고 건수는 2019년보다 1.4% 늘어난 29만 617건이나 되는데, 그중 다매체 신고는 4.1%에 불과했다고 합니다. 원인이 무엇일까요?

전문가 : △△신문에서 언급한 대로 그동안 홍보가 부족했던 것이 가장 큰 문제라고 생각합니다. '119 다매체 신고 서비스'는 전화 외의 신고 방법을 통틀어 일컫는 말입니다. 문자, 앱, 영상 통화를 이용한 신고 등이 여기에 포함되지요.

진행자 : 각각의 특징에는 어떤 것이 있나요?

전문가 : ㉢ 먼저 문자 신고는 음성 통화가 곤란한 상황일 때 짧은 문자와 사진 등으로 사건을 신고하는 방법입니다. 앱 신고는 터치만으로 사건을 신고할 수 있으며, GPS를 통해 신고자의 위치를 관할 소방 본부 상황실로 전송할 수 있어 편리합니다. 영상 통화는 청각 장애인이 수화를 사용하는 경우 혹은 전화만으로 의사소통이 어려운 경우에 손짓이나 글 등으로 사건을 신고할 수 있으며, 상황을 정확하게 설명하기 어려울 때도 활용할 수 있습니다.

진행자 : 신고 매체가 다양해졌다는 점에서 긍정적으로 볼 수 있겠네요. ㉣ 이제 다른 기사들도 살펴볼까요? □□신문에는 앱 신고를 할 수 있는 스마트폰 앱이 소개되었네요. 화면으로 만나 보시죠.

□□신문

'119 신고 앱'의 ⓐ '첫 화면'을 보면 각 메뉴가 그림과 문자로 표시되어 있어 앱의 기능을 한눈에 파악할 수 있다.

상단에는 개인 위치 정보 제공에 동의하는 ⓑ '체크 박스'가 있는데, 이에 동의해야 앱을 사용할 수 있다.

ⓒ '화재 신고' 메뉴를 누르면 이용자의 현재 위치가 관할 소방 본부 상황실로 자동 전송되어 화재 상황을 신고할 수 있다.

ⓓ '구조/구급 신고' 메뉴는 구조가 필요한 상황이나 응급 환자가 있는 경우 이를 신고할 수 있는 기능이다.

아래의 ⓔ '소방 안전 익히기' 메뉴를 누르면 소화기와 소화전 사용법, 심폐 소생술 등에 관한 설명이 그림과 영상으로 제공된다.

진행자 : ㉤ 신고 기능뿐 아니라 소방 안전에 관한 정보도 얻을 수 있으니 비상시를 대비하여 앱을 한번 사용해 보시면 좋겠습니다.

3-1. 위 방송 프로그램을 시청한 학생의 반응으로 적절하지 <u>않은</u> 것은?

① 전문가는 △△신문의 내용을 바탕으로 이와 다른 자신의 의견을 제시하고 있군.

② 방송에서 제시된 □□신문의 기사는 △△신문과 달리 복합 양식을 사용하고 있군.

③ 진행자는 △△신문의 내용에 관해 전문가에게 질문을 던짐으로써 방송의 흐름을 주도하고 있군.

④ 진행자는 □□신문에서 설명한 대상의 기능을 언급하여 시청자들에게 특정 행동을 권유하고 있군.

⑤ 진행자가 신문 기사의 일부를 화면에 확대하여 제시함으로써 방송에서 주목할 부분을 드러내고 있군.

3-2. ㉠~㉤에 대한 설명으로 적절하지 **않은** 것은?

① ㉠: 의문형 종결 표현을 통해 화제에 관한 시청자의 반응에 의문을 제기하고 있다.

② ㉡: 보조사 '이나'의 사용을 통해 앞에 언급된 수치의 정도가 높음을 강조하고 있다.

③ ㉢: '~일 때'라는 표현을 통해 뒤 절의 내용이 발생할 수 있는 상황을 제시하고 있다.

④ ㉣: 부사 '이제'의 사용을 통해 대화의 흐름을 전환하려는 발화자의 의도를 드러내고 있다.

⑤ ㉤: '~뿐 아니라'라는 표현을 통해 문장의 화제가 되는 대상의 기능이 여러 가지임을 밝히고 있다.

3-3. 다음은 위 방송 프로그램 '시청자 게시판'의 내용이다. 시청자의 수용 태도에 대한 설명으로 가장 적절한 것은?

시청자 게시판 ✕

↳ **시청자 1** 홍보 부족이 문제라고 하면서도 현재 어떠한 방식의 홍보가 이루어지고 있는지는 언급이 없네요.

↳ **시청자 2** ○○지역의 수치만 제시하고 있는데 다른 지역에서도 다매체 신고 비율이 적은지 궁금합니다.

↳ **시청자 3** 119 신고 앱은 야외 활동 중 사고가 났을 때 정말 유용할 것 같아요.

↳ **시청자 4** 119 신고 앱에서 '구조/구급 신고' 메뉴도 위치 좌표 전송이 되는 걸로 알고 있는데, 이것도 언급해 줬어야 하는 거 아닌가요?

↳ **시청자 5** 119 신고 앱의 '소방 안전 익히기' 메뉴에서 제공하는 그림과 영상을 보여 줬으면 좋았을 것 같아요.

① 시청자 1과 2는 △△신문 기사의 내용과 관련하여, 다매체 신고에 관한 정보의 전달 방식이 타당한지를 점검하였다.

② 시청자 2와 4는 △△신문 기사의 내용과 관련하여, 기사에서 제시한 내용에 논리적 모순이 있는지를 점검하였다.

③ 시청자 2와 5는 △△신문 기사의 내용과 관련하여, 기사에서 언급한 정보가 믿을 만한 것인지를 점검하였다.

④ 시청자 3과 4는 □□신문 기사의 내용과 관련하여, 119 신고 앱에 대한 균형적 시각이 유지되었는지를 점검하였다.

⑤ 시청자 4와 5는 □□신문 기사의 내용과 관련하여, 119 신고 앱에 관해 보완되어야 할 내용은 없었는지를 점검하였다.

3-4. '□□신문'에 나온 '119 신고 앱'의 ⓐ~ⓔ에서 확인할 수 있는 의사소통의 특징으로 가장 적절한 것은?

① ⓐ에서, 시청각 자료를 모두 활용한 것으로 보아 사용자가 자신에게 적합한 정보를 선별할 수 있음을 알 수 있다.

② ⓑ에서, 사용자의 동의를 구하는 것으로 보아 사용자가 자신의 정보를 개방하지 않고도 앱을 사용할 수 있음을 알 수 있다.

③ ⓒ와 ⓓ에서, 간단한 그림을 통해 화제 상황을 제시한 것으로 보아 사용자가 특정한 연령대로 한정되어 있음을 알 수 있다.

④ ⓒ와 ⓓ에서, 문자와 이미지를 함께 사용한 것으로 보아 사용자가 신고 내용에 따라 적절히 앱을 사용할 수 있도록 유도하고 있음을 알 수 있다.

⑤ ⓔ에서, 다양한 형태의 정보를 제공하는 것으로 보아 사용자와의 의사소통이 쌍방향적으로 이루어질 수 있음을 알 수 있다.

[3-5~3-6] (가)는 학생의 개인 블로그이고, (나)는 발표를 위해 (가)를 참고하여 만든 스토리보드의 일부이다. 물음에 답하시오.

(가)

'다회용 컵', 과연 어떤 효과가 있을까요?

최근 컵이나 도시락 등의 일회용 용기를 다회용으로 바꾸는 사람들의 모습을 종종 볼 수 있습니다. 몇몇 카페는 포장 손님을 대상으로, 손님이 보증금 1,000원을 내고 다회용 컵에 음료를 담아간 뒤 나중에 전용 반납기에 컵을 반납하면 보증금을 돌려받을 수 있는 시스템을 시범 적용 중입니다.

환경을 위해 이 정도의 수고는 할 수 있다는 사람들도 있지만, **컵 보증금을 추가로 결제해야 한다는 점**, **컵을 반납할 때 씻어서 반납해야 한다는 점**에 불만을 토로하는 손님들도 있습니다. 위생에 대한 우려도 있으나, 서울시가 발표한 미생물 테스트 결과에 따르면 세척을 거친 다회용 컵은 50RLU(오염도 측정 단위) 이하로 일반적으로 사용되는 일회용 컵의 오염도인 125RLU보다도 낮습니다.

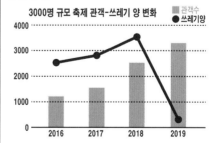

3000명 규모 축제 관객-쓰레기 양 변화
■ 관객수 ● 쓰레기양

왼쪽의 그래프에서 알 수 있듯이, 2019년 8월 다회용기를 사용했던 '서울인기 페스티벌'은 쓰레기 배출량을 전년 대비 98% 가량 줄였습니다. 또 한 프랜차이즈 카페는 일회용품 퇴출 시범 사업 매장 12곳을 운영하여 올해 일회용 컵 50만 개를 줄일 계획이라고 밝혔습니다. 그러나 다회용 컵이 처음 예상한 것보다 빨리 버려지게 된다면 이것 역시 플라스틱 쓰레기에 불과합니다. 우리나라는 폐기된 다회용 컵을 재사용 원료로 가공하기 위해 현재 다회용 컵에 무색의 단일 소재를 적용했는데요, 폐기되는 다회용 컵이 제대로 순환되는지는 꾸준히 지켜볼 필요가 있습니다.

(나)

	화면 설명	화면	내레이션 및 배경 음악
#1	경쾌한 음악과 함께 그림이 나타남.	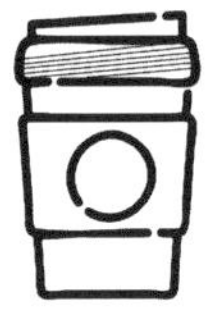	무색의 단일 소재로 제작된 이 컵은 여러 번 사용할 수 있는 다회용 컵입니다. (배경 음악) 경쾌한 느낌의 음악
#2	왼쪽 위의 그림이 천천히 사라진 후, 오른쪽 위의 그림이 나타나며 아래의 그림은 점점 작아짐.	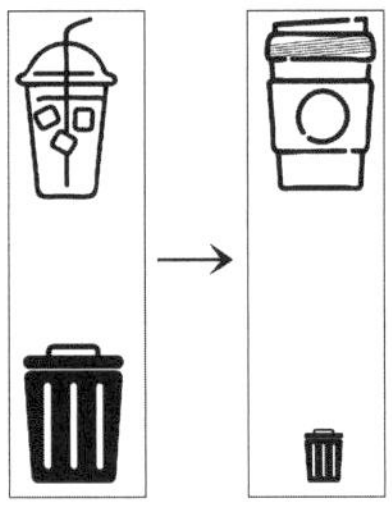	2019년 다회용기를 사용한 '서울인기 페스티벌'은 쓰레기 배출량을 전년보다 약 98%나 줄였습니다.
#3	그래프 막대가 아래에서 위로 올라감.	*안전 기준 : 200RLU 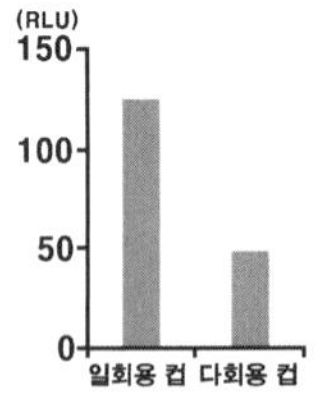 다회용 컵(세척 후) 오염도 비교	다회용 컵의 위생을 걱정하시는 분도 있을 텐데요, 세척을 마친 다회용 컵의 오염도는 50RLU 이하로 아주 깨끗합니다.
#4	카페에서 다회용 컵을 사용하는 모습을 영상으로 제시	 ○○카페 다회용 컵 전문 매장	지구를 위해 조금 불편하더라도 일회용 컵이 아닌 다회용 컵을 사용해 보는 건 어떨까요?

3-5. (가)에 나타난 표현 방식에 대한 설명으로 가장 적절한 것은?

① 독자의 의견을 받아들여 글의 내용 중 일부분을 수정했다.

② 다회용 컵 사용에 대한 긍정적 인식 수준을 보여 주기 위해 시각 자료를 사용했다.

③ 글의 중심 소재인 '다회용 컵'을 언급하여 제목에서 글쓴이의 주장을 명확히 드러냈다.

④ 이용자들이 다회용 컵 이용에 가지는 불만을 강조하기 위해 이를 굵은 글씨로 제시했다.

⑤ 현재의 문제를 해결하기 위해 독자의 행동이 변화할 필요가 있음을 부각하며 글을 마무리했다.

3-6. (가)를 참고하여 (나)를 만드는 과정에서 학생이 고려했을 내용으로 적절하지 <u>않은</u> 것은?

① 두 개의 정보를 한눈에 비교할 수 있도록 (가)에서 문자로만 제시한 내용을 그래프를 활용하여 나타내야지.

② 정보가 복합 양식적으로 구성될 수 있도록 (가)에서 제시한 다회용 컵의 특징을 그림과 내레이션으로 전달해야지.

③ 발표의 목적을 명확히 알릴 수 있도록 (가)에 제시되지 않은 내용을 영상으로 제시해 다회용 컵을 사용할 것을 촉구해야지.

④ 정보를 보다 효과적으로 제시할 수 있도록 (가)에서 제시한 현재 상황의 심각성을 청각적 요소를 사용하여 강조해야지.

⑤ 정보를 직관적으로 전달할 수 있도록 (가)에서 제시한 '서울인기 페스티벌'의 쓰레기 배출량의 변화를 보여 줄 수 있는 효과를 활용해야지.

매체
N제

프리미엄 언매 문제집

Part 04

매체 실전문제 4회

[4-1~4-4] (가)는 포털 사이트의 기사이고, (나)는 (가)를 바탕으로 학생이 만든 카드 뉴스이다. 물음에 답하시오.

(가)

㉠ □□택배, 시니어 일자리의 새 시대 열다!

우리나라는 지난 2000년, 노인 인구가 전체 인구의 7%가 넘는 고령화 사회로 분류되었다. 전문가들은 우리나라가 2025년에는 노인 인구의 비율이 20%가 넘는 초고령 사회에 접어들 것이라고 분석한다. 이러한 상황에서, '□□택배'가 노인 지하철 택배원 서비스를 제공해 화제다.

□□택배는 만 65세 이상의 노인들을 대상으로 지하철 요금을 면제해 주는 복지 정책을 활용하여, 수도권 내 노인 지하철 택배원과 고객을 중개하는 디지털 플랫폼이다. ㉡ 노인 지하철 택배원이란 지하철을 통해 고객에게 택배를 전달하는 노인들을 말한다. □□택배는 IT 기술을 활용해 '노인 지하철 택배원용 앱'을 따로 개발하고, 서울 지역 노인 일자리 기관과 협업하여 이를 보급하였다. 해당 앱은 노인 택배원의 위치를 바탕으로 택배를 배정하고, ㉢ 지도 앱인 '○○맵'과 자동으로 연동되어 물품 수령 및 배달 장소로 향하는 최적의 경로를 알려 준다. 특히 노인들이 쉽게 사용할 수 있는 노인 친화적 형태의 앱이라는 점에서 주목받고 있다.

□□택배의 대표는 "㉣ 택배원마다 편차는 크지만, 대부분 월평균 소득이 오른 것으로 확인된다"며 "소득 증가뿐만 아니라 지하철 택배원 활동을 통해 노인분들의 자존감과 삶에 대한 만족도가 높아졌다는 사실에 더욱 뿌듯함을 느끼고 있다"고 말했다.

㉤ 노인 일자리 확대는 은퇴한 노인들에게 그들이 여전히 사회의 일원이라는 인식을 심어 줌으로써 건강한 사회 분위기를 조성하는 데 기여한다. 노인 일자리에 대한 사회적 관심이 필요한 시점이다.

(나)

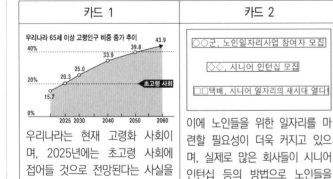

카드 1	카드 2
우리나라 65세 이상 고령인구 비중 증가 추이 40% ... 43.9 39.8 33.9 20% 25.0 20.3 15.7 ◆초고령 사회 0% 2025 2030 2040 2050 2060 우리나라는 현재 고령화 사회이며, 2025년에는 초고령 사회에 접어들 것으로 전망된다는 사실을 알고 계신가요?	○○군, 노인일자리사업 참여자 모집 ◇◇, 시니어 인턴십 모집 □□택배, 시니어 일자리의 새시대 열다! 이에 노인들을 위한 일자리를 마련할 필요성이 더욱 커지고 있으며, 실제로 많은 회사들이 시니어 인턴십 등의 방법으로 노인들을 고용하고 있습니다.

카드 3	카드 4
우울수준 ▼ 3.193점 감소 자아존중감 ▲ 0.222점 증가 삶의만족도 ▲ 0.377점 증가 고☆☆ 보건복지부 정책실장은 "노인 일자리는 노인들의 소득에 보탬이 될 뿐만 아니라 삶의 만족도 증가, 우울감 개선 등의 성과가 있다."라고 말했습니다.	초고령 사회에도 노인들이 소외되지 않는 건강한 사회 분위기를 조성하기 위해 우리도 관심을 가지는 건 어떨까요?

4-1. (가), (나)에 대한 설명으로 가장 적절한 것은?

① (가)는 (나)와 달리 제시된 수치 자료의 출처를 명확히 밝히고 있다.
② (가)는 (나)와 달리 매체의 지면이 한정되어 정보의 양이 제한되고 있다.
③ (나)는 (가)와 달리 전문가의 말을 인용하여 문제 상황의 원인을 분석하고 있다.
④ (가)와 (나)는 모두 특정 계층의 사회 참여를 높이기 위한 구체적 방안을 제시하고 있다.
⑤ (가)와 (나)는 모두 내용의 이해를 돕는 동영상을 삽입하여 복합 양식으로 글을 구성하고 있다.

4-2. (나)를 제작하는 과정에서 반영된 학생의 계획으로 적절하지 <u>않은</u> 것은?

① '카드 1'에는 (가)가 제시한 분석 내용을 바탕으로 노인 인구 비율의 예상 증가 추세를 그래프로 나타내야지.
② '카드 1'에는 (가)에서 다룬 노인 택배원 서비스가 주목 받게 된 사회적 배경을 질문의 방식으로 제시해야지.
③ '카드 2'에는 (가)에서 언급한 서비스 외에도 노인 일자리 사업을 시행하는 많은 지역이 있음을 제시해야지.
④ '카드 3'에는 (가)의 인터뷰 내용 중 노인 일자리의 긍정적 효과에 해당하는 내용을 보충하여 이미지로 나타내야지.
⑤ '카드 4'에는 (가)의 내용 중 노인 일자리 확대가 지닌 사회적 의의를 언급하며 수용자의 관심이 필요함을 드러내야지.

4-3. ⊙~⑩에 대한 설명으로 적절하지 <u>않은</u> 것은?

① ⊙: 감탄을 나타내는 문장 부호를 활용하여 글의 주제를 드러내고 있다.

② ⓛ: 보조사 '이란'을 사용하여 앞 문장에서 제시된 개념을 설명하고 있다.

③ ⓒ: 관형사형 어미 '-는'을 사용하여 앱이 제공하는 기능을 구체화하고 있다.

④ ⓔ: 보조사 '만'을 사용하여 사회적 통념과는 다른 결과가 나타났음을 강조하고 있다.

⑤ ⑩: 격 조사 '으로써'를 사용하여 앞 절의 내용이 뒤 절의 내용을 성립시키는 원인임을 나타내고 있다.

4-4. 〈보기〉의 '카드 뉴스 보완 방향'을 고려할 때, '카드 A', '카드 B'의 활용 방안으로 가장 적절한 것은?

— 보기 —

- **카드 뉴스 보완 방향** : 정책의 내용과 효과에 관한 내용을 보완하기 위해 (나)에서 카드 A, B를 추가

카드 A	카드 B
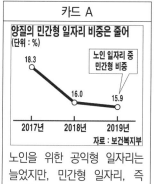	
노인을 위한 공익형 일자리는 늘었지만, 민간형 일자리, 즉 수익형 일자리는 오히려 줄어든 것으로 나타났습니다.	기업이 노인 고용을 선호하는 이유 중 가장 높은 비율을 차지한 것은 '우수한 업무 태도(36.8%)'였습니다.

① (나)에서 노인 일자리의 유형이 어떻게 나뉘는지 언급하지 않았으므로 '카드 A'를 활용하여 노인 일자리에 세 가지 유형이 있음을 제시한다.

② (나)에서 노인 일자리와 관련한 현재 정책의 문제점은 언급하지 않았으므로 '카드 A'를 제시하여 민간형 일자리보다 공익형 일자리를 확대해야 함을 보여 준다.

③ (나)에서 노인 일자리가 노인 계층의 소득 증가에 도움이 된다는 사실은 언급하지 않았으므로 '카드 A'를 활용하여 노인 계층을 위한 수익형 일자리가 있음을 보여 준다.

④ (나)에서 노인 일자리를 제공하는 기업들의 실제 사례는 언급하지 않았으므로 '카드 B'를 활용하여 기업들이 노인 일자리를 확대하는 이유가 무엇인지 보여 준다.

⑤ (나)에서 노인 고용 확대가 기업에 줄 수 있는 이익에 관해서는 언급하지 않았으므로 '카드 B'를 활용하여 노인 고용을 통해 얻을 수 있는 기대 효과를 보여 준다.

[4-5~4-6] **(가)는 환경 동아리 학생들이 채팅방에서 나눈 대화이고, (나)는 (가)의 회의를 바탕으로 만든 홍보물이다. 물음에 답하시오.**

(가)

> 정우 : 생태 체험을 홍보하기 위한 홍보물을 제작해야 하는데, 다 같이 모일 시간이 없으니 채팅방에서 회의할게. 관련해서 의견이 있으면 말해 줄래?　좋아요 : 2개
>
> 나연 : 음, 일단 제일 중요한 건 생태 체험 장소와 시간이겠지? ○○공원 맞지? 시간은 그때 민주가 공원 관리소와 연락해서 확정 짓기로 했잖아. 어떻게 됐어?　좋아요 : 0개
>
> 민주 : 주말 저녁은 방문객이 많아서 주말 오전 중이 좋겠다고 하셨어. 그래서 4월 둘째 주 토요일 오전 11시로 정했고. 아래는 내가 받은 답변 내용이야.
> ○○공원 관리소 답변.txt　좋아요 : 1개
>
> 정우 : 좋아. 생태 체험이 스트레스 해소를 돕고, 생태 감수성을 기르는 기회가 될 수 있다는 점을 홍보물에 밝혀서 학생들의 참여를 유도하자.　좋아요 : 1개
>
> 나연 : 그래. 구체적인 프로그램은 ○○공원의 나비 박물관에서 멸종 위기 보호종인 꼬리명주나비에 대해 학습하는 것이지? 그와 관련한 이미지를 활용하면 좋을 것 같아. ○○공원 홈페이지에서 아마 적절한 이미지를 찾을 수 있을 거야.
> https://○○park.or.kr　좋아요 : 2개
>
> 민주 : 좋은 생각이야!!! 그리고 참가 신청 방법을 자세하게 알려 주자. 아, 작년 생태 체험 때 촬영한 동영상도 홍보에 활용할 수 있을까 싶어서 편집해 봤어.
> 202×년_생태체험.avi　좋아요 : 2개
>
> 정우 : 대단하다! 그럼 오늘 회의한 걸 토대로 내가 홍보물을 만들어 볼게!　좋아요 : 2개

(나)

202×년 생태 체험 참가자 모집!
주최 : □□고등학교 환경 동아리

꼬리명주나비의 생태를 배우면서 스트레스도 해소하고
생태 감수성을 함양할 수 있는 일석삼조의 기회!

참가 방법 : 환경 동아리 SNS(@ecoeco)와 친구 맺기 → 생태 체험
홍보 글에 학년, 반, 이름 댓글 달기 → 답변 기다리기
(SNS에는 작년 생태 체험 동영상도 있습니다!)

★ 장소 : ○○공원 *학교에서 모여 오전 10시에 함께 출발
★ 시간 : 202×. 04. 둘째 주 토요일 오전 11시

4-5. (가)에 대한 이해로 적절하지 <u>않은</u> 것은?

① (가)는 대화 참여자들이 다양한 형식의 자료를 공유할 수 있음을 보여 준다.
② (가)는 대화 참여자들이 시·공간적 제약을 받지 않고 소통할 수 있음을 보여 준다.
③ (가)는 대화 참여자들이 그림 문자를 활용하여 감정을 표현할 수 있음을 보여 준다.
④ (가)는 대화 참여자들이 하이퍼링크를 활용하여 추가적 정보를 얻을 수 있음을 보여 준다.
⑤ (가)는 좋아요 수를 통해 특정 발화에 대한 다른 대화 참여자들의 반응을 확인할 수 있음을 보여 준다.

4-6. (가)의 포스터 제작 계획을 (나)에 반영한 내용으로 적절하지 <u>않은</u> 것은?

① 공원 관리소와의 협의로 결정된 생태 체험 시작 시간을 홍보물 하단에 상세하게 제시하고 있다.
② 작년에 진행되었던 생태 체험 영상을 삽입함으로써 생태 체험의 구체적 모습을 제시하고 있다.
③ 생태 체험에 참가할 수 있는 방법을 단계별로 구분하여 순서를 나타내는 기호와 함께 제시하고 있다.
④ 생태 체험을 통해 얻을 수 있는 다양한 긍정적 효과들을 강조하기 위해 관용적 표현을 활용하고 있다.
⑤ 생태 체험의 프로그램이 꼬리명주나비와 관련이 있음을 이미지를 통해 드러내고 있다.

매처 N제

N제

Part 05

매체 실전문제 5회

[5-1~5-4] (가)는 텔레비전 방송이고, (나)는 이를 바탕으로 교내에 게시하기 위해 학생이 만든 포스터이다. 물음에 답하시오.

(가)

진행자 : 건강 상식 콕콕! ⊙오늘은 실제 고등학생 학부모님들을 방청객으로 모셨습니다. 반갑습니다. (방청객들의 호응하는 소리) 정신건강의학 전문의 곽◎◎ 선생님도 나와 주셨는데요, 선생님께서 청소년 우울증의 진단에 있어서 중요하게 여기시는 부분이 있으시다고요?

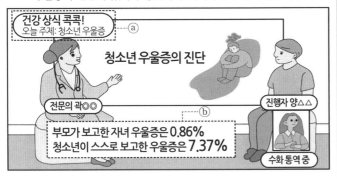

전문가 : ☆☆시의 조사에 따르면, ⓛ부모 보고를 통해 진단된 우울증 유병률은 청소년이 스스로 우울증을 보고하여 진단된 우울증 유병률과 대략 10배 차이가 난다고 합니다. (방청객들의 놀라는 소리) 우리 아이가 청소년 우울증은 아닌지 부모가 더 유심히 살펴볼 필요가 있습니다.

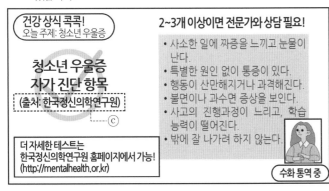

전문가 : 지금 화면에는 청소년 우울증을 자가 진단하기 위한 문항들이 나타나 있습니다. 이에 대해 방청객 여러분의 의견을 듣고 싶은데요. 네, 어머니께서 말씀해 주세요.

방청객 : 제가 보기에는 사춘기에 다들 겪는 증상 같아요. 사춘기만 지나면 해결되지 않을까요?

전문가 : 네, 언뜻 사춘기와 비슷해 보이지요? ⓒ하지만 이러한 청소년 우울증은 사춘기와 달리 치료가 필요합니다.

진행자 : 그럼 청소년 우울증을 예방할 수 있는 방법은요?

전문가 : 먼저 청소년들은 규칙적인 생활을 하는 게 중요합니다. 특히 낮에 햇빛을 충분히 보면 기분 조절에 도움이 됩니다. 또 유산소 운동도 스트레스 해소에 효과적이지요. 부모는 평소 아이와의 대화에서 긍정적인 사고법을 길러줄 수 있도록 해야 합니다. ⓔ가령 아이가 우울감을 느낄 때에는 그 상황의 긍정적인 면을 말해 주는 겁니다.

진행자 : 그렇군요. 마지막으로 청소년 우울증과 관련해 한 말씀 부탁드립니다.

전문가 : 적절한 치료시기를 놓치면 청소년 우울증이 만성적 우울증으로 변할 위험이 있습니다. ⓜ따라서 우리 어른의 관심이 반드시 필요합니다.

진행자 : 오늘 말씀 감사합니다. 다음 주 주제는 성인 비만인데요, 성인 비만에 대한 궁금증을 시청자 게시판에 남겨 주세요. 여러분의 의견을 최대한 반영하겠습니다.

(나)

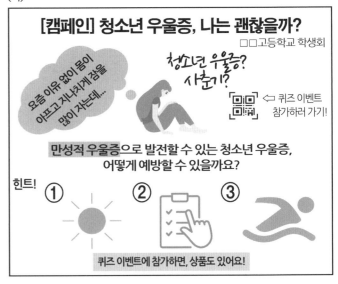

5-1. (가)에 반영된 기획 내용으로 적절하지 <u>않은</u> 것은?

① 방송의 시간은 한정되어 있으니, 방송의 흐름을 주도하는 역할을 수행하는 진행자를 따로 설정해야겠군.

② 텔레비전 방송의 송출은 주기적으로 이루어지니, 방송을 마무리할 때 다음 방송의 주제를 예고해야겠군.

③ 일방향으로 정보가 전달되어 지루하게 느껴질 수 있으니, 중간중간 방청객의 반응을 넣어 분위기를 바꾸어야겠군.

④ 다음 방송에 대한 시청자의 관심을 유도해야 하니, 방송의 구성에 시청자의 의견이 반영됨을 강조해야겠군.

⑤ 대중적인 매체를 통해 넓은 지역에 걸쳐 방송되니, 방송 내용을 다양한 국가의 언어로 번역하는 기능을 제공해야겠군.

5-4. (나)의 정보 구성 및 제시 방식에 대한 이해로 적절하지 <u>않은</u> 것은?

① (가)에 제시된 청소년 우울증의 증상을 청소년의 이미지와 함께 제시하여 수용자의 흥미를 끌었군.

② (가)에 제시된 청소년 우울증을 자가 진단할 수 있는 사이트에 접속할 수 있도록 QR 코드를 추가하였군.

③ (가)에 제시된 청소년 우울증과 사춘기가 혼동될 수 있다는 사실을 물음의 형태로 제시하여 캠페인을 향한 관심을 유도하였군.

④ (가)에 제시된 청소년 우울증을 예방하는 방법 중 청소년이 실천할 수 있는 방법을 선별하여 활용하였군.

⑤ (가)에 제시된 만성적 우울증으로의 발전 가능성을 언급하여 청소년 우울증의 위험성을 부각하였군.

5-2. ⓐ~ⓔ에 대한 설명으로 적절하지 <u>않은</u> 것은?

① ⓐ: 중간에 유입된 시청자도 쉽게 방송 주제를 파악할 수 있도록 하였다.

② ⓑ: 문자의 크기를 달리하여 방송 주제와 관련하여 중요도가 높은 정보를 부각하였다.

③ ⓒ: 방송에서 활용하고 있는 자료의 출처를 밝혀 방송 내용에 대한 신뢰를 강화하였다.

④ ⓓ: 방청객의 발화 중에서 방송 주제와 관련도가 떨어지는 부분은 삭제하여 일관성을 유지하였다.

⑤ ⓔ: 방송의 진행에 맞춰 화면을 변환하여 방송 내용에 관한 시청자의 집중을 유도하였다.

[5-5~5-6] 다음은 온라인 카페 화면의 일부이다. 물음에 답하시오.

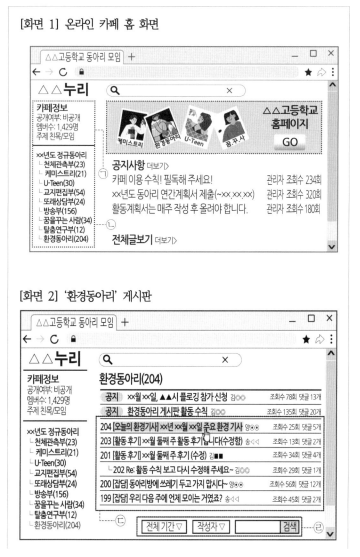

[화면 1] 온라인 카페 홈 화면

[화면 2] '환경동아리' 게시판

5-3. ㉠~㉤에 대한 설명으로 가장 적절한 것은?

① ㉠: '모시다'라는 동사를 활용하여, 방송을 보고 있는 시청자에 대한 존중의 태도를 나타내었다.

② ㉡: '과'라는 격 조사를 활용하여, 보고의 주체에 따른 우울증 유병률을 비교하고 있음을 드러내었다.

③ ㉢: '달리'라는 부사를 활용하여, 청소년 우울증과 사춘기의 공통점과 차이점을 나타내었다.

④ ㉣: '가령'이라는 부사를 활용하여, 부모가 아이와의 대화에서 긍정적인 사고법을 길러주지 못하는 상황을 가정하였다.

⑤ ㉤: '우리'라는 대명사를 활용하여, 방송의 주된 시청자인 청소년이 가져야 할 태도를 강조하였다.

[화면 3] 204번 글을 클릭한 화면

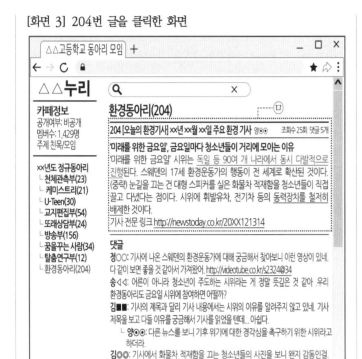

5-5. 〈보기〉를 바탕으로 ㉠~㉤을 이해한 내용으로 적절하지 **않은** 것은?

─── 보기 ───

　온라인 공간은 시·공간의 제약을 받지 않으며, 정보의 분류가 용이하다. 또한 하이퍼링크를 활용하면 다른 온라인 공간으로 쉽게 연결될 수 있어 정보를 빠르게 확장할 수 있으며, 정보의 수정이 비교적 쉽다. 이때 공간은 더욱 세부적으로 분할되기도 하며, 각 공간의 특징은 그 공간의 사용자와 목적에 따라 다르게 나타난다. 한편, 온라인 공간에서는 특정 사용자만을 정보 교환의 대상으로 삼는 폐쇄성이 나타나기도 한다.

① ㉠: '△△누리'는 사용자 간의 친목을 목적으로 불특정 다수에게 공개된 공간임을 알 수 있다.
② ㉡: '△△누리'라는 온라인 공간은 목적에 따라 세부적으로 분할된 공간이기도 함을 알 수 있다.
③ ㉢: '환경동아리'에서 사용자는 이전에 입력한 정보를 직접 수정할 수 있는 권한을 가지고 있음을 알 수 있다.
④ ㉣: 사용자가 '환경동아리'에서 공유된 정보를 특정 기준에 따라 선별할 수 있음을 알 수 있다.
⑤ ㉤: 글에서 하이퍼링크를 활용함으로써 사용자의 정보 확장이 빠르게 이루어질 수 있음을 알 수 있다.

5-6. [화면 3]을 바탕으로 기사에 대한 학생들의 수용 양상을 이해한 내용으로 적절하지 **않은** 것은?

① '정○○'은 기사에서 언급한 인물에 대해 추가로 조사한 결과를 다른 사용자에게 공유하고 있다.
② '송◁◁'은 기사에서 다룬 화제의 의의를 언급하며 기사 내용과 관련하여 새로운 활동을 제안하고 있다.
③ '김■■'은 기사 내용에서 보완되어야 할 점을 언급하며 기사를 비판적으로 수용하고 있다.
④ '양◉◉'은 다른 보도의 내용을 참고하여 기사가 편향적 관점을 지니고 있음을 지적하고 있다.
⑤ '김◎◎'는 기사를 읽고 느낀 감상을 밝히며 기사가 지니는 효용에 대해 긍정적으로 평가하고 있다.

매체
N제

Part _06

매체 실전문제
6회

[6-1~6-3] 다음은 인터넷에 게재된 지역 신문사의 웹 페이지 화면이다. 물음에 답하시오.

△△시 지역신문	검색

202X.09.08. 08:32:01 최초 작성 / 202X.09.08. 14:21:33 수정

지역 화폐는 '빛 좋은 개살구'에 불과하다?
사실상 경제적 효과 기대하기 어려워…

지역 화폐란 특정 지역에서 자체적으로 발행하여 그 지역 내부에서만 소비되는 화폐로, 판매자에게는 저렴한 카드 수수료를, 구매자에게는 일정 비율의 할인을 제공함으로써 지역 경제의 활성화를 꾀하는 정책이다. 지역 화폐는 지역 자금의 유출을 최소화하고 지역 내의 거래·생산·소비를 확대하는 '선순환 구조'의 확립에 기여할 수 있다는 이유로 2006년 이래 꾸준히 발행되어 왔다. 그런데 경제학계에서 지역 화폐의 실효성에 대한 의문을 제기하였다.

지난 5일 우리 △△시에서 한국경제학회 주관으로 개최된 '202X 경제학 학술대회'에는 ☆☆대 경제학과 교수 김○○, 한국조세재정연구원 연구위원 한□□ 등 다양한 분야의 경제학 전문가들이 참가하여 '지역 화폐의 경제 효과 분석'을 주제로 이야기를 나누었다. 이는 최근 지자체에서 경쟁적으로 지역 화폐의 발행량을 늘리고 있는 것과 관련하여 더 면밀한 학술적 검토가 시급하다는 요구에 의한 것이었다.

지역화폐 현황 (단위: 개, 억원)

	9조
3조2000	229
177	
3065	3714
1168	56	66
53		
2016	2017	2018	2019	2020년

발행 지자체 수
발행 금액

※ 자료: 조세정책연구원

을 1~9월 지역 화폐 환수율(%)

제주	220.1	부산	50.7
전북	140.9	대구·경북	47.9
서울	123.2	광주·전남	44.7
목포	100.0	경기	37.5
인천	73.1	강원	31.8

※ 자료: 한국은행

[A]

그런데 학회에 참여한 전문가 대부분은 지역 화폐의 경제적 파급 효과에 대해 부정적 입장을 보였다. 한□□ 연구위원은 "지역 화폐를 도입하면 지역 소매업 매출이 늘어나지만, 다른 인접 지역의 소비를 위축시켜 지역 격차를 불러일으킬 수 있다."라고 주장하였다. 이는 지역 화폐의 발행으로 국가 전체적인 소비 증가 효과를 기대하기는 어렵다는 뜻이다. 또한 한□□ 연구위원은 "지역 화폐 발행·관리 비용으로 지방 재정 지출 등 비효율성만 유발한다."라고 덧붙이기도 했다. 한편, 김○○ 교수는 "지역 화폐의 사용처가 제한적이라 지역 인프라에 따라 환수율에 차이가 발생하는 것도 해결해야 할 문제"라고 지적했다.

경제부 황지우 기자
economyhwang@△△.kr

황지우 기자가 작성한 최신 기사 보기

👍 좋아요 (185) 👎 싫어요 (5) ↗ SNS에 공유 📋 스크랩

◎ 관련 기사 ◎
· 엇갈리는 지역 화폐 평가… "경제에 긍정적" 연구 결과
· 지역 화폐로 인한 부가 가치 8천억에 이르러…

6-1. 위 화면을 통해 매체의 특성을 이해한 학생의 반응으로 가장 적절한 것은?

① 기사가 복합 양식으로 구성되어 있으니, 수용자의 관심이 여러 주제로 분산될 수 있겠군.
② 전문가들의 의견을 직접 인용하였으니, 제공되는 정보에 대한 신뢰도가 높아질 수 있겠군.
③ 기사의 수정 시각을 확인할 수 있으니, 수용자가 스스로 기사 내용을 복원할 수도 있겠군.
④ 기사를 누리 소통망(SNS)에 공유할 수 있으니, 기사에 대한 저작권 침해가 문제가 될 수 있겠군.
⑤ 기사에 대한 반응을 제시할 수 있으니, 기사에 개인의 의견을 추가하여 수정할 수 있겠군.

6-2. 〈보기〉를 참고할 때, [A]에 대한 반응으로 적절하지 **않은** 것은?

보기

선생님 : 기사문을 읽을 때는 아래와 같은 원칙이 잘 지켜졌는지 검토해 보면서 읽어야 합니다.
ⓐ 주제가 시의성을 가지며 알릴 가치가 있는 것인가?
ⓑ 도표나 사진, 인터뷰, 발화 등 다양한 자료를 수집하였는가?
ⓒ 기자의 개인적인 추측이나 주관적 감상이 배제되었는가?
ⓓ 저작권을 지키기 위해 정보의 출처를 명확히 밝히었는가?

① ⓐ를 고려할 때, 최근의 사건을 다루고 있으므로 시의성 있는 주제를 선택하고 있다고 볼 수 있다.
② ⓐ를 고려할 때, 주제와 관련하여 신속한 논의가 이루어져야 하는 이유를 제시하고 있으므로 알릴 가치가 있는 주제를 선택하고 있다고 볼 수 있다.
③ ⓑ를 고려할 때, 기사의 내용을 뒷받침하기 위해 도표와 전문가의 발화를 내용으로 포함하고 있으므로 다양한 자료가 수집되었다고 볼 수 있다.
④ ⓒ를 고려할 때, 지역 화폐가 국가의 전체 소비 증가에 도움이 되지 않는다는 기자의 생각이 드러나고 있으므로 주관적 감상이 반영되었다고 볼 수 있다.
⑤ ⓓ를 고려할 때, 제시된 자료를 발행한 기관의 명칭과 발화자의 소속 기관을 기재하고 있으므로 정보의 출처를 명확히 밝히고 있다고 볼 수 있다.

6-3. 다음은 학생이 과제 수행을 위해 작성한 메모이다. 메모를 반영한 카드 뉴스 제작 계획으로 적절하지 **않은** 것은?

> 수행 과제 : 기사 하나를 선정하여 카드 뉴스로 제작하여
> 학급 친구들에게 발표하기
>
> 바탕 자료 : "지역 화폐는 '빛 좋은 개살구'에 불과하다?"
> 인터넷 기사와 관련 기사
>
> 뉴스 내용 : 지역 화폐의 문제점 소개
> • 첫째 장면(#1) : 기사의 제목에 활용된 표현의 어조를
> 반영한 제목 제시하기
> • 둘째 장면(#2) : 지역 화폐를 잘 모르는 학생들을 위해
> 지역 화폐의 개념에 관해 설명하기
> • 셋째 장면(#3) : 학술대회에서 지역 화폐를 다룬 이유
> 를 최근의 상황과 연결하여 알려 주기
> • 넷째 장면(#4) : 지역별로 지역 화폐의 환수율이 다름
> 을 한눈에 비교할 수 있게 보여 주기
> • 다섯째 장면(#5) : 관련 기사를 참고해서 지역 화폐에
> 대한 다양한 관점을 제시하기

①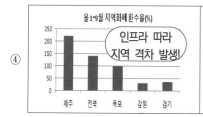
지역 화폐, 그럴듯하게 보이지만 실속은 0점?

#1. 카드 뉴스의 제목에서 지역 화폐의 실질적인 효과에 대한 의문을 제기함.

② 지역 화폐란?
특정 지역에서 자체적으로 발행하여 그 지역 내부에서만 소비되는 화폐

#2. 기사의 내용을 참고하여 지역 화폐 개념에 관한 구체적인 설명을 제시함.

③ 2016년에 비해 2020년 지역 화폐의 발행량은 무려 70배 이상 증가!

#3. 지역 화폐의 부작용으로 인해 학술대회에서 지역 화폐에 대해 다루게 되었음을 언급함.

④ (월 1~9월 지역화폐 환수율(%) 그래프: 제주, 전북, 목포, 강원, 경기)
인프라 따라 지역 격차 발생!

#4. 지역에 따라 지역 화폐의 환수율이 다르다는 것을 효과적으로 보여주기 위한 시각 자료를 제시함.

⑤ 그러나 지역 화폐로 인해 부가 가치가 상당하다는 의견도 제기되고 있음.

#5. 지역 화폐에 대한 긍정적인 관점 역시 존재한다는 것을 알려 지역 화폐에 대한 견해의 균형을 맞춤.

[6-4~6-6] (가)는 텔레비전 방송 뉴스이고, (나)는 신문에 실린 인쇄 광고이다. 물음에 답하시오.

(가)

[장면 1]
진행자 : 최근 범국가적인 바이러스가 유행하면서 손 소독제의 사용이 급증하고 있습니다. ⊙ 공공시설이나 음식점, 상점뿐만 아니라 가정에서도 손 소독제를 구비해 두는 모습을 쉽게 볼 수 있는데요. 손 소독제, 어떻게 골라야 할까요? 최□□ 기자가 전해 드립니다.

[장면 2]
최 기자 : 바이러스의 예방을 위해 손 세정의 중요성이 커지면서 주목받고 있는 손 소독제. 시중에 판매되는 손 소독제의 종류는 나날이 늘어가고 있습니다. ⓒ 이러한 손 소독제의 홍수 속에서 과연 소비자들은 현명한 선택을 하고 있을까요?

[장면 3]
임△△ : 아무래도 카페를 운영하다 보니까 손 소독제를 비치해 두는 것이 필수적입니다. ⓒ 그러다 보니까 이왕이면 우리 카페에 어울리는 고급스러운 디자인의 손 소독제를 구매하게 되더라고요. 사실 손 소독제의 기능이야 다 비슷하지 않나요? 세균 없애는 거…

시민 인터뷰
임△△/카페사장

[장면 4]
최 기자 : 하지만 전문가들은 손 소독제를 구매할 때 꼭 확인해야 하는 것들이 있다고 말합니다.

[장면 5]
정◇◇ 교수 : 손 소독제는 식약처의 신고 및 허가를 필수적으로 받아야 하는 의약외품입니다. 의약외품이란 의약품보다는 인체에 끼치는 영향이 적으면서, 사람이나 동물의 질병을 경감, 처치 또는 예방할 목적으로 사용되는 제품들을 말합니다. 그런데 시판되는 제품 중에서는 의약외품으로서 인증받지 않은, 일명 '가짜 손 소독제'도 있습니다. ② 따라서 손 소독제를 구매할 때는 제품의 표면에 의약외품이라는 문구가 표기되어 있는지 확인해야 합니다. 또한….

[장면 6]
최 기자 : 소비자들은 '의약품 안전나라' 누리집에 접속하여 손 소독제의 품목정보를 입력함으로써 해당 의약품에 대한 더 자세한 정보를 얻을 수 있습니다. ⑩ 손 소독제의 구매 전에

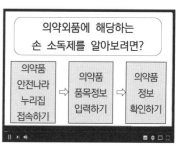

의약외품에 해당하는 손 소독제를 알아보려면?

의약품 안전나라 누리집 접속하기 ⇨ 의약품 품목정보 입력하기 ⇨ 의약품 정보 확인하기

<u>의약품 안전나라 누리집을 참고해 보는 건 어떨까요?</u> 지금까지 최□□ 기자가 전해드렸습니다.

(나)

6-4. (가), (나)에 대한 설명으로 가장 적절한 것은?

정보 구성의 주체	· (가)는 인터뷰에서 뉴스의 의도를 효과적으로 표현하기 위한 발언만을 제시하였다는 점에서, 뉴스 제작자가 주체적으로 정보를 선별하고 있음을 알 수 있다. ………… ① · (나)는 소비자의 만족도를 반영하여 제작되었다는 점에서, 소비자가 주체적으로 정보의 전달 여부를 결정하고 있음을 알 수 있다. ………… ②
정보의 성격	· (가)는 주장하는 내용과 대립하는 의견을 지닌 인물의 인터뷰를 포함하고 있다는 점에서, 긴급성이 있는 정보로 구성되어 있음을 알 수 있다. ………… ③ · (나)는 주장하는 내용에 대한 구체적인 수치 자료를 함께 제공하였다는 점에서, 타당성이 있는 정보로 구성되어 있음을 알 수 있다. ………… ④
정보의 양	· (가)는 소비자들의 제품 선택 기준을 소비자의 직업에 따라 분류하고 있다는 점에서, (나)에 비해 많은 양의 정보를 담고 있음을 알 수 있다. ………… ⑤

6-5. (가)의 언어적 특성을 고려할 때, ㉠~㉤에 대한 설명으로 적절하지 **않은** 것은?

① ㉠ : 보조사를 사용하여 일상의 여러 장소에서 손 소독제가 사용되고 있음을 강조하고 있다.

② ㉡ : 비유적 표현을 사용하여 현재 판매되는 손 소독제의 종류가 다양하다는 것을 부각하고 있다.

③ ㉢ : 선어말 어미 '-더-'를 사용하여 자신이 과거에 직접 경험한 내용을 상대에게 전달하고 있다.

④ ㉣ : 연결 어미 '-는지'를 사용하여 앞 절에 제시된 사실의 실현 가능성에 대한 의문을 제기하고 있다.

⑤ ㉤ : 질문의 방식을 활용하여 뉴스 시청자들에게 구체적인 행동을 취하도록 촉구하고 있다.

6-6. (가)를 본 학생이 (나)를 활용하여 다음의 학습 활동을 수행한 결과로 적절하지 **않은** 것은?

학습 활동 : 광고에서 사용한 표현 방법을 기준으로 신문에 실린 두 개의 인쇄 광고 비교하기

자료 :

① (나)는 '자료'와 달리 관용적인 표현을 활용함으로써 제품의 장점을 효과적으로 드러내고 있다.

② (나)는 '자료'와 달리 제품명을 제품이 아닌 광고 하단에 제시함으로써 제품명에 대한 주목도를 높이고 있다.

③ '자료'는 (나)와 달리 의인화된 제품이 수용자에게 말을 거는 듯한 이미지를 제시함으로써 제품에 대한 친근감을 형성하고 있다.

④ '자료'는 (나)와 달리 제품이 식약처로부터 정식으로 인증을 받은 제품이라는 점을 나타냄으로써 제품의 안전성을 드러내고 있다.

⑤ (나)와 '자료'는 모두 해당 제품에 대한 소비자의 긍정적 반응을 암시하는 문구를 넣음으로써 수용자의 소비 욕구를 자극하고 있다.

매쳐
N제

프리미엄 언매 문제집

Part _07

매체 실전문제 7회

[7-1~7-4] (가)는 □□군 공식 누리집 화면의 일부이고, (나)는 신문사의 누리집 화면이다. 물음에 답하시오.

(가)

[화면 1]

[화면 2]

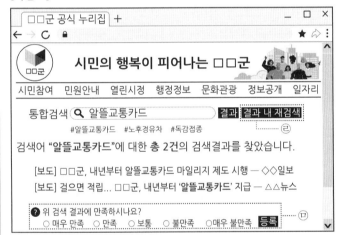

(나)

7-1. ㉠~㉤에 대한 설명으로 적절하지 않은 것은?

① ㉠에서 특정 지역의 정보를 제공한 것은 해당 누리집의 특성을 반영한 결과로 볼 수 있다.

② ㉡을 통해 사용자는 다른 사용자가 많이 입력한 검색어와 그 이유를 확인할 수 있다.

③ ㉢에서 사용자는 누리집에서 어떤 종류의 정보를 제공하고 있는지 한눈에 파악할 수 있다.

④ ㉣을 통해 사용자는 자신이 누리집에서 얻고자 하는 정보를 더 정확하게 선별할 수 있다.

⑤ ㉤을 통해 사용자는 정보의 제공자가 해당 정보를 보완하도록 영향력을 행사할 수 있다.

7-2. (나)에 대한 이해로 가장 적절한 것은?

① 기사를 주제에 따라 구분하고 있으니, 수용자는 해당 매체에 대한 다른 수용자들의 의견을 확인할 수 있겠군.

② 기사의 입력 시각과 수정 시각을 기재하고 있으니, 수용자는 기사가 수정된 내용을 순서대로 확인할 수 있겠군.

③ 기사를 사진이나 영상 없이 텍스트로만 구성하고 있으니, 수용자는 기사의 관점을 바로 파악할 수 있겠군.

④ 기사에 관한 선호도를 표시하고 있으니, 수용자는 기사가 사건을 균형적으로 전달하고 있는지 알 수 있겠군.

⑤ 해당 기사와 관련된 다른 기사의 목록을 제시하고 있으니, 수용자는 추가 검색 없이 간편하게 정보를 확장할 수 있겠군.

7-3. ⓐ~ⓒ에 대한 설명으로 적절하지 **않은** 것은?

① ⓐ는 접속 조사 '나'를 사용하여 알뜰교통카드를 통해 마일리지를 적립할 수 있는 조건들을 나열하였다.

② ⓐ는 격 조사 '를'을 사용하여 해당 제도가 알뜰교통카드의 이용자에게 제공하는 대상이 무엇인지 제시하였다.

③ ⓑ는 지시 대명사 '이'를 사용하여 글의 화제인 알뜰교통카드 마일리지 제도가 반복되는 것을 방지하였다.

④ ⓒ는 보조사 '까지'를 사용하여 알뜰교통카드 마일리지 제도가 도움을 줄 수 있는 내용을 강조하였다.

⑤ ⓒ는 부사 '대체로'를 사용하여 알뜰교통카드 마일리지 제도에 관한 □□군 주민들의 보편적인 인식을 드러내었다.

7-4. (나)를 읽은 학생들의 휴대 전화 대화방의 내용이다. 학생들의 수용 태도에 대한 설명으로 적절하지 **않은** 것은?

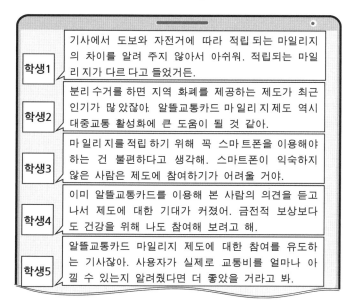

학생1 기사에서 도보와 자전거에 따라 적립되는 마일리지의 차이를 알려 주지 않아서 아쉬워. 적립되는 마일리지가 다르다고 들었거든.

학생2 분리 수거를 하면 지역 화폐를 제공하는 제도가 최근 인기가 많았잖아. 알뜰교통카드 마일리지 제도 역시 대중교통 활성화에 큰 도움이 될 것 같아.

학생3 마일리지를 적립하기 위해 꼭 스마트폰을 이용해야 하는 건 불편하다고 생각해. 스마트폰이 익숙하지 않은 사람은 제도에 참여하기가 어려울 거야.

학생4 이미 알뜰교통카드를 이용해 본 사람의 의견을 듣고 나서 제도에 대한 기대가 커졌어. 금전적 보상보다도 건강을 위해 나도 참여해 보려고 해.

학생5 알뜰교통카드 마일리지 제도에 대한 참여를 유도하는 기사잖아. 사용자가 실제로 교통비를 얼마나 아낄 수 있는지 알려줬다면 더 좋았을 거라고 봐.

① 학생 1은 제도의 세부 내용이 제시되지 않은 점에 주목해 보도 내용의 충분성을 부정적으로 판단하였다.

② 학생 2는 기존에 시행되었던 다른 제도에 주목해 알뜰교통카드 마일리지 제도의 실효성을 긍정적으로 판단하였다.

③ 학생 3은 제도를 실행하는 구체적인 방법에 주목해 제도의 실천 용이성을 부정적으로 판단하였다.

④ 학생 4는 보도에서 다양한 양식의 자료를 활용한 방식에 주목해 제도의 효용성을 긍정적으로 판단하였다.

⑤ 학생 5는 제도 참여를 촉구하려는 보도의 목적에 주목해 보도 내용의 구체성을 부정적으로 판단하였다.

[7-5~7-6] 다음은 온라인 메신저 화면의 일부이다. 물음에 답하시오.

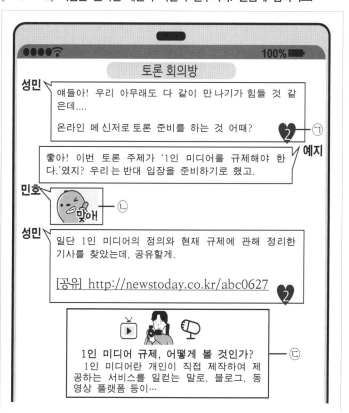

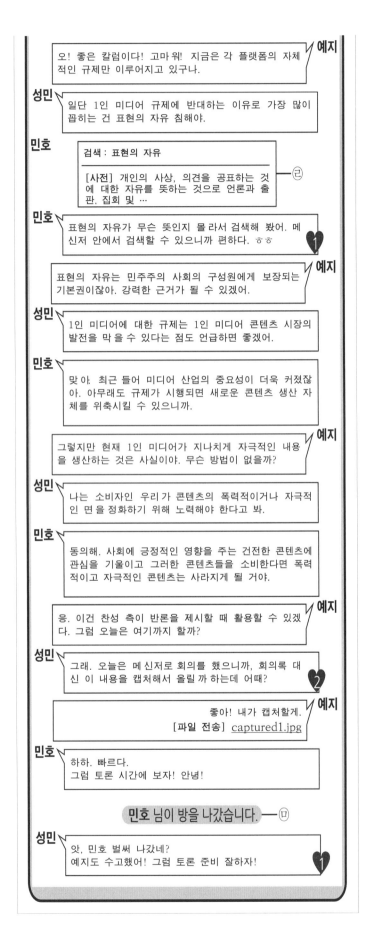

7-5. ㉠~㉤을 통해 위 매체의 특성을 이해한 것으로 가장 적절한 것은?

① ㉠을 보니, 대화 참여자는 다른 대화 참여자의 발언에 공감한 사람이 누구인지 확인할 수 있겠군.

② ㉡을 보니, 대화 참여자는 시각과 청각을 결합한 형태의 이모티콘을 활용하여 자신의 의사를 표현할 수 있겠군.

③ ㉢을 보니, 대화 참여자는 하이퍼링크를 활용해 전달한 동영상이 자동으로 재생되도록 설정할 수 있겠군.

④ ㉣을 보니, 대화 참여자는 다른 대화 참여자가 대화방에서 검색한 내용 중 일부를 먼저 볼 수 있겠군.

⑤ ㉤을 보니, 대화 참여자 중 한 명이라도 대화방을 이탈하면 다른 대화 참여자도 그 대화방을 사용할 수 없겠군.

7-6. 온라인 메신저 화면을 바탕으로 '1인 미디어 규제'에 대한 학생들의 수용 양상을 이해한 내용으로 적절하지 **않은** 것은?

① '예지'는 표현의 자유에 대한 이해를 바탕으로 1인 미디어 규제가 생산자의 기본권을 침해할 수 있다고 판단하였다.

② '민호'는 미디어 산업의 중요성을 근거로 1인 미디어 규제의 부정적 영향에 대한 우려를 나타내었다.

③ '예지'는 1인 미디어가 생산하는 내용을 근거로 1인 미디어 규제를 실천할 방법이 필요함을 언급하였다.

④ '성민'은 폭력적인 콘텐츠에 대한 부정적 인식을 바탕으로 1인 미디어 소비자의 태도가 중요함을 주장하였다.

⑤ '민호'는 '성민'의 견해에 대한 동의를 바탕으로 1인 미디어 소비자가 할 수 있는 노력을 구체적으로 제시하였다.

매체
N제

프리미엄 언매 문제집

Part _08

매체 실전문제 8회

[8-1~8-4] (가)는 신문 기사이고, (나)는 인터넷 기사이다. 물음에 답하시오.

(가)

□□시 교육청, 학생 1인 1악기 교육 추진

□□시가 학생들에게 1인 1악기를 가르치는 사업을 추진 중이다. □□시 교육청은 지난 20일 '악동(악기 동무) 활동' 운영 계획을 발표하였다. ㉠ 이는 □□시의 학생들이 하나 이상의 악기를 다룰 수 있는 환경을 조성하는 것을 목적으로 한다.

'악동 활동'을 위해 □□시 교육청은 학생 오케스트라, 학생 예술 동아리, 학교로 찾아가는 문화 예술 전문가에 대한 지원을 확대한다. ㉡ 또한, 악동 운영 지원을 위한 예산을 1.5배 늘릴 예정이다. 임◇◇ 체육 예술 건강 과장은 "악동 활동을 통해 학생들이 악기 하나를 동무로 삼아, 음악을 감상하는 감성과 역량을 가짐으로써 풍요로운 삶을 누릴 수 있기를 바란다."라고 말했다.

1인 1악기는 이미 여러 지역에서 추진하고 있는 사업이다. 1인 1악기 교육이 시행되고 있는 ○○시에서는 해당 사업으로 오케스트라 활동에 참여한 학생들의 사회성, 자아 성취감이 유의미하게 증가했다고 밝혔다. 참여 학생들 역시 오케스트라에 참여하면서 평소에는 관심이 없던 클래식 음악을 찾아 듣게 되어 좋았다거나 오케스트라를 통해 반 친구들 외의 다양한 친구들을 만날 수 있어 도움이 된다는 긍정적 반응을 보였다.

(나)

㉢ 바람 잘 날 없는 '1인 1악기' 사업, 보완책 마련해야

작성 시각 : 03.12. 18:00 마지막 수정 : 03.13. 12:00

○○시의 1인 1악기 사업에서 연이은 문제점이 발견되면서 비판의 목소리가 높아지고 있다. 학생들이 모두 한 개의 악기를 다룰 수 있도록 하여 학생들의 감수성을 풍부하게 하겠다는 좋은 취지에서 시작되었지만, 현실을 고려하지 않은 시행과 부적절한 행정으로 잡음이 끊이지 않기 때문이다.

교사들은 ○○시가 제공한 악기가 정규 교육 과정에 포함되어 있지 않아 학교에는 이를 가르칠 수 있는 교사가 없다는 점을 지적한다. ㉣ 문화 예술 전문가의 방문은 극히 제한되어 있기에 그 외의 시간에는 교사가 실습 교육을 진행해야 하는데, 악기를 가르칠 수 있는 교사가 없다는 것이다. 이에 교사들은 악기를 정규 교육 과정에 포함된 단소나 리코더로 변경해 달라고 요구하고 있다.

또한 ○○시가 학생들에게 악기를 제공하는 과정에서 품질이 낮은 악기를 구매해 1년도 되기 전에 수리해야 할 악기가 수두룩해진 것 역시 비판받고 있다. 이는 ○○시가 악기 납품 업체를 선정하는 과정에서 자격 요건을 명확하게 설정하지 않아, 결국 최저가로 입찰한 건설 업체가 악기를 납품하게 되어 발생한 문제이다. ㉤ ○○시에 악기 납품을 신청한 32개 업체 중 실제로 악기를 취급하는 전문 업체는 7곳에 불과했다. ○○시는 악기 수리를 위한 1천만 원의 예산을 따로 책정하는 등 대책 마련에 진땀을 빼고 있다.

작성 : 박성찰 기자
메일 : news.ilbo.com

📌 눌러서 아래 기사로 이동하기
'○○ 낭만 포차' 개최… 20일부터 입장권 판매
○○시 노인 복지 시설 관련 민원 급증?

저작권자 ⓒ ○○일보 무단 재배포 금지

8-1. (가), (나)를 수용할 때 유의할 점으로 가장 적절한 것은?

① (가)는 해당 사업의 효과를 보여 주는 수치 자료를 제시하고 있으므로 해당 자료의 출처가 확실한지 확인해야 한다.
② (나)는 해당 사업과 관련하여 발생한 문제 상황의 원인을 규명하고 있으므로 내용의 논리적 타당성을 확인해야 한다.
③ (나)는 해당 사업의 내용을 설명하기 위해 특정 전문가의 말을 인용하고 있으므로 해당 전문가의 소속을 확인해야 한다.
④ (가)와 (나)는 수용자에게 특정 행동을 금지하려는 목적을 지니고 있으므로 주장에 설득력이 있는지 확인해야 한다.
⑤ (가)와 (나)는 해당 사업과 관련한 의견 대립의 양상을 제시하고 있으므로 서술이 편파적이지 않은지 확인해야 한다.

8-2. (나)를 통해 확인할 수 있는 매체의 특성으로 적절하지 않은 것은?

① 표제의 글자 크기와 굵기를 조정함으로써 중심 화제에 대한 독자의 주목을 유도하고 있다.
② 기사의 저작권자를 명시함으로써 해당 기사가 허락 없이 다른 곳에 배포될 수 없음을 밝히고 있다.
③ 독자가 수정되기 전의 기사 내용을 확인할 수 있도록 함으로써 기사가 수정된 이유를 암시하고 있다.
④ 하이퍼링크를 활용함으로써 독자가 특정 지역에 관한 다른 기사에 쉽게 접근할 수 있도록 하고 있다.
⑤ 기사 작성자의 메일 주소를 게재함으로써 작성자와 독자 사이의 쌍방향 소통이 이루어질 수 있도록 하고 있다.

8-3. ㉠~㉤에 대한 설명으로 적절하지 <u>않은</u> 것은?

① ㉠ : 지시 대명사 '이'를 활용하여, 앞서 언급된 대상에 관한 설명을 덧붙이고 있다.

② ㉡ : 관형사형 어미 '-ㄹ'을 활용하여, 제시된 상황이 실현되어야 한다는 생각을 드러내고 있다.

③ ㉢ : 중심 화제를 수식하는 관용적 표현을 활용하여, 화제에 대한 기사의 태도를 보여 주고 있다.

④ ㉣ : 연결 어미 '-기에'를 활용하여, 앞의 내용과 뒤의 내용 사이에 인과 관계가 있음을 밝히고 있다.

⑤ ㉤ : 서술어 '불과했다'를 활용하여, 언급한 수치가 적정 수준에 미치지 못하는 상태임을 나타내고 있다.

8-4. 다음은 (나)와 관련하여 작성된 댓글의 내용이다. 독자의 수용 태도에 대한 설명으로 가장 적절한 것은?

┌─────────────────────────────────────┐
│ **시청자 게시판** ×   _ □ ✕ │
├─────────────────────────────────────┤
│ ↳ **익명 1** 단소나 리코더는 지금 정규 교육 과정에 들어 있는 건데 │
│   굳이 따로 시간을 마련해서 배울 필요가 있나요?   │
│ ↳ **익명 2** 건설 업체가 악기를 납품하다니 정말 어이가 없네요. 대 │
│   체 어떤 자격 요건을 제시했던 건지 알려 주셨으면 좋았을 것 같 │
│   아요.   │
│ ↳ **익명 3** 저희 학교랑 똑같은 상황이네요. 1인 1악기 교육을 시작 │
│   하면서 연습용으로 바이올린을 받았는데, 3개월 정도 지나고부터 │
│   고장 난 제품이 많아서 곤란했거든요.   │
│ ↳ **익명 4** 얼마 전에 1인 1악기 교육 사업을 칭찬하는 사설을 읽었 │
│   는데 이런 문제점이 있는지는 몰랐어요. 저 같은 사람들도 많을 │
│   텐데 정말 유용한 기사네요.   │
│ ↳ **익명 5** 교사들의 불만만 제시되어서 아쉽네요. 학생들이나 학부 │
│   모들의 의견들은 어떤지도 궁금해요.   │
└─────────────────────────────────────┘

① '익명 1'과 '익명 4'는 기사에 제시된 교사들의 요구에 대한 의문을 제기하며 글을 읽었다.

② '익명 2'와 '익명 3'은 기사 내용에서 보완되어야 할 구체적 내용을 파악하며 글을 읽었다.

③ '익명 2'와 '익명 4'는 1인 1악기 교육 사업에 관한 정보의 신뢰성을 판단하며 글을 읽었다.

④ '익명 3'과 '익명 4'는 1인 1악기 교육 사업과 연관된 자신의 주관적 경험을 떠올리며 글을 읽었다.

⑤ '익명 4'와 '익명 5'는 1인 1악기 교육 사업을 바라보는 다양한 시각이 제시되었는지 점검하며 글을 읽었다.

[8-5~8-6] (가)는 텔레비전 방송 뉴스의 일부이고, (나)는 (가)를 본 학생이 학교 누리집에 게시한 글이다. 물음에 답하시오.

(가)

[장면 1]

진행자 : 여름이 다가오면서 다이어트를 준비하는 분들이 많으실 겁니다. 그런데 살이 찌는 것이 '감정적 허기' 때문일 수도 있다는 사실, 알고 계신가요? 박□□ 기자가 전해 드립니다.

[장면 2]

박 기자 : 실제로 우리가 배고픔을 느끼는 경우 중 상당수는 신체적 허기가 아닌 감정적 허기라고 합니다. 감정적 허기란 스트레스나 불안으로 인해 발생한 가짜 식욕을 말하는데요. 감정적 허기를 느낄 때마다 음식을 섭취하게 되면 체중이 증가함은 물론 위장의 기능에도 악영향을 미칠 수 있어 유의해야 합니다.

[장면 3]

이△△ : 사람의 감정은 포만감을 느끼는 뇌의 중추에 영향을 미칩니다. 그런데 이 포만 중추가 불안, 분노, 외로움, 슬픔 등의 부정적 감정으로부터 자극을 받으면 가짜 식욕이 발생할 수 있습니다. 가짜 식욕이 적절히 조절되지 못하면 이는 폭식과 같은 식이 장애나 비만으로 연결될 가능성이 큽니다. 특히 청소년의 경우 신체적으로 큰 변화를 겪는 시기일 뿐만 아니라, 학업과 미래에 대한 스트레스가 커 감정적 허기에 더욱 민감할 수 있습니다.

[장면 4]

박 기자 : 전문가들은 감정적 허기와 신체적 허기를 구분할 수 있는 기준을 다음과 같이 제시하고 있습니다. 갑자기 허기가 느껴지는 경우, 특정 음식이 먹고 싶은 경우, 배가 불러도 먹는 행위를 멈추지 못하는 경우가 바로 감정적 허기가 발생한 경우입니다.

감정적 허기	신체적 허기
배고픔이 갑자기 커진다.	배고픔이 서서히 커진다.
특정한 음식이 먹고 싶다.	어떤 음식을 먹어도 상관없다.
배가 불러도 멈추지 못한다.	배가 부르면 그만 먹는다.

[장면 5]

박 기자 : 지난 10일 발표된 한국 건강 보험 심사 평가원의 조사 결과에 따르면 202×년 섭식 장애로 치료 받은 10대 청소년 환자는 총 1,300여 명으로 작년보다 1.3배가량 늘었습니다. 그러나 전문가

들은 섭식 장애의 특성상 치료를 받지 않는 환자가 많고, 10대들은 섭식 장애를 다이어트의 일종으로 여기는 경우가 많아 발병 자체를 모르는 경우가 부지기수라고 말합니다. 과연 내가 지금 음식을 먹는 것이 '진짜 배고픔' 때문인지 스스로 점검해 보아야겠습니다.

(나)

안녕하세요. 저는 ○학년 ○반 김◇◇입니다. 오늘 제가 학교 누리집에 글을 쓰는 이유는 바로 청소년기의 섭식 장애에 관한 정보를 공유하고 싶기 때문입니다. 얼마 전 TV에서 청소년 섭식 장애의 위험성에 대해 알고 나서 그 심각함을 알려야겠다는 생각이 들었습니다. 조사 결과에 따르면 작년보다 섭식 장애를 겪는 청소년들이 늘어났으며, 섭식 장애의 특성상 치료를 받지 않거나 그것이 질환임

감정적 허기	신체적 허기
배고픔이 갑자기 커진다.	배고픔이 서서히 커진다.
특정한 음식이 먹고 싶다.	어떤 음식을 먹어도 상관없다.
배가 불러도 멈추지 못한다.	배가 부르면 그만 먹는다.

을 모르는 청소년들이 많아 실제 환자 수는 더 많을 것이라고 합니다. 이러한 섭식 장애를 유발하는 원인 중에는 '감정적 허기'라는 게 있다고 합니다. 방송에 감정적 허기와 신체적 허기를 구분하는 방법이 자세하게 소개되었는데요. 많은 학생들에게 도움이 될 것 같아 캡처해 왔으니 자신의 허기가 무엇인지 점검해 보고, 감정적 허기라고 판단될 때는 음식 대신 물이나 차를 마셔보는 건 어떨까요?

8-5. (가)에 대한 설명으로 적절하지 <u>않은</u> 것은?

① 진행자는 '감정적 허기'를 방송의 주제로 삼게 된 배경을 언급하여 수용자의 관심을 유도하고 있다.
② 박 기자는 '감정적 허기'라는 개념을 정의하고, 대상의 부정적인 영향에 대해 언급하고 있다.
③ 전문가는 '감정적 허기'가 발생하는 신체적 원리를 밝히고, 청소년이 이것에 더 민감한 이유를 언급하고 있다.
④ 박 기자는 '감정적 허기'와 '신체적 허기'를 점검하기 어렵다는 점을 언급하고, '신체적 허기'의 특징을 제시하고 있다.
⑤ 박 기자는 섭식 장애로 치료를 받은 청소년의 수를 작년과 비교하고, 적절한 근거를 제시하여 문제 상황의 심각성을 드러내고 있다.

8-6. (가)를 참고하여 (나)를 작성하는 과정에서 학생이 고려했을 내용으로 가장 적절한 것은?

① '장면 1'에서 언급한 '감정적 허기'와 다이어트의 관련성을 활용하여 효과적인 다이어트 방식을 알려 줘야겠어.
② '장면 2'에서 언급한 '가짜 식욕'이 야기할 수 있는 문제점을 드러내는 사례를 통해 수용자의 흥미를 끌어야겠어.
③ '장면 3'에서 언급한 청소년기의 특징을 제시하여 특히 청소년기의 섭식 장애가 위험하다는 점을 부각해야겠어.
④ '장면 4'에서 사용된 도표를 제시하여 수용자가 '감정적 허기'에 관한 정보를 한눈에 파악할 수 있도록 해야겠어.
⑤ '장면 5'에서 언급한 '감정적 허기'를 다스리는 방법을 활용하여 섭식 장애 치료 방안을 제시하며 글을 마무리해야겠어.

매체
N제

프리미엄 언매 문제집

Part _09

매체 실전문제
9회

[9-1~9-4] (가)는 지역 신문의 기사이고, (나)는 (가)를 바탕으로 학생이 만든 카드 뉴스이다. 물음에 답하시오.

(가)

청소년을 위한 교통 정책, 어디까지 왔나?

㉠ 지난해부터 우리 ○○시는 8세부터 19세 이하 청소년의 교통비를 연 12만 원까지 지역 화폐로 환급하는 '청소년 교통비 지원 사업'을 시행하고 있다. 정책을 시행한 지 1년이 지난 지금, 청소년을 위한 교통 정책의 현황과 그 개선점 등에 관해 좀 더 면밀히 알아보고자 한다.

청소년을 위한 교통 정책은 이미 다양한 지역에서 시행되고 있다. ㉡ 이는 청소년이 대중교통의 이용 빈도가 높으면서도 경제적으로 취약한 계층이라는 인식이 있기 때문이다. 실제로 도로교통공단에서 연령별 대중교통 이용 비율을 조사한 결과, '8~19세 약 37%, 20~29세 약 22%, 30~39세 약 10%, 40~49세 약 11%, 50세 이상 약 20%'로, 대중교통을 이용하는 사람 중 무려 37.1%가 청소년으로 나타났다고 한다. ㉢ 따라서 대중교통의 이용 빈도가 높은 청소년들을 위해 그들의 이동 범위를 확대할 수 있는 교통 정책이 필수적이라는 것에 대해서는 사회적 합의가 이루어진 상태이다.

○○시보다 앞서 청소년 교통 정책을 시행한 □□시에서는 청소년을 대상으로 교통비를 무상 지원하고 있다. ㉣ 정책 연구회의 조사에 따르면 정책이 시행된 후에는 청소년의 버스 이용률이 54.3% 증가하고, 청소년의 지출도 오히려 33.1% 증가했다고 한다. 이는 이 정책이 청소년의 이동 범위를 확대할 뿐만 아니라 지역 경제의 활성화에 도움을 줄 수 있음을 시사한다. 또한, 대중교통의 이용률을 늘림으로써 대기 환경도 개선될 수 있다. ○○시의 정책 역시 이러한 효과를 기대할 수 있다.

㉤ 그러나 청소년 교통비 지원을 위한 예산 마련에 우려를 표하는 견해도 존재한다. 일부의 정책 전문가들은 도시 개발로 인한 인구 급증과 버스 수요의 증가 가능성을 고려하면 재원 마련에 대한 대책이 반드시 필요하다고 지적한다.

(나)

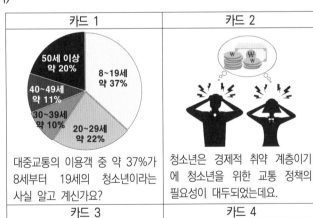

카드 1	카드 2
대중교통의 이용객 중 약 37%가 8세부터 19세의 청소년이라는 사실 알고 계신가요?	청소년은 경제적 취약 계층이기에 청소년을 위한 교통 정책의 필요성이 대두되었는데요.

카드 3	카드 4

 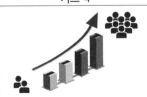

| 우리 ○○시는 청소년들을 대상으로 교통비를 연 12만 원까지 지역 화폐로 돌려주는 정책을 시행하고 있습니다. | 전문가들은 청소년 교통 정책 활성화의 필요성에는 동의하면서도 이를 위한 재원 마련에는 우려를 표하고 있습니다. |

9-1. (가), (나)를 수용할 때 유의할 점으로 가장 적절한 것은?

① (나)와 달리 (가)는 작성자의 주관이 드러나 있으므로 글에서 사용한 정보가 왜곡되지 않았는지 확인해야 한다.

② (가)와 달리 (나)는 출처가 기재되지 않은 정보를 제시하였으므로 신뢰할 수 있는 정보인지 확인해야 한다.

③ (가)와 달리 (나)는 예상되는 반론에 대해 재반박하고 있으므로 반박의 내용에 논리적 비약이 있는지 확인해야 한다.

④ (가)와 (나)는 특정 정책에 대한 대립되는 의견을 다루고 있으므로 편파적으로 서술되지 않았는지 확인해야 한다.

⑤ (가)와 (나)는 다양한 관점을 제시하고 있으므로 새롭게 제시된 대안이 각 관점을 균형적으로 반영했는지 확인해야 한다.

9-2. (나)를 제작하는 과정에서 반영된 학생의 계획으로 적절하지 **않은** 것은?

① '카드 1'에는 (가)의 연령별 대중교통 이용 비율에 대한 조사 결과를 그래프로 시각화하여 제시해야겠군.

② '카드 1'에는 (가)에 제시된 연령별 대중교통 이용 비율 조사 결과를 질문의 형식으로 언급하여 수용자의 흥미를 끌어야겠군.

③ '카드 2'에는 (가)의 청소년이 경제적 취약 계층이라는 내용을 이미지로 반영하여 정책의 필요성을 부각해야겠군.

④ '카드 3'에는 (가)의 정책을 시행하는 주체와 그 대상자를 화살표로 연결하여 정책의 방향을 명료하게 보여 줘야겠군.

⑤ '카드 4'에는 (가)의 전문가들이 정책 재원 마련에 대한 대책이 필요한 이유로 언급한 두 가지 내용을 제시하여 수용자에게 생각할 거리를 던져 줘야겠군.

9-3. ㉠~㉤에 대한 설명으로 적절하지 **않은** 것은?

① ㉠ : 관형사형 어미 '-는'을 사용하여 '청소년 교통비 지원 사업'의 내용을 제시하고 있다.

② ㉡ : 지시 대명사 '이'를 사용하여 이어지는 내용이 앞서 제시된 내용의 원인임을 밝히고 있다.

③ ㉢ : 피동 표현을 사용하여 정책에 대한 사회적 합의가 강요에 의해 이루어졌음을 알리고 있다.

④ ㉣ : 간접 인용을 나타내는 조사를 사용하여 정책 연구회에서 발표한 자료를 구체적으로 보여 주고 있다.

⑤ ㉤ : 접속 부사 '그러나'를 사용하여 앞 문단과 상반되는 내용이 이어질 것임을 드러내고 있다.

9-4. 〈보기〉의 '카드 뉴스 보완 방향'을 고려할 때, '카드 A', '카드 B'의 활용 방안으로 가장 적절한 것은?

보기

- **카드 뉴스 보완 방향** : 정책의 내용과 효과에 관한 내용을 보완하기 위해 (나)에 카드 A, B를 추가

카드 A	카드 B
 지역 화폐란? 지역 경제 활성화를 위해 ○○시에서 발행하여 ○○시 내부에서만 사용할 수 있는 대안 화폐입니다.	"교통비를 환급받으면서 이를 도서 구매 비용이나 여가를 즐기기 위한 비용으로 사용할 수 있어 좋았어요."

① (나)에서 ○○시의 정책의 내용은 언급하지 않았으므로 '카드 A'를 활용하여 ○○시의 정책과 지역 화폐의 기능을 연결하여 보여 준다.

② (나)에서 ○○시의 정책이 지역 경제의 활성화에 도움이 된다는 사실은 언급하지 않았으므로 '카드 A'를 활용하여 지역 경제 활성화의 가능성을 보여 준다.

③ (나)에서 ○○시의 정책에 대한 전문가의 평가는 언급하지 않았으므로 '카드 B'를 활용하여 정책에 대한 긍정적 평가를 보여 준다.

④ (나)에서 ○○시의 정책이 청소년에게 미치는 영향에 대해 언급하지 않았으므로 '카드 B'를 활용하여 청소년의 지출이 증가했음을 보여 준다.

⑤ (나)에서 ○○시의 정책이 청소년을 대상으로 하는 이유는 언급하지 않았으므로 '카드 B'를 활용하여 청소년이 경제적 취약 계층임을 보여 준다.

[9-5~9-6] **(가)**는 댄스 동아리 학생들이 가진 회의이고, **(나)**는 (가)의 회의를 바탕으로 제작한 포스터이다. 물음에 답하시오.

(가)

-20◇◇. 03. 01.-

재현 : 이번에 우리 동아리에서 발표회를 열기로 했잖아. 발표회를 더 널리 알리기 위해 학교 누리집에 포스터를 올리는 건 어떨까? 너희 생각은 어때?

승연 : 찬성이야. 그럼 포스터에는 어떤 내용이 들어가면 좋을까?

재현 : 일단 발표회가 열리는 장소, 시간을 명확히 제시해야겠지? 포스터 하단에 잘 보이게 적어 두자.

승연 : 장소는 약도를 같이 제시해서 찾아오기 쉽게 해 주자.

나연 : 약도보다는 지도 어플로 이어지는 큐알 코드를 활용하는 게 어때? 그리고 발표회에 다른 학교의 댄스 동아리도 참여한다는 걸 강조하는 게 좋겠어.

재현 : 좋은 생각이야. 또 이번 발표회 주제가 두 명이 짝을 이뤄 추는 재즈 댄스임을 이미지로 드러내면 좋겠어.

승연 : 그래. 회의한 걸 토대로 만들어 볼게!

-20◇◇. 03. 11.-

재현 : 다들 댓글 읽어 봤어? 포스터를 보고 발표회에 오겠다는 의견들이 많더라. 포스터 만들길 잘한 것 같아.

승연 : 응. 좋아요 수를 보니 뿌듯하더라. 그리고 발표회에 개인 자격으로 참가할 수는 없냐는 의견도 있더라고.

나연 : 다음 발표회에는 꼭 고려해 보자.

(나)

[동아리 홍보]

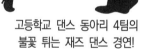
재즈 댄스의 매력에 빠져 보실래요?
~제◇회 댄스 발표회~
주최 : □□고등학교 댄스 동아리

고등학교 댄스 동아리 4팀의
불꽃 튀는 재즈 댄스 경연!

우리 학교 동아리 외에 △△고등학교 2팀과 ○○고등학교 1팀도 참가합니다. 참석자 대상 경품 이벤트도 있으니 꼭 들러 주세요!

★ 장소 : □□고등학교 근처 ○○체육관
(QR 코드 스캔 시 지도 어플로 연결됩니다.)
★ 시간 : 20◇◇. 04. 05. 18시

댓글   좋아요 : 104

익명 : 우와, 우리 학교 동아리가 댄스 발표회를 주최하는지 전혀 몰랐어요. 꼭 가 볼게요!

익명 : 꼭 동아리로만 참가할 수 있나요? 개인 자격으로도 참가할 수 있으면 좋겠어요. ㅠㅠ

  ↳ 익명 : 그러게요. 저도 참가하고 싶은데...

  ↳ 작성자 : 다음 발표회 때에는 꼭 고려해 보도록 하겠습니다!

9-5. (가), (나)에 대한 이해로 적절하지 <u>않은</u> 것은?

① (가)는 게시글의 작성자가 글을 게시하는 목적이 발표회를 홍보하기 위한 것임을 보여 준다.

② (가)는 게시글의 작성자가 (나)를 통해 게시글의 수용자가 보인 반응을 확인할 수 있음을 보여 준다.

③ (나)는 게시글의 수용자끼리 상호 작용하고 서로의 의견에 공감을 표출할 수 있음을 보여 준다.

④ (나)는 게시글의 수용자가 제안한 내용을 게시글의 작성자가 긍정적으로 수용하고 있음을 보여 준다.

⑤ (나)는 게시글의 수용자가 익명으로 댓글을 작성함으로써 인터넷 윤리가 지켜지지 않음을 보여 준다.

9-6. (가)의 포스터 제작 계획을 (나)에 반영한 내용으로 적절하지 <u>않은</u> 것은?

① 발표회가 열리는 시간, 장소를 명확히 제시하자는 의견을 반영하여 포스터 하단에 크고 굵은 글씨체로 제시하였다.

② 발표회 장소를 쉽게 찾아올 수 있도록 하자는 의견을 반영하여 지도 어플리케이션과 연결되는 큐알 코드를 제시하였다.

③ 발표회 주제가 두 명이 짝을 이뤄 추는 재즈 댄스임을 알려 주자는 의견을 반영하여 두 사람이 손을 맞잡고 춤을 추는 이미지를 전면에 제시하였다.

④ 발표회에 다른 학교의 댄스 동아리도 참가한다는 사실을 언급하자는 의견을 반영하여 참가하는 고등학교의 이름을 제시하였다.

⑤ 발표회 참가를 독려하기 위한 이벤트를 추가하자는 의견을 반영하여 참석자를 대상으로 실시되는 이벤트와 관련한 정보를 제시하였다.

매체
N제

프리미엄 **언매 문제집**

Part _10

매체 실전문제
10회

[10-1~10-4] (가)는 텔레비전 방송 뉴스이고, (나)는 이를 바탕으로 교내 환경 동아리에서 만든 카드 뉴스이다. 물음에 답하시오.

(가)

진행자 : 생활 속 경제, 지금 시작하겠습니다. 오늘은 스튜디오에서 최○○ 기자와 함께 인사드립니다. 최○○ 기자, 다음 주부터 새로 시작되는 제도가 화제라고요?

기자 : 네. 환경부에서 실시하는 '일회용 컵 보증금제'가 다음 주부터 △△시에서 본격적으로 시행될 예정입니다. ㉠판매자는 정부가 정한 보증금 300원을 반영한 가격으로 일회용 컵에 담긴 음료를 판매하고, 소비자는 그 컵을 반납함으로써 보증금을 돌려받는 제도인데요.

[화면 1]

제도 시행을 통해 일회용 컵 회수와 재활용이 활성화될 것으로 기대됩니다. ㉡그런데 소비자들은 어떻게 보증금을 돌려받을 수 있을까요? 먼저 스마트폰에 '자원순환보증금' 앱을 설치해야 합니다.

[화면 2]

'자원순환보증금' 앱을 실행한 화면입니다. 지도 아이콘을 누르면 사용자 주변의 반환 장소가 검색되고요, ㉢반환 장소에서 바코드 아이콘을 누르면 사용자의 정보가 포함된 반환 바코드가 표시됩니다. 표시된 바코드를 반환 장소에 있는 무인 회수기의 스캐너에 인식시키면 일회용 컵 반납이 시작되지요. 현재까지 적립한 금액은 적립금 아이콘을 통해 확인할 수 있습니다. ㉣무인 회수기는 현재 △△시에만 설치되어 있으나 곧 설치 범위를 전국으로 넓힐 계획입니다. 환경부 관계자의 말을 들어 보겠습니다.

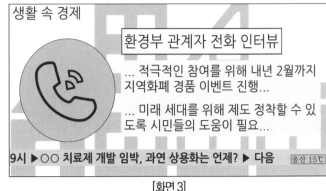

[화면 3]

관계자 : 시행 초기인 만큼, 적극적인 시민 참여를 위해 내년 2월까지 지역화폐 경품 이벤트를 진행할 예정입니다. 지금 당장은 불편하게 느껴지시겠지만, 미래 세대를 위해 이번 제도가 잘 정착될 수 있도록 도와주시기를 바랍니다.

진행자 : ㉤저도 스마트폰에 앱을 내려 받아 바로 참여해야겠습니다. 오늘 준비한 소식은 여기까지입니다. 고맙습니다.

(나)

10-1. (가)에 대한 이해로 가장 적절한 것은?

① [화면 1]에서는 현재 발화자의 소속을 표기하여 전달하는 내용의 신뢰도를 높이고 있다.

② [화면 1]에서는 서로 다른 장소에 있는 인물들을 한 화면에 좌우로 배치하여 보여주고 있다.

③ [화면 2]에서는 스마트폰 앱을 활용하여 일회용 컵을 반납하는 방법뿐만 아니라 통화를 활용한 방법까지 설명하고 있다.

④ [화면 3]에서는 특정 발화자의 발언을 요약한 자막을 제시하여 음성을 듣기 어려운 개별 시청자를 배려하고 있다.

⑤ [화면 1]~[화면 3]에서는 시청자의 위치를 반영한 날씨 정보를 하단에 노출하여 시청자 맞춤형 정보를 제공하고 있다.

10-3. (가)를 시청한 학생들의 휴대전화 대화방이다. 학생들의 수용 태도에 대한 설명으로 적절하지 <u>않은</u> 것은?

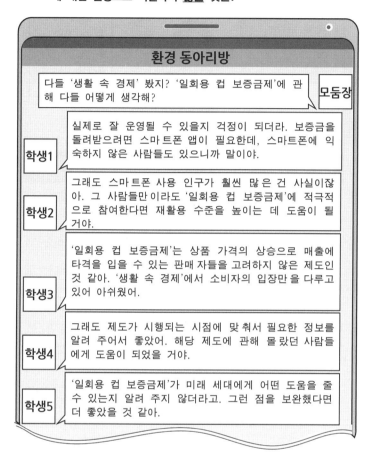

① 학생 1은 제도의 구체적인 시행 방식에 주목해 제도의 실천 용이성 측면을 부정적으로 판단하였다.

② 학생 2는 보도에서 제시한 스마트폰 관련 현황에 주목해 제도의 실효성 측면을 긍정적으로 판단하였다.

③ 학생 3은 제도가 판매자에게 부담이 될 수 있다는 점에 주목해 보도의 균형성 측면을 부정적으로 판단하였다.

④ 학생 4는 보도에서 제시한 제도의 시행 시기에 주목해 보도의 시의성 측면을 긍정적으로 판단하였다.

⑤ 학생 5는 제도의 기대 효과를 상세하게 설명하지 않은 점에 주목해 보도 내용의 충분성 측면을 부정적으로 판단하였다.

10-2. ㉠~㉤에 대한 설명으로 적절하지 <u>않은</u> 것은?

① ㉠: 지시 관형사 '그'를 사용하여 소비자가 반납하는 컵이 정부의 보증금이 반영된 일회용 컵임을 드러내었다.

② ㉡: 접속 부사 '그런데'를 사용하여 뉴스의 주제가 일회용 컵 보증금제로부터 전환될 것임을 나타내었다.

③ ㉢: 연결 어미 '-면'을 사용하여 자원순환보증금 앱에서 반환 바코드가 표시되기 위한 조건을 드러내었다.

④ ㉣: 격 조사 '으로'를 사용하여 무인 회수기의 설치 범위가 변화하는 방향을 나타내었다.

⑤ ㉤: 보조사 '도'를 사용하여 발화자가 일회용 컵 보증금제에 참여하는 사람에 포함될 것임을 드러내었다.

10-4. (나)의 정보 구성 및 제시 방식에 대한 이해로 적절하지 <u>않은</u> 것은?

① (가)에 제시된 제도의 가치를 제도에 참여하는 주체에 따라 구분하여 제시하였군.

② (가)에 제시된 일회용 컵 보증금제의 시행 목적을 부각하기 위해 글자의 형태를 달리하였군.

③ (가)에 제시된 제도와 관련된 앱을 소개하면서, 앱 설치로 연결되는 QR 코드를 추가로 제시하였군.

④ (가)에 제시된 앱을 활용하여 일회용 컵을 반납하는 과정을 단계별로 항목화하여 순서대로 제시하였군.

⑤ (가)에 제시된 관계자의 발언 중 일회용 컵 보증금제의 필요성을 강조하기 위해 아이들의 이미지를 활용하였군.

[10-5~10-6] 다음은 실시간 인터넷 방송이다. 물음에 답하시오.

안녕하세요! 뚝딱샘과 함께하는 즐거운 만들기 시간입니다. 오늘 만들 '방패연'에 관해 다들 잘 알고 계신가요?

> 송송이 : 방패연은 우리 나라에만 있다고 알고 있어요!

[A]
> 송송이님, 제가 원하는 대답이에요. 방패연은 우리나라에만 있답니다.

방패연의 가운데에 있는 동그란 구멍을 방구멍이라고 해요. 바람이 약할 때는 연 표면의 공기가 방구멍을 통과하면서 연을 상승하게 만들고, 바람이 강할 때는 남는 바람이 방구멍으로 빠져나가 저항을 줄인답니다.

> 치즈 : 뚝딱샘님 SNS 보고 준비물 준비 완료!

[B]
> 치즈님, 아주 좋아요! 오늘 처음 오신 분들을 위해 말씀드리자면 제 SNS를 통해 방송 하루 전에 미리 준비물을 확인하실 수 있답니다.

이제 방패연을 만들어 볼게요. 먼저 화선지를 적절한 크기로 자르는 마름질을 해야 해요. 요즘은 이렇게 마름질을 끝낸 제품이 판매되니까 이걸 구매하셔도 되겠습니다. 이 제품의 구매 링크는 제 SNS에 있어요.

> 도끼 : (규칙 위반으로 자동 삭제되었습니다.)

[C]
> 여러분! 채팅창에 비속어와 같은 부적절한 표현을 쓰면 자동으로 내용이 삭제됩니다. 많은 분들께서 함께하고 계시니까 대화 예절을 지켜주세요!

이제 풀을 이용해서 연에 대나무 살을 붙일 건데요, 머릿살, 장살, 중살, 허릿살 순서입니다. 채팅 올라오는 속도가 현저히 떨어지고 있는데, 많이들 지루하신가요? (발랄한 음악을 튼다.) 이렇게 하시면 됩니다!

> 낙동강 : 너무 어려워요!! 다시 보여 주세요!

[D]
> 시간 관계상 바로 다음으로 넘어가려고 했는데, 어려워하시는 분들이 많으니 천천히 다시 보여 드릴게요. 이번에는 잘 보고 따라 해 보세요. (영상이 0.8배속으로 다시 재생된다.)

> 에이스 : 저 지금 접속했는데! 벌써 다 만든 건가요!

[E]
> 에이스님, 지금 오셨군요! 중간에 접속하신 분들은 현재 실시간 방송이 끝난 후, 제 계정에 바로 올라가는 무편집 영상을 시청해 주세요. 이어서 만들어 볼까요?

이제 실을 묶어야 하는데, 멀리서 찍으면 잘 안 보이니까 카메라 위치를 바꿔서 제 손만 보여 드릴게요. 잠시만요. (카메라의 방향을 바꾼다.)

혼자 하는 방송이라 이런 부분이 좀 어렵네요. 양해 부탁드립니다. 자, 먼저 머릿살이 반타원이 되도록 실을 묶습니다. 그리고 연의 가운데 부분을 묶고요, 꽁수에 또 실을 묶어 세 개의 줄을 하나로 묶습니다. 이제 이 실을 얼레의 실과 연결하면 끝이랍니다.

방패연 만들기, 어떠셨나요? 오늘 영상이 재밌으셨다면 구독 부탁드립니다. 새로운 영상이 올라가면 알림을 받으실 수 있고, 실시간 방송에서 구독자 채팅에도 참여하실 수 있어요. 그럼 다음에 만나요!

10-5. 위 방송에 반영된 기획 내용으로 가장 적절한 것은?

① 촬영 각도를 조정할 일이 생길 수 있으니, 카메라를 각도별로 미리 여러 대 준비해 두어야겠군.
② 방송 구독층이 고정되어 있지 않으니, 고정 시청자를 확보하기 위해 구독자에게만 영상을 공개해야겠군.
③ 방송에서 광고를 제시하는 것을 꺼리는 시청자도 있으니, 광고가 포함되었다는 사실은 알리지 않아야겠군.
④ 접속자 이탈을 막으려면 흥미를 유지해야 하니, 시청자가 지루하게 느낄 수 있는 부분에는 음악을 활용해야겠군.
⑤ 수용자의 만들기 능력이 각기 다를 수 있으니, 수용자가 동영상의 속도를 직접 조정할 수 있는 기능을 제공해야겠군.

10-6. [A]~[E]에서 확인할 수 있는 매체의 특징에 대한 이해로 적절하지 **않은** 것은?

① [A] : 시청자가 진행자의 질문에 실시간으로 답함으로써 진행자의 의도에 맞게 방송이 전개될 수 있군.
② [B] : 진행자는 다른 매체를 통해 방송에 필요한 정보를 제공함으로써 방송에 대한 시청자의 참여도를 높일 수 있군.
③ [C] : 해당 방송은 채팅창의 일부 표현을 제재함으로써 시청자가 채팅에서 대화 예절을 지키도록 유도할 수 있군.
④ [D] : 시청자는 자신이 원하는 바를 밝힘으로써 진행자가 방송의 순서를 조정하는 데 개입할 수 있군.
⑤ [E] : 진행자가 방송의 다시 보기를 제공함으로써 시청자는 시공간의 제약 없이 진행자와 양방향으로 소통할 수 있군.

매체
N제

프리미엄 언매 문제집

Part 11

매체 실전문제
11회

[11-1~11-3] 다음은 학생이 과제 수행을 위해 인터넷에서 열람한 지역 신문사의 웹 페이지 화면이다. 물음에 답하시오.

☰ △△군민신문 Q ― 🗖 ✕

'셔틀봇' 시범 주행…△△군 가로지른다

△△군이 다음 달부터 시범 운영할 '셔틀봇'은 버스를 의미하는 '셔틀(Shuttle)'과 '로봇(Robot)'의 합성어로 목적지가 다양한 여러 명이 합승할 수 있는 자율주행 교통수단이다.

'셔틀봇' 시범 운행을 위해 대형 승합차(11인승)를 개조한 △△군은 국토 교통부로부터 자율주행 자동차 레벨3 임시 운행 허가를 얻었다.

자율주행단계 구분. 국토교통부 제공

레벨3은 돌발 상황 발생 시 운전자의 개입이 필요한 단계인데, '셔틀봇'은 여기에 현재 개발 중인 레벨4 수준의 핵심 기술을 일부 적용하여, 제한적인 상황을 빼놓고는 운전자의 개입 없이 스스로 주변 상황을 판단해 움직인다.

셔틀봇 이용법. △△군 제공

'셔틀봇'은 기존의 라이드 풀링(경로가 유사한 승객을 함께 태워서 이동시키는 서비스) 애플리케이션 '쉐어존'과 연계하여 이용할 수 있다. 탑승자가 앱을 통해 가까운 정류장에서 차량을 호출하면, 차량은 인공지능 알고리즘을 통해 생성된 최적 경로를 따라 호출된 위치로 이동한다. 차량이 모든 정류장에 서는 고정 경로형과 달리 셔틀봇은 앱으로 파악한 승객 수요를 토대로 지역 내 20개 버스 정류소 구간 중 필요한 정류장에만 정차하므로 효율적인 운행이 가능하다.

군 관계자는 "2030년엔 버스의 50%, 택시의 25%가 자율차로 운영될 것"으로 내다보고, "자율주행과 인공지능 모빌리티 기술을 연계한 서비스를 시작으로 완전 자율주행 서비스를 위한 기술력 확보에 박차를 가할 것"이라고 말했다.

202X.07.XX. 09:40 최초 작성 / 202X.07.XX. 17:35 수정
△△군민신문 박◇◇ 기자

👍 좋아요(27) 👎 싫어요(2) ↗ SNS에 공유하기 🗐 스크랩하기

☞ 관련 기사(아래를 눌러 바로 가기)
· 기사 없는 로봇택시 상용화 기대돼
· △△군, "인공지능 활용한 교통 인프라 구축에 힘쓸 것"

댓글(21) | 펼쳐보기 ▼

11-1. 위 화면을 통해 매체의 특성을 이해한 학생의 반응으로 가장 적절한 것은?

① 기사를 누리 소통망[SNS]에 공유할 수 있으니, 기사에 제시된 정보를 신속하게 전파할 수 있겠군.

② 기사에 대한 수용자들의 선호를 확인할 수 있으니, 이를 바탕으로 수용자가 직접 정보를 편집할 수 있겠군.

③ 기사와 연관된 다른 기사를 열람할 수 있으니, 다른 수용자들의 의견을 구체적으로 확인할 수 있겠군.

④ 기사의 최초 작성 시간과 수정 시간이 명시되어 있으니, 다른 수용자가 열람한 시간의 간격을 확인할 수 있겠군.

⑤ 기사가 문자, 영상 등 복합 양식으로 구성되어 있으니, 기사 내용이 유통되기까지 적지 않은 시간이 걸릴 수 있겠군.

11-2. 〈보기〉를 참고할 때, 위 화면에 대한 반응으로 적절하지 <u>않은</u> 것은?

──── 보기 ────

기자는 자신의 주관을 가능한 한 배제하고 객관적으로 기사를 작성하는 것을 원칙으로 삼는다. 이러한 원칙을 바탕으로 확보되는 정보의 신뢰성은 정보의 내용이 정확하고도 객관적인 사실인지, 출처는 확실한지 등을 근거로 판단된다. 또한 기사의 진술이나 각종 자료 등이 어떻게 조합되고 활용되는지에 따라 특정 내용이 부각되기도 한다.

① '국토 교통부 제공'이나 '△△군 제공'을 명시한 것은 자료가 신뢰할 만한 것임을 드러내기 위한 것이겠군.

② '셔틀봇'에 해당하는 자율주행단계에 대해 정확하게 전달하기 위해 운행 허가를 받은 기관의 자료를 제시한 것이겠군.

③ '자율주행단계 구분'에서 단계가 올라감에 따라 운전자의 관여도가 낮아짐을 부각하기 위해 운전자와 자동차의 이미지를 활용한 것이겠군.

④ 자율주행차가 확대될 것이라는 전망에 객관성을 부여하기 위해 기자 자신이 아닌 '군 관계자'의 진술을 언급한 것이겠군.

⑤ 영상의 섬네일에 '셔틀봇'과 기존 앱의 이미지를 병렬하여 두 수단 간의 차이를 부각하는 것이겠군.

11-3. 다음은 학생이 과제 수행을 위해 작성한 메모이다. 메모를 반영한 카드 뉴스 제작 계획으로 적절하지 <u>않은</u> 것은?

수행 과제 : 우리 지역 소식을 카드 뉴스로 제작하기
바탕 자료 : "'셔틀봇' 시범 주행…△△군 가로지른다" 인터넷 기사
제작 계획 :
· 첫째 슬라이드 : '셔틀봇'을 비유적으로 표현한 카드 뉴스 제목을 배치
· 둘째 슬라이드 : '셔틀봇'의 이름 풀이를 중심으로 개념을 소개
· 셋째 슬라이드 : '셔틀봇'과 관련된 자율주행단계와 해당 단계에 대한 정보를 연관 지어 제시
· 넷째 슬라이드 : '셔틀봇'의 운행 과정과 이용하는 방법을 순차적으로 제시
· 다섯째 슬라이드 : '셔틀봇'의 기대 효과와 전망을 한 화면에 제

카드 뉴스 제작 계획

	장면 스케치	장면 구상
①	 셔틀봇, 자율주행 시대의 선봉장 셔틀봇	[1] 카드 뉴스의 제목과 관련된 이미지를 함께 배치하여 제시.
②	셔틀봇이란? ▶shuttle+Robot 버스 로봇 ▶자율주행차 / 인공지능 기술을 함의! ▶목적지가 다양한 여러 명이 합승할 수 있는 자율주행 교통수단	[2] '셔틀봇'에 대한 정보를 검색창 이미지를 활용하여 재치 있게 제시.
③	셔틀봇과 관련 있는 자율주행단계는? ❶ 자율주행 지원 ❷ 운전자 감시하 자율주행 ❸ 부분적 자율주행 ❹ 완전 자율주행 국토교통부로부터 임시운행 허가 취득 현재 개발 중인 핵심 기술 일부를 적용	[3] 자율주행단계를 좌측에 배치하고, 설명선으로 '셔틀봇'과의 연관성을 표시.
④	 앱에 지정된 20개의 정류장 중 탑승지와 가까운 곳을 고른다. 선택한 정류장에서 '셔틀봇 호출하기'를 누르고 기다린다. 이동 과정에서 호출 받은 정류장에만 정차해 승객을 태운다. '셔틀봇'이 인공지능 알고리즘으로 생성된 최적 경로를 따라 이동한다.	[4] '셔틀봇'과 연계된 앱의 화면을 중심으로 시계 방향에 따라 '셔틀봇' 운행 과정과 이용 방법을 제시.
⑤	셔틀봇의 기대효과 보다 효율적인 운행이 가능 이유 승객 수요를 토대로 필요한 정류장에만 정차하기 때문 셔틀봇의 전망 2030년, 버스의 50%가, 택시의 25%가 자율차로 운영될 것	[5] '셔틀봇'의 기대 효과를 인과적으로 제시한 후 '셔틀봇'의 전망에 관한 화면으로 전환하며 마무리.

[11-4~11-6] (가)는 텔레비전 방송 뉴스이고, (나)는 신문에 실린 인쇄 광고이다. 물음에 답하시오.

(가)

[장면 1]
진행자 : 코로나19의 여파 등으로 혈액 수급이 불안정한 요즘, 시민들이 헌혈 참여에 대한 의지를 다질 수 있도록 대한적십자사가 생명나눔 행사를 주최했습니다. ㉠훈훈한 헌혈 문화의 장이 마련되었다고 하죠?

[장면 2]
김 기자 : ㉡지난 29일, 생명나눔행사에서는 시민들의 소통 및 헌혈 참여가 이루어졌습니다. 행사의 취지는 시민들에게 헌혈의 중요성을 알리고, 헌혈 참여를 권장하기 위한 것이었는데요. 대한적십자사는 헌혈에 모범을 보인 시민에게 표창을 수여하기도 했습니다.

[장면 3]
문△△/표창자 : 저는 고등학생 때, 처음 헌혈을 시작했는데요. 그 후로 종종 헌혈을 하면서 나눔의 보람을 느끼게 됐어요. 지금까지 헌혈을 41번 정도 했더라고요.

[장면 4]
김 기자 : 이날 문씨는 개인 통상 최다 헌혈 횟수를 기록하고 표창을 받았습니다. ㉢사실 현재 국내의 헌혈 문화는 소수의 경험자만이 지속적으로 참여하는 양상을 띠고 있는 실정입니다. 이에 대한적십자사는 시민들의 헌혈 참여를 이끌기 위해 지속적인 홍보 및 지원을 아끼지 않을 것이라고 밝혔습니다.

[장면 5]
한◇◇/대한적십자사 직원 : 보다 안정적인 혈액 수급을 위해, '생명나눔행사'를 시작으로 헌혈 홍보위원의 위촉과 더불어 다양한 행사를 통해 시민들에게 다가갈 예정이며, 헌혈권장조례를 통해 실효성 있는 사업을 지원할 계획입니다.

[장면 6]
김 기자 : ㉣그러면 헌혈 참여는 어떻게 할 수 있을까요? 우선, 대한적십자사 혈액관리본부 홈페이지에 가입한 다음에 헌혈 예약을 하면 된다고 합니다. ㉤여러분들도 생명을 살리는 가까운 길에 동행하는 건 어떨까요?

(나)

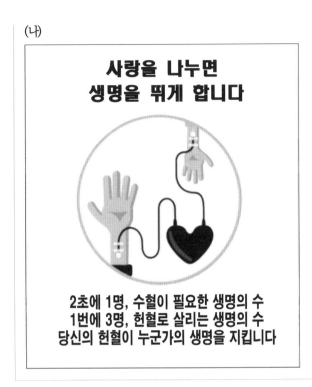

11-4. (가), (나)에 대한 설명으로 가장 적절한 것은?

① (가)는 수용자에게 전하고자 하는 의도를 담아 내용을 제시하였다는 점에서, 뉴스 제작자가 수용자의 정보 전달 여부를 결정하고 있음을 알 수 있다.

② (가)는 문제 해결을 위한 구체적인 정보를 제시하고 있다는 점에서, 수용자가 문제 해결에 동참하기를 권유하고 있음을 알 수 있다.

③ (나)는 문제의 당사자가 겪은 경험을 재구성하고 있다는 점에서, 수용자의 특성을 고려한 정보로 구성되어 있음을 알 수 있다.

④ (가)는 문제의 해결 방안이 지닌 장단점을 여러 수용자와의 인터뷰 영상으로 보여 준다는 점에서, (나)에 비해 정보를 생생하게 전달함을 알 수 있다.

⑤ (나)는 문제의 심각성을 다각적으로 분석하고 있다는 점에서, (가)에 비해 깊이 있는 정보를 제공함을 알 수 있다.

11-5. (가)의 언어적 특성을 고려할 때, ㉠~㉤에 대한 설명으로 적절하지 **않은** 것은?

① ㉠ : 의문형 표현을 사용하여 뉴스 화제에 대한 시청자의 관심을 끌고 있다.

② ㉡ : 구체적 시기를 언급함으로써 해당 정보의 신뢰성을 높이고 있다.

③ ㉢ : 접속 부사를 사용하여 현재 상황을 부각하고 있다.

④ ㉣ : 묻고 답하는 방식을 통해 시청자에게 부가적인 정보를 제시하고 있다.

⑤ ㉤ : 뉴스 내용에 따른 행위의 실천을 '생명을 살리는 가까운 길'로 표현함으로써 시청자들의 실천을 유도하고 있다.

11-6. (가)를 본 학생이 (나)를 활용하여 다음의 학습 활동을 수행한 결과로 적절하지 **않은** 것은?

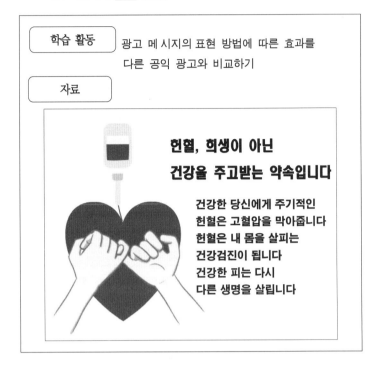

① (나)는 구체적인 수치를 활용하여 사회 문제에 대한 인식의 필요성을 강조하고 있다.

② '자료'는 특정 행위가 수용자에게 미칠 이점을 제시하여 수용자의 실천을 유도하고 있다.

③ '자료'는 (나)와 달리 수용자를 언급함으로써 광고의 메시지에 대한 공감대를 형성하고 있다.

④ (나)는 '자료'와 달리 명사로 문장을 종결하여 수용자의 참여가 필요한 상황을 부각하고 있다.

⑤ (나)와 '자료'는 모두 광고의 메시지를 형상화한 이미지를 통해 수용자의 관심을 불러일으키고 있다.

매체
N제

프리미엄 언매 문제집

[12-1~12-4] (가)는 고등학교 학생을 대상으로 진행된 실시간 인터넷 강연의 일부이고, (나)는 (가)를 다룬 기사가 실린 학교 신문의 일부이다. 물음에 답하시오.

(가)

□□ 고등학교 학생 여러분, 안녕하세요? 저는 여러분의 선배이자, 과제 공유 프로그램의 개발에 참여한 이△△입니다. 인터넷을 이용해 실시간 강의를 진행하는 건 처음이라 떨리네요. 저는 학생들 얼굴이 잘 보이는데, 제 얼굴도 잘 보이나요? (대답을 듣고) 다행입니다. 제가 여러분께 휴대 전화로 미리 프로그램에 접속할 것을 부탁드렸지요? (화면에 과제 공유 프로그램이 나타나고, 접속 중인 학생 목록이 뜬다.) 다들 잘 들어오신 것 같네요.

이 프로그램의 가장 중요한 기능은 여러 명의 참여자가 한 가지 문서를 동시에 작성하고 수정할 수 있다는 것입니다. 과제 공유 프로그램에서는 다른 사람이 현재 어떤 내용을 만들고 있는지 확인할 수 있기에 보다 효율적인 의사소통이 가능하지요.

검색 기능도 있습니다. 화면 상단에 있는 '도구' 아이콘을 클릭해 봅시다. 이렇게 여러 하위 기능들이 나오죠? 그 중에 '검색'을 누르면 화면 오른쪽에 인터넷 검색창이 열립니다. 검색창에 단어를 입력해 인터넷 검색 결과를 바로 볼 수 있죠. 검색 종류 탭을 이용하면 이미지, 뉴스, 사전 등 다양한 종류의 정보를 검색할 수 있다는 것도 알 수 있을 거예요.

지금부터 과제 공유 프로그램에 관한 질문을 받아보겠습니다. '도구'에서 '댓글' 탭을 누르면 나오는 창에 질문을 남겨 주세요. (학생들이 휴대 전화로 질문을 작성한다.) 화면으로 질문들을 같이 볼까요? 세 번째로 올라온 질문 중 '작성된 내용을 다른 사람이 수정하기 전에 서로 의논할 수는 없나요?' 좋은 질문입니다. 화면 상단 오른쪽에 있는 '말풍선' 버튼 보이시죠? 수정이 필요한 부분을 지정하고 이 말풍선 버튼을 클릭하면 기존 텍스트에 개별적으로 댓글을 달 수 있어요. 이 기능을 사용해 먼저 수정 의견을 남기는 게 좋겠죠. '문서 기록 보기' 기능으로 언제, 누가, 어떻게 수정했는지도 확인할 수 있으니 만약 다른 사람이 쓴 내용을 실수로 지웠다면 이 기능을 사용해서 복구하면 됩니다.

(나)

12-1. (가)와 (나)를 수용할 때 유의할 점으로 가장 적절한 것은?

① (가)는 예상되는 반론에 반박하고 있으므로 논리적 타당성을 갖추었는지 확인해야 한다.
② (가)는 정보 중 출처를 밝히지 않은 것이 있으므로 정보가 신뢰성을 갖추었는지 확인해야 한다.
③ (나)는 작성자의 주장이 나열되고 있으므로 각 주장에 대한 근거가 적절성을 갖추었는지 확인해야 한다.
④ (나)는 한 면에 다양한 기사를 전달하고 있으므로 각 기사에서 같은 관점이 유지되고 있는지 확인해야 한다.
⑤ (나)는 문자와 함께 사진을 제공하고 있으므로 내용과 형식이 유기적으로 구성되었는지 확인해야 한다.

12-2. (가)에 대해 이해한 내용으로 적절하지 **않은** 것은?

① 강연자의 강연은 인터넷 매체를 통해 다수의 청중에게 전달되고 있다.
② 강연자는 청중과 공유하는 화면을 통해 청중의 참여 여부를 확인하고 있다.
③ 강연자가 답변할 질문은 과제 공유 프로그램에 의해 무작위로 선택되고 있다.
④ 강연자는 실시간으로 전달된 청중의 반응을 확인하여 강연 내용에 반영하고 있다.
⑤ 강연자는 청중의 질문에 답하면서 그와 연관된 다른 기능에 관한 설명을 덧붙이고 있다.

12-3. 다음은 (가)에 대한 학생들의 반응이다. 학생들의 수용 태도에 대한 설명으로 가장 적절한 것은?

> **학생 1:** 시간 때문에 '댓글'에 남겨진 질문들의 답을 모두 들을 수 없어서 아쉬웠어. 따로 찾아봐야지.
> **학생 2:** 조별 과제를 할 때 이 프로그램을 활용하면 과제를 더 빨리 끝낼 수 있겠다는 생각이 들었어.
> **학생 3:** 인터넷으로 검색해 보니까 과제 공유 프로그램이 개발된 것이 이번이 처음은 아니던데, 이번 프로그램은 기존의 것과 어떻게 다를까?
> **학생 4:** 선배님의 강연을 보면서 같은 공간에 함께 있지 않아도 즉각적으로 소통할 수 있다는 사실이 흥미로웠어.
> **학생 5:** 과제를 수행할 때 '도구' 기능이 정말 유용할 것 같아. 특히 '검색'은 정보를 손쉽게 얻을 수 있어서 좋아.

① 학생 1과 2는 강연이 충분한 내용을 담지 못했다는 점에 주목하여 보완점을 점검하며 들었다.
② 학생 1과 4는 강연에서 사용된 소통 방식의 한계에 주목하여 추가적인 조사 계획을 세우며 들었다.
③ 학생 2와 5는 과제 공유 프로그램이 과제 수행에 효율적이라는 점에 주목하여 이를 긍정적으로 평가하며 들었다.
④ 학생 3과 4는 과제 공유 프로그램에 대한 사전 지식이 강연 내용과 다르다는 점에 주목하여 의문을 떠올리며 들었다.
⑤ 학생 3과 5는 과제 공유 프로그램의 구체적인 작동 방식에 주목하여 이를 발전시킬 수 있는 방안을 생각하며 들었다.

12-4. ㉠~㉤에 대한 설명으로 적절하지 <u>않은</u> 것은?

① ㉠: 목적격 조사 'ㄹ'을 활용하여 아직 일어나지 않은 일에 대한 기대를 제시하고 있다.
② ㉡: 부사 '미리'를 활용하여 제시된 두 개의 행위 간에 시간 차이가 존재함을 드러내고 있다.
③ ㉢: 관형사형 어미 '-는'을 활용하여 언급하고자 하는 대상의 속성을 구체적으로 나타내고 있다.
④ ㉣: 보조사 '도'를 활용하여 언급된 사건이 계획된 것이 아니라 예외적으로 발생한 것임을 밝히고 있다.
⑤ ㉤: 연결 어미 '-어'를 활용하여 앞 절의 내용과 뒤 절의 내용 사이에 인과 관계가 존재함을 제시하고 있다.

[12-5~12-6] (가)는 학생들이 온라인 채팅방에서 나눈 대화이고, (나)는 (가)를 바탕으로 제작한 포스터이다. 물음에 답하시오.

(가)

PM 10:15

주익: 이번 미술 과제가 학교 행사를 주제로 한 홍보물 만들기잖아. 우리 조는 다음 달에 열릴 토론 대회를 주제로 하기로 했지? 홍보물을 보는 대상을 누구로 설정하는 것이 좋을까?^^

지나: 우리 학교 학생들, 선생님들, 학부모님들이 아닐까?

현규: 토론 대회는 다른 학교 학생들도 청중으로 참관할 수 있잖아. 다른 학교 학생들도 대상에 추가하자.

주익: 좋아. 그럼 홍보물의 내용을 구체적으로 정해 보자.

지나: 토론 대회 주제, 날짜, 장소, 토론 대회에 초대한다는 문구를 넣자. 아무래도 홍보물의 목적은 토론 대회 참여 권유에 있으니까.

현규: 글씨만 있는 것보다는 토론 대회와 관련한 사진이 있으면 많은 관심을 유도할 수 있을 거야. 토론 예선 대회 사진을 넣는 건 어때?

주익: 오, 좋다. 근데 친구들 얼굴도 다 나올 텐데 우리가 마음대로 사진을 써도 괜찮을까?

현규: 예선 대회 이후에 친구들에게 동의를 구하긴 했어. 그래도 혹시 모르니 다시 한번 친구들에게 가서 의사를 물어보자.

지나: 홍보물은 어떤 형식으로 제작할 거야?

주익: 학교 누리집에 홍보 영상을 만들어서 올리는 거 어때? 학부모님들께는 단체 문자로 동영상 링크를 보내고, 다른 학교에는 학생회 친구들에게 홍보 영상을 틀어 달라고 하면 되지 않을까?

현규: 학교 누리집에만 홍보물을 올리면 다른 학교 학생들은 물론 우리 학교 친구들의 참여도 저조할 것 같아.

주익: 그렇다면 포스터를 제작해서 교내 게시판에 붙이고 다른 학교 학생회에도 전달하자. 그리고 학교 누리집에 홍보 영상을 올린 다음 포스터에 학교 누리집 주소를 표기하는 건 어때?

현규: 좋은 생각이긴 한데, 그것보다는 홍보 영상으로 바로 연결되는 QR 코드를 포스터 한쪽에 삽입하는 게 더 좋지 않을까?

주익: 그래, 주소를 표기하면 주소창에 다시 입력해야 하니까 QR 코드를 삽입하는 게 접근하기 훨씬 쉽겠다.

지나: 마침 내가 지난번에 정보 동아리에서 QR 코드 만드는 법 배웠거든. http://www.QR-code.co.kr 이 누리집에 들어가면 다양한 방법을 배울 수 있어. 너희들도 필요할 때 참고해.

현규: 그리고 포스터에 정보가 너무 많으면 복잡하니까 토론 대회를 통해 다양한 의견을 나눌 수 있다는 내용은 이미지로 보여 주자.

주익: 그럼 논의된 내용을 바탕으로 내가 홍보물 초안을 만들어 볼게.

(나)

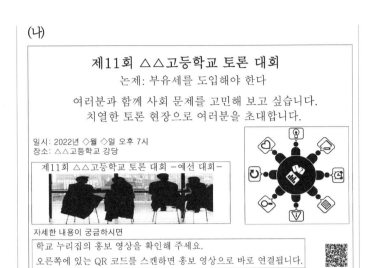

제11회 △△고등학교 토론 대회

논제: 부유세를 도입해야 한다

여러분과 함께 사회 문제를 고민해 보고 싶습니다.
치열한 토론 현장으로 여러분을 초대합니다.

일시: 2022년 ◇월 ◇일 오후 7시
장소: △△고등학교 강당

제11회 △△고등학교 토론 대회 −예선 대회−

자세한 내용이 궁금하시면

학교 누리집의 홍보 영상을 확인해 주세요.
오른쪽에 있는 QR 코드를 스캔하면 홍보 영상으로 바로 연결됩니다.

12-5. (가)의 대화에 대한 설명으로 가장 적절한 것은?

① '지나'는 대화 매체의 시·공간적 제약을 보완하기 위해 하이퍼링크를 사용하여 정보를 공유하고 있다.
② '현규'는 특정 매체의 파급력이 약하다는 점을 들어 해당 매체의 활용을 배제할 것을 주장하고 있다.
③ '현규'는 활용하려는 자료의 초상권이 타인에게 있음을 들어 자료 활용의 여부를 부정적으로 전망하고 있다.
④ '주익'은 동일 내용을 다수의 수신자에게 동시에 전달할 수 있는 매체를 활용한 홍보 방법을 제안하고 있다.
⑤ '주익'은 대화 참여자들과의 즉각적 소통이 필요한 상황임을 설명하며 대화 매체를 선택한 이유를 밝히고 있다.

12-6. (가)의 포스터 제작 계획을 (나)에 반영한 내용으로 적절하지 <u>않은</u> 것은?

① 수용자의 관심을 유도하기 위해 토론 예선 대회의 실제 사진 자료를 제시했다.
② 토론 대회 관련 정보에 대한 접근이 용이하도록 홍보 영상으로 연결되는 QR 코드를 제시했다.
③ 포스터를 제작하는 목적을 반영하기 위해 토론 대회에 참석해 줄 것을 권유하는 문구를 제시했다.
④ 정보를 압축하여 간결하게 전달하기 위해 토론 대회의 긍정적 측면을 보여 줄 수 있는 이미지를 제시했다.
⑤ 토론 대회의 주제, 날짜, 장소를 한눈에 파악할 수 있도록 동일한 형태의 문구를 같은 공간에 배치하여 제시했다.

매체
N제

프리미엄 언매 문제집

Part _13

매체 실전문제 13회

[13-1~13-3] 다음은 학생이 과제 수행을 위해 인터넷에서 열람한 지역 신문사의 웹 페이지 화면이다. 물음에 답하시오.

△△군민신문

△△군, UAM 산업으로 미래 선도하나 - [A]

△△군이 탄소 중립 정책과 도시 교통 인프라 구축의 일환으로 도심항공교통(UAM:Urban Air Mobility) 산업 육성에 나선다. '플라잉 카(Flying Car)' 혹은 '에어 택시(Air Taxi)'로 불리는 UAM은 활주로 없이 수직 이착륙이 가능한 소형 항공기를 활용한 친환경 혁신 이동 수단이자, 인구가 집중된 대도시의 지상 교통 혼잡 해결 수단으로 등장했다.

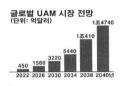

글로벌 UAM 시장 전망
(단위: 억달러)

세계 UAM 시장 규모는 2040년에는 1조 4740억 달러까지 [B] 성장하면서, 향후 20년 안에 세계 10대 산업으로 부상할 것으로 전망된다.

세계적 추세에 맞춰 △△군은 도심항공교통 핵심 기술 확보를 위한 UAM 기술 로드맵을 마련하고, 초기 서비스로 공항↔도시 간 운행(에어셔틀)을 내정했으며, 점차 수직 이착륙기용 터미널인 버티포트를 늘려 가겠다는 방침을 발표했다. 또한, △△군은 △△공항공사, △△도시공사와 '△△형 도심항공교통 특화도시 구축 협약'을 체결했다. 협약 당시 △△군수는 "앞으로 타 지역과 차별화된 방안을 마련해 △△형 도심항공교통(△-UAM)을 미래지향적 운송산업으로 육성해 갈 것"이라는 포부를 밝혔다.

아울러 UAM 산업에 대한 군민들의 기대감이 높아지고 있다. △△군에서 군민들을 대상으로 이루어진 설문 조사에 따르면, UAM의 상용화에 따른 기대 효과로 관련 일자리 창출과 함께 교통 혁신이 예상된다는 결과가 나왔다. UAM 시장의 전망이 밝은 만큼 △△군의 UAM 산업 육성에 귀추가 주목되고 있다. [C]

202X.06.03. 08:32:01 최초 작성
202X.06.04. 14:21:33 수정
△△군민신문 안◇◇ 기자

👍좋아요(185) 👎싫어요(5) ↗SNS에 공유 📋스크랩

관련 기사(아래를 눌러 바로 가기)
· 세계적 추세, '미래 하늘길 대전' 피할 길 없어 [D]
· [칼럼] 미래엔 여기가 뜬다! UAM의 거점 △△군

댓글
익명1 : 그동안 이동 효율성이 떨어져 불편했는데, △-UAM이 상용화되면 교통 혼잡으로 인해 소모되는 시간이나 비용이 대폭 줄겠어요!
↳ 익명2 : 그러게요. 저는 고용 효과도 기대돼요! 우리 지역 청년들이 일자리 구하러 지역을 떠나는 문제가 심각하잖아요. ㅠㅠ 다른 주민들에게도 얼른 기사를 공유해야겠어요. [E]

13-1. 위 화면을 통해 매체의 특성을 이해한 학생의 반응으로 가장 적절한 것은?

① 기사를 스크랩할 수 있으니, 수용자가 기사의 내용을 직접 수정할 수도 있겠군.

② 기사를 누리 소통망[SNS]에 공유할 수 있으니, 기사가 지닌 영향력을 확대할 수 있겠군.

③ 기사에 대한 선호 정도를 확인할 수 있으니, 기사에 제시된 정보의 공정성을 파악할 수 있겠군.

④ 기사가 제공되는 시간이 한정적이니, 수용자가 언제 검색하느냐에 따라 노출되는 기사가 달라지겠군.

⑤ 하이퍼링크 기능을 통해 다른 언론사의 기사를 제공하고 있으니, 각 언론사의 전문 분야를 서로 비교해 볼 수 있겠군.

13-2. 〈보기〉를 참고할 때, [A]~[E]에 대한 반응으로 적절하지 **않은** 것은?

보기

선생님 : 인터넷 신문을 포함하여 신문은 특정 여론을 전파할 목적으로 취재 내용을 제시하기도 합니다. 원하는 방향으로 여론을 조성하기 위해 취재 내용은 텍스트, 시각 이미지, 관련 사이트 링크 등 다양한 형태로 제시될 수 있으며, 그중 독자들의 필요와 부합하거나 높은 주목도를 이끌어 내는 특정 내용을 중심으로 확산됩니다. 물론 이러한 내용에 수치 자료 등을 활용하면 좋습니다.

---

① [A] : 표제의 서술어를 통해 지역에서 UAM 산업을 시행하는 것을 긍정적으로 인식하도록 유도하고 있군.

② [B] : 세계 UAM 시장 전망을 수치화한 그래프를 통해 UAM 시장의 성장 규모에 대한 정보를 보여 주고 있군.

③ [C] : △△군이 발표한 UAM 산업 육성 방침의 효과 중에서 주민들의 필요와 부합하는 특정 내용을 언급하고 있군.

④ [D] : UAM 산업에 대한 견해의 균형을 맞추기 위해 상반되는 관점의 기사를 하이퍼링크의 형식으로 제시하고 있군.

⑤ [E] : 기사의 작성자가 의도한 방향대로 수용자의 △-UAM의 상용화에 대한 여론이 조성되었음이 드러나고 있군.

13-3. 다음은 학생이 과제 수행을 위해 작성한 메모이다. 메모를 반영한 영상 제작 계획으로 적절하지 <u>않은</u> 것은?

수행 과제 : 우리 지역 소식을 카드 뉴스로 제작하기
바탕 자료 : '△△군, UAM 산업으로 미래 선도하나' 인터넷 기사와 댓글
영상 내용 : △-UAM 육성 방침 소개

- 첫째 장면(#1) : UAM의 별칭을 활용한 제목으로 시작
- 둘째 장면(#2) : UAM 시장의 성장률을 극적으로 연출
- 셋째 장면(#3) : △△군이 협약을 체결하는 현장을 생생하게 보여 주는 영상 재생
- 넷째 장면(#4) : △△군에 버티포트를 확대 설치함에 따라 기대되는 효과를 시각적 자료와 함께 설명
- 다섯째 장면(#5) : 기사의 댓글을 참고해서 UAM 상용화로 달라질 상황을 현재 상황과 대비하여 제시

영상 제작 계획

	장면 스케치	장면 구상
①	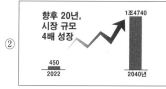 플라잉 카로 도약하는 △△군	#1 UAM 별칭인 플라잉 카를 연상하는 배경 위에 영상의 제목이 나타나도록 도입 장면을 구성.
②	 향후 20년, 시장 규모 4배 성장 / 1조4740 / 450 / 2022 / 2040년	#2 UAM 시장의 전망치 중 가장 가까운 시점의 것과 가장 먼 시점의 것만을 가져 와서 성장률을 강조.
③	 도심항공교통 특화도시 구축 협약식 / △△군 & △△공항공사 & △△도시공사	#3 △△형 도심항공교통 특화도시 구축 협약을 체결하는 주체들을 사진에 표기해 당시 현장을 표현.
④	 13배 충원 / 일부 노선 상용화 도심 내/외 거점 구분 연계교통체계 구축 / 이용 보편화 도심 간 경계 흐릿 자율비행 실현	#4 버티포트의 규모를 초기와 후기로 나누어 각 시기별 효과를 시각적 이미지와 함께 배치.
⑤	시간 및 비용 / 교통 혁신, 이동 효율성을 높입니다.	#5 익명1의 댓글에서 착안하여 기존 교통수단과 UAM의 차이에 따른 사회적 시간 및 비용 절감 효과를 시각화하여 제시.

[13-4~13-6] (가)는 텔레비전 방송 뉴스이고, (나)는 잡지에 실린 인쇄 광고이다. 물음에 답하시오.

(가)

[장면 1]

진행자 : ⓐ<u>때늦은 황사가 기승을 부리면서 미세먼지 농도가 연일 '매우 나쁨' 기준을 뛰어넘고 있습니다.</u> 이에 따라 우리의 건강에도 적신호가 켜졌다고 하는데요, 김○○ 기자가 전해 드립니다.

[장면 2]

김 기자 : ⓑ<u>잔류 황사와 대기 정체의 영향으로 전국 곳곳을 검게 물들이고 있는 미세먼지.</u> 미세먼지는 입자가 작아 코나 기관지에 걸러지지 않고 폐포까지 직접 침투해 알레르기성 결막염, 아토피, 비염은 물론 각종 호흡기 질환도 유발한다고 합니다. 그 위험성에 주목하여 세계 보건 기구는 이를 '1급 발암 물질'로 규정하기도 했습니다.

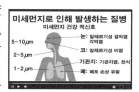
미세먼지로 인해 발생하는 질병 / 미세먼지 건강 적신호 / 눈: 알레르기성 결막염 각막염 / 코: 알레르기성 비염 / 기관지: 기관지염, 천식 / 폐: 폐포 손상 유발 / 5~10μm / 2~5μm / 1~2μm

[장면 3]

시민 : 원래 앓던 비염 증세가 훨씬 심해져 기침이 잦아지고 목도 아프더라고요. 미세먼지 농도가 나쁨 이상으로 뜨면 확실히 숨 쉬기도 어려울 정도예요.

이○○ / 회사원 / 원래 없던 비염 증세가 심해져..

[장면 4]

김 기자 : ⓒ<u>한편 오염된 공기의 미세 입자에 장기간 노출되면 후각을 상실할 수 있다는 연구 결과도 나왔습니다.</u> ☆☆의과대학 연구진은 후각 소실 질환을 앓고 있는 500여 명을 포함한 약 2,700여 명의 성인들을 대상으로 대기질 오염이 후각에 미치는 영향을 조사했습니다. 대상자들이 노출된 초미세먼지 오염 정도를 분석한 결과 공기 중 초미세먼지에 장기간 노출되면 후각이 소실될 위험이 약 1.7배 증가하는 것으로 나타났습니다. 이에 대해 연구진은 다음과 같이 권고하고 있습니다.

[장면 5]

박사 : 후각 소실이 발병하지 않은 그룹과 비교했을 때 후각을 상실한 그룹은 모두 미세입자에 훨씬 많이 노출됐던 걸로 확인됐습니다. ⓓ<u>대기 오염 수준을 낮추지 않으면 건강의 사각지대에 몰릴지도 모릅니다.</u> 대기 오염 노출을 줄이기 위한 실효성 있는 방안이 필요한 시점입니다.

이○○ / 박사 / 후각 소실이 발병하지 않은 그룹과...

[장면 6]

김 기자 : ⓔ<u>미세먼지가 우리의 건강을 다각도에서 위협하고 있는 현실에서, 미세먼지 저감을 위한 환경적 실천이 필요합니다.</u>

(나)

13-4. (가), (나)에 대한 설명으로 가장 적절한 것은?

정보 구성의 주체	· (가)는 수용자의 인터뷰를 다루고 있다는 점에서, 수용자들이 뉴스에서 전달할 정보를 주체적으로 선별하고 있음을 알 수 있다. ····································· ①
정보의 성격	· (가)는 공신력 있는 기관이 미세먼지를 규정한 내용을 밝힌다는 점에서, 시의성 있는 정보로 구성되어 있음을 알 수 있다. ····································· ② · (나)는 제품이 겨냥하는 수용자를 명시하고 있다는 점에서, 수용자의 수요를 고려하였음을 알 수 있다. ··············· ③
정보의 양과 질	· (가)는 미세먼지로 인해 발생하는 질병을 인체 이미지를 통해 제시한다는 점에서, (나)에 비해 정보의 공정성이 돋보임을 알 수 있다. ····································· ④ · (나)는 제품의 작동 원리에 대해 상세하게 설명하고 있다는 점에서, (가)에 비해 더 많은 양의 정보를 담고 있음을 알 수 있다. ····································· ⑤

13-5. (가)의 언어적 특성을 고려할 때, ㉠~㉤에 대한 설명으로 적절하지 <u>않은</u> 것은?

① ㉠ : 연결 어미 '-면서'를 사용하여 뉴스 내용이 구성된 사회적 배경을 제시하고 있다.

② ㉡ : 명사로 문장을 종결함으로써 뉴스에서 조명하고자 하는 사안을 강조하고 있다.

③ ㉢ : 부사 '한편'을 사용하여 다음으로 전달할 내용으로의 자연스러운 전환을 유도하고 있다.

④ ㉣ : 예상되는 부정적인 상황을 비유적 표현으로 나타냄으로써 시청자들에게 경각심을 일깨우고 있다.

⑤ ㉤ : 피동 표현을 사용함으로써 뉴스 내용을 통해 시청자들에게 시사하고자 하는 바를 전달하고 있다.

13-6. 학습 활동 과정에서 학생이 '자료'와 (나)를 비교하여 이해한 내용으로 적절하지 <u>않은</u> 것은?

> 학습 활동 : 설득 전략을 기준으로 잡지에 실린 두 개의 인쇄 광고 비교하기
>
> 자료 :
>
>

① (나)는 '자료'와 달리 다의어를 활용하여 제품에 대한 긍정적 반응을 유도하고 있다.

② (나)는 '자료'와 달리 소비자의 감성에 호소하는 전략을 통해 소비자의 구매 욕구를 자극하고 있다.

③ '자료'는 (나)와 달리 제품의 구체적 특징을 명시하여 소비자에게 제품의 장점을 부각하고 있다.

④ '자료'는 (나)와 달리 제품의 수상 이력을 밝혀 제품이 지속적으로 공신력을 인정받았음을 나타내고 있다.

⑤ (나)는 소비자가 얻게 될 효용을 보여 주는 이미지를, '자료'는 실내 공기의 쾌적함을 보여 주는 이미지를 제시하여 제품의 성능을 시각적으로 나타내고 있다.

매체
N제

프리미엄 언매 문제집

Part 14

매체 실전문제
14회

[14-1~14-4] (가)는 지역 신문의 기사이고, (나)는 (가)를 바탕으로 학생이 만든 카드 뉴스이다. 물음에 답하시오.

(가)

ⓐ 청소년 스마트폰 과의존 해결책을 찾아라!

초등학교 5학년인 김◇◇ 군은 매일 새벽 2시가 넘어서 잠이 든다. ⓑ 대부분의 경우, 스마트폰으로 이 시각까지 동영상을 시청하거나 SNS에 올라온 사진을 본다. 여성 가족부가 전국 청소년들을 대상으로 조사한 자료에 따르면, 하루 4시간 이상 스마트폰을 사용하며 스마트폰이 없으면 불안을 느끼는 '스마트폰 과의존' 상태에 있는 학생들은 2021년 기준 18%에 달한다. ⓒ 이는 2019년의 16%보다 높아진 수치로, 3년 연속 증가 추세를 보이고 있다.

스마트폰에 중독된 청소년들은 일상에서 스마트폰 이용을 가장 중요하게 여기며, 김◇◇ 군과 같이 수면 장애를 겪을 수 있다. ⓓ 또한 스마트폰과 같은 디지털 매체는 시청각 감각을 과도하게 자극하는 한편, 촉각, 후각 및 뇌 기능을 떨어뜨려 인지 능력 저하나 주의력 결핍 등을 유발할 수 있다. 전문가들은 "청소년기의 스마트폰 과의존은 성인이 된 후에도 이어질 가능성이 커 그 문제가 심각하다."라고 말한다.

ⓔ 이에 우리 □□시에서는 스마트폰 과의존을 겪는 청소년들을 구제하기 위해 '마음풀'의 조성을 지원하고 있다. 마음풀이란 각 학교 내 방치되어 있던 공간에 식물들을 배치하여 학생들이 자연을 느낄 수 있도록 만든 공간으로, 스마트폰 이용이 제한되는 곳이다. 마음풀이라는 이름은 학생들이 '풀'을 보면서 '마음'을 '풀' 수 있는 공간이라는 뜻을 담고 있다. 마음풀을 2018년부터 운영하고 있는 △△중학교에 따르면, 학생들은 마음풀 조성 이후 정서적 안정, 자존감 향상 등의 변화를 보였으며, 학생들의 스마트폰 의존 현상도 완화된 것으로 나타났다. 긍정적 효과가 확인된 만큼, □□시는 더 많은 학교에 마음풀을 조성할 계획이라고 밝혔다.

(나)

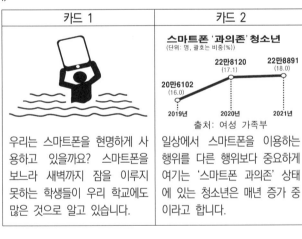

카드 1	카드 2
우리는 스마트폰을 현명하게 사용하고 있을까요? 스마트폰을 보느라 새벽까지 잠을 이루지 못하는 학생들이 우리 학교에도 많은 것으로 알고 있습니다.	일상에서 스마트폰을 이용하는 행위를 다른 행위보다 중요하게 여기는 '스마트폰 과의존' 상태에 있는 청소년은 매년 증가 중이라고 합니다.

스마트폰 '과의존' 청소년
(단위: 명, 괄호는 비중(%))
22만8120 (17.1)
22만8891 (18.0)
20만6102 (16.0)
2019년 2020년 2021년
출처: 여성 가족부

카드 3	카드 4
마음 + 풀 마음 + 풀다 이에 □□시는 '마음풀' 조성을 지원하고 있는데요. 마음풀이란 학교 내 방치되어 있는 공간을 활용해 학생들이 스마트폰을 사용하지 않고 휴식할 수 있도록 만든 공간입니다.	마음풀의 실제 모습 출처: □□시 마음풀은 실제로 학생들의 정서적 안정과 스마트폰 과의존 현상 완화에 도움을 준다고 합니다. 우리 △△학교도 마음풀을 조성해 보는 건 어떨까요?

14-1. (가), (나)를 수용할 때 유의할 점으로 가장 적절한 것은?

① (가)는 특정 전문가의 소속 기관을 명시하고 있으므로 신뢰할 만한 정보인지 확인해야 한다.

② (나)는 독자를 설득하는 것을 목적으로 하고 있으므로 납득할 만한 근거가 있는지 확인해야 한다.

③ (가)는 (나)와 달리 진행 중인 문제 상황을 다루고 있으므로 제시된 정보가 최근의 것인지 확인해야 한다.

④ (가)는 (나)와 달리 다양한 형태의 시각 자료를 활용하고 있으므로 각 자료의 출처가 기재되었는지 확인해야 한다.

⑤ (나)는 (가)와 달리 주제에 대한 통념을 제시하고 이를 반박하고 있으므로 그 반박 과정이 논리적인지 확인해야 한다.

14-2. (나)를 제작하는 과정에서 반영된 학생의 계획으로 적절하지 <u>않은</u> 것은?

① '카드 1'에는 (가)에 언급된 사례에서 확인할 수 있는 문제 상황을 그림을 사용해 비유적으로 표현해야겠군.

② '카드 2'에는 (가)에 언급된 스마트폰 과의존 상태에 있는 청소년의 증가 추이를 나타내는 그래프를 제시해야겠군.

③ '카드 3'에는 (가)에 언급된 '마음풀'이라는 이름에 담긴 중의적 의미를 설명하기 위해 관련된 이미지를 활용해야겠군.

④ '카드 4'에는 (가)에 언급된 '마음풀'의 확대와 관련한 □□시의 계획을 언급하면서 우리 학교의 참여를 촉구해야겠군.

⑤ '카드 4'에는 (가)에 언급된 문제 해결 방안의 긍정적 효과를 강조하기 위해 표정을 나타낸 그림 문자를 삽입해야겠군.

14-3. ㉠~㉤에 대한 설명으로 적절하지 <u>않은</u> 것은?

① ㉠ : 종결 어미 '-아라'를 사용한 명령형 문장을 통해 중심 화제에 대한 독자의 주목을 유도하고 있다.

② ㉡ : 관형사형 어미 '-ㄴ'을 사용하여 앞에 언급된 행위가 뒤에 언급된 행위보다 먼저 일어났음을 드러내고 있다.

③ ㉢ : 조사 '보다'를 사용하여 두 해의 수치 자료를 비교하여 전달하고 있다.

④ ㉣ : 접속 조사 '나'를 사용하여 인지 능력 저하가 주의력 결핍보다 일어날 가능성이 크다는 점을 제시하고 있다.

⑤ ㉤ : 지시 대명사 '이'를 사용하여 앞에 제시된 현상이 '마음풀' 조성 사업 지원의 원인이 됨을 밝히고 있다.

14-4. 〈보기〉의 '카드 뉴스 보완 방향'을 고려할 때, '카드 A', '카드 B'의 활용 방안으로 가장 적절한 것은?

─ 보기 ─

● 카드 뉴스 보완 방향 : 카드 뉴스의 내용을 보완하기 위해 (나)에 카드 A, B를 추가

카드 A	카드 B
스마트폰을 하루에 몇 시간 사용하나요?	'스마트폰 보관함'이나 '이용 시간표'를 만드는 것도 과의존을 줄이는 데 도움이 됩니다!

응답 내용	비율(%)
4시간 이상	57%

카드 A 하단: 우리 학교 학생 중 스마트폰을 가지고 있는 학생들을 대상으로 스마트폰의 사용 실태에 관해 물었더니 위와 같은 결과가 나왔습니다.

카드 B 하단: 스마트폰 사용 시간이 아닐 때에는 스마트폰을 박스에 넣어두기! / 스마트폰 사용 시간을 계획표로 만들기!

① (나)에서 우리 학교 학생들의 구체적인 스마트폰 이용 실태는 언급하지 않았으므로 '카드 A'를 활용하여 학생들의 스마트폰 이용 시간이 적지 않음을 제시한다.

② (나)에서 우리 학교 학생들의 '마음풀'에 대한 견해는 언급하지 않았으므로 '카드 A'를 활용하여 학생들 대부분이 '마음풀' 조성에 찬성하고 있음을 제시한다.

③ (나)에서 스마트폰 과의존이 청소년에게 미치는 영향은 언급하지 않았으므로 '카드 A'를 활용하여 스마트폰 과의존이 다양한 부정적 영향을 끼침을 제시한다.

④ (나)에서 스마트폰 과의존의 구체적인 정의는 언급하지 않았으므로 '카드 B'를 활용하여 자신이 스마트폰 과의존인지 스스로 점검할 수 있는 방법을 제시한다.

⑤ (나)에서 스마트폰 과의존에서 벗어나게 해줄 해결책은 언급하지 않았으므로 '카드 B'를 활용하여 우리 학교 학생들이 실생활에서 실천할 수 있는 방법을 제시한다.

[14-5~14-6] (가)는 학생의 개인 블로그이고, (나)는 영상 제작을 위해 (가)를 참고하여 만든 스토리보드의 일부이다. 물음에 답하시오.

(가)

일반 팩과 멸균 팩을 분리배출해야 한다고요?
20××년 8월 10일 18시 20분 올림

· 일반 팩과 멸균 팩 어떻게 다른가요?

	일반 팩	멸균 팩
모양	윗부분에 지붕이 있는 형태	직육면체
내용물	냉장 보관이 필요한 음료	상온 보관이 가능한 음료
재질	종이+폴리에틸렌	종이+폴리에틸렌+알루미늄
재활용 여부	재활용 가능	재활용 어려움

종이팩은 크게 일반 팩과 멸균 팩으로 구분됩니다. 일반 팩은 우유처럼 냉장 보관이 필요한 제품을 담으며, 우리가 보통 우유갑 모양으로 떠올리는 형태입니다. 또한, 고급 화장지나 티슈로 재활용이 가능합니다. 한편 멸균 팩은 내부에 알루미늄 코팅이 되어 있어 빛과 산소를 완전히 차단하기에 내용물 보존 기간이 길고 상온 보관이 가능합니다. 두유 팩을 생각하시면 아마 떠올리기 쉬우실 겁니다. 그런데 멸균 팩은 이 알루미늄이 제품의 품질을 떨어트릴 수 있어 페이퍼 타월 같은 일부의 경우를 제외하고는 재활용이 어렵습니다.

· 그러면 어떻게 분리수거를 해야 할까요?

종이팩을 올바르게 분리수거하는 방법을 알려 드리겠습니다. 종이팩을 분리수거할 때는 오른쪽 그림의 순서대로 하면 됩니다. 먼저 팩 안의 내용물을 모두 비우고, 종이팩의 겉면과 안을 깨끗하게 씻어 말려 줍니다. 그다음 종이팩 가장자리를 잘라 한 장으로 납작하게 펴서 모아 두었다가 배출하면 됩니다. 이때 종이류에 속하는 쓰레기라고 하더라도 종류에 따라 반드시 분리해서 버려야 합니다. 지금까지는 신문지, 상자와 같은 폐지류, 종이컵, 종이팩의 네 가지로 종이류를 구분했지만, 종이팩 분리배출 강화에 따라 올해부터는 종이팩도 일반 팩과 멸균 팩으로 각각 분리배출해야 합니다.

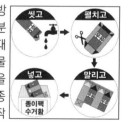

자료 출처 :

· □□ 뉴스, '□□시, 종이팩 '씻고-펼치고-말리고-넣고"

· ◇◇◇ 뉴스 '내일부터 일반 팩·멸균 팩 분리배출해야'
(↑ 각 기사 제목을 누르면 이동합니다.)

(나)

	화면 설명	화면	내레이션
#1	이미지와 질문이 먼저 제시되고, 답변은 나중에 나타나도록 함.	Q. 어느 쪽이 멸균 팩일까요? A. 왼쪽!	올해부터 멸균 팩과 일반 팩을 분리배출해야 합니다. 그런데 멸균 팩과 일반 팩, 제대로 구분하고 계신가요?
#2	처음에는 '가능', '어려움'이라는 단어가 얇은 글씨로 제시되었다가 점차 굵어짐.	일반 팩 / 멸균 팩 · 종이+폴리에틸렌 / 종이+폴리에틸렌+알루미늄 · 재활용 가능 / 재활용 어려움	멸균 팩은 일반 팩과 달리 알루미늄으로 인해 재활용 제품의 품질이 떨어질 수 있어 일부 제품 외에는 재활용이 어렵습니다.
#3	이미지가 먼저 나타나고 질문에 맞춰 물음표가 나타남.	일반팩 ? 멸균팩 올해부터는 위 마크를 확인하고 버려야 합니다!	재활용 효율을 높이기 위해 올해부터 일반 팩과 멸균 팩을 따로 배출해야 하는데요. 조심할 점이 또 있다는 것 알고 계신가요?
#4	종이팩 배출 방법을 보여 주는 동영상을 삽입함.	씻고 / 펼치고 / 넣고 / 말리고 / 종이팩 수거함 ▶	종이팩의 올바른 배출 방법은 동영상으로 함께 보시죠. (동영상을 재생한다.)

14-5. (가)와 (나)에 대한 이해로 적절하지 않은 것은?

① (가)는 다양한 형태의 자료를 활용하여 글의 내용에 대한 독자의 이해를 돕고 있다.
② (가)는 하이퍼링크를 삽입하여 글의 내용과 관련된 추가 정보를 얻을 수 있도록 하고 있다.
③ (나)는 정보의 노출 시점을 임의로 조정하여 화면의 내용에 대한 독자의 집중도를 높이고 있다.
④ (나)는 음성을 통해 화면 내용에 대한 부연 설명을 제공하여 전달되는 정보의 양을 늘리고 있다.
⑤ (나)는 각 화면의 내용을 간추린 소제목을 활용하여 전달하고자 하는 정보를 압축적으로 제시하고 있다.

14-6. (가)를 참고하여 (나)를 만드는 과정에서 학생이 고려했을 내용으로 적절하지 않은 것은?

① 정보를 요약적으로 보여 줄 수 있도록 (가)에서 제시한 도표의 내용 중 필요한 부분만을 편집해 사용해야겠어.
② 정보가 효과적으로 전달될 수 있도록 (가)에서 제시한 종이팩의 분리수거 방법을 동영상을 활용해 보여 줘야겠어.
③ 정보가 복합 양식적으로 구성될 수 있도록 (가)에서 제시한 종이팩 종류에 따른 재질의 차이를 그림과 문자를 이용해 설명해야겠어.
④ 도입부에서 수용자의 호기심을 자극할 수 있도록 (가)에서 제시한 일반 팩과 멸균 팩의 형태 차이를 보여 주는 그림을 나란히 배치해야겠어.
⑤ 정보가 보강될 수 있도록 (가)에서 제시한 종이팩의 분리배출이 올해부터 시행된다는 사실 외에도 분리배출과 관련된 표지 역시 알려 줘야겠어.

매체
N 제

프리미엄 **언매 문제집**

Part 15

매체 실전문제 15회

[15-1~15-4] 다음은 '미술품 물납제'에 관한 기사를 다루는 텔레비전 방송 프로그램의 일부이다. 물음에 답하시오.

진행자 : ⓐ2020년 ㄱ미술관이 상속세 납부를 위해 금동보살입상과 금동여래입상을 경매에 내놓았던 것을 기억하시나요? 두 작품은 우리나라의 보물로 지정된 소중한 문화재이지요. 해당 사건으로 인해 당시 미술품 물납제 시행에 대한 요구가 높아지기도 했는데요. 미술품 물납제가 최근 국회 본회의를 통과해, 시행된다고 합니다. 오늘은 이와 관련한 기사들을 살펴보도록 하겠습니다.

> **미술품 물납제 시행… 미술계, 환영**
>
> 이번에 도입된 '미술품 물납제'의 핵심은 미술품 상속에 의해 발생한 납부세액에 한해 미술품으로 대납이 가능하다는 점이다. 다만 상속세 납부세액이 20... 문화 체육 관광부 장관이 요청하는 경우... 미술계에서는 물납제 도입을 적극 환영했다. 정... 물납제 도입을 적극 환영했다. "물납제 실장은 "2013년부터 꾸준히 물... 도입으로 사립 박물관이 보유하던 중요 문화재가 공공 왔던 터라 감회가 남다르다"면서... 자산이 될 수 있을 것"이라고 말했다.

진행자 : 먼저 ◇◇신문입니다. 기사 내용 일부를 확대해 보겠습니다. ⓑ한국 박물관 협회 최◎◎ 기획 지원 실장이 "물납제 도입으로 사립 박물관이 보유하던 중요 문화재가 공공 자산이 될 수 있을 것"이라고 말했군요. 금동보살입상과 금동여래입상 역시 당시 국립 박물관에서 사들여야 한다는 주장이 제기되었던 걸로 기억합니다.

전문가 : 네, 맞습니다. 아무래도 문화재가 개인이나 사립 박물관으로 가는 것보다는 국가 기관에 귀속되는 게 바람직하다는 인식이 있지요. ⓒ미술계에서는 지난 2013년부터 미술품 물납제 도입을 꾸준히 주장하였습니다. 최근 미술관·박물관·갤러리에서 세대교체가 이루어지고 있어 상속세와 증여세의 문제가 대두되었기 때문이죠.

진행자 : 미술품 물납제가 생소한 시청자들도 많을 텐데요. ⓓ미술품 물납제란 정확히 무엇인가요?

전문가 : 미술품 물납제는 일정 요건을 충족하는 경우, 상속세나 증여세 납부 시 현금 대신 미술품으로 세액을 납부할 수 있도록 하는 제도입니다. ⓔ문화 체육 관광부 장관이 요청하는 미술품에 한해, 상속세나 증여세가 2천만 원 초과일 때에만 적용될 수 있습니다.

진행자 : 미술품 물납제를 찬성하는 쪽의 견해는 무엇인가요?

전문가 : ㄱ미술관의 사례에서 볼 수 있듯이 사립 박물관이 상속세나 증여세의 부담으로 재정난을 겪게 되면 해당 박물관이 보유하던 문화재가 개인, 심지어 해외로 유출될 수 있다는 문제가 발생합니다. 물납제를 찬성하는 쪽은 이러한 문제를 근거로 들고 있습니다.

진행자 : 다른 신문을 잠깐 볼까요? □□신문에서는 미술품 물납제를 시행하고 있는 다른 나라의 사례를 들어 우리나라에서 물납의 조건이 지나치게 까다롭게 정해졌다고 비판하고 있네요. ○○신문에서는 미술품 물납제가 조세 회피의 가능성을 높일 수 있다는 우려를 표하고 있군요. 화면으로 확인해 보시죠.

○○신문	사회	20××년×월×일

미술품으로 상속세 낸다…'국고 손실' 어쩌나 우려도

미술품으로 상속세나 증여세를 납부할 수 있도록 하는 '미술품 물납제'가 시행된다. 미술품 물납제는 지난 20일 최종적으로 국회 본회의를 통과했다.

그런데 일각에서는 미술품 물납제가 납세 의무자의 경제적 이해에 따른 조세 회피 가능성을 높일 수 있다는 비판이 제기되고 있다. 미술품은 특성상 정확한 금전적 가치를 평가하기가 어렵기에, 자칫하면 국고 손실로 이어질 수 있다는 우려도 제기된다.

실제로 현행법에서는 부동산과 주식을 물납 재산으로 인정하고 있는데, 물납 당시 책정한 가격보다 낮은 대금을 받는 일이 수두룩해 지난 5년간 물납 가치 대비 매각 금액은 무려 225억 원이나 적자를 보고 있다.…

15-1. 위 방송 프로그램을 시청한 학생의 반응으로 적절하지 <u>않은</u> 것은?

① 진행자는 주제와 관련한 최근의 사건을 언급함으로써 방송에서 다루는 주제가 시의성을 지녔음을 드러내고 있군.

② 진행자는 전달하려는 정보의 양을 조절하여 언급함으로써 주어진 시간 안에 다양한 정보를 전달하고 있군.

③ 전문가는 진행자의 질문에 대답하는 과정에서 주관적 의견을 덧붙임으로써 주제에 대한 대립적 관점이 존재함을 밝히고 있군.

④ 진행자는 방송의 진행 방향에 대해 간략히 제시함으로써 시청자가 자연스럽게 방송의 흐름을 따라올 수 있도록 유도하고 있군.

⑤ 진행자는 시청자들의 배경지식 수준을 고려하여 전문가에게 질문을 던짐으로써 주제에 대한 시청자의 이해를 높일 수 있도록 돕고 있군.

15-2. ⓐ~ⓔ에 대한 설명으로 적절하지 <u>않은</u> 것은?

① ⓐ : 관형사형 어미 '-던'을 사용하여 ㄱ미술관이 두 문화재를 경매에 내놓은 사건의 시점을 드러내었다.

② ⓑ : 격 조사 '이라고'를 사용하여 미술품 물납제의 기대 효과에 대한 타인의 말을 간접 인용하고 있음을 드러내었다.

③ ⓒ : 부사 '꾸준히'를 사용하여 미술품 물납제의 시행에 대한 미술계의 요구가 지속되어 왔음을 드러내었다.

④ ⓓ : 보조사 '란'을 사용하여 상대방에게 요구하는 질문의 중심 화제가 미술품 물납제임을 드러내었다.

⑤ ⓔ : 보조사 '만'을 사용하여 미술품 물납제의 적용 요건이 제한되어 있음을 드러내었다.

15-3. 다음은 위 방송 프로그램 '시청자 게시판'의 내용이다. 시청자의 수용 태도에 대한 설명으로 가장 적절한 것은?

시청자 게시판 ✕

↳ **시청자 1** 미술품 물납제는 생소한 개념이라 새로 알게 되어 좋았어요. 해외로 우리의 소중한 문화재가 유출되는 것보다는 우리나라 재산으로 귀속되는 게 좋은 것 같아요.

↳ **시청자 2** 저번에 다른 뉴스를 보니까 ㄱ미술관이 경매에 내놓은 문화재는 결국 입찰되지 못했다고 하더라고요. 해당 문화재에 관한 보도가 계속되면서 부담을 느꼈다고 해요.

↳ **시청자 3** 우리나라는 외국에 비해 문화재와 미술품의 가치를 평가하는 감정 시스템이 미흡한 편이래요. 미술품 물납제를 시행하기 전에 이것부터 보완되어야 할 것 같아요.

↳ **시청자 4** 미술계에서 2013년부터 계속 요구했는데 왜 받아들여지지 않은 건가요? 예전부터 느꼈는데 방송이 여러 기사를 다루다보니 그 깊이가 얕은 것 같아요.

---

① 시청자 1과 2는 방송 프로그램을 통해 새롭게 알게 된 사실에 대한 주관적인 감상을 밝히고 있다.
② 시청자 1과 3은 중심 화제에 대한 방송 프로그램의 관점과 반대되는 의견을 제시하며 반론을 펼치고 있다.
③ 시청자 2와 3은 방송 프로그램에서 언급하지 않은 정보를 제시하며 방송 내용을 이와 연결 지어 이해하고 있다.
④ 시청자 2와 4는 방송 프로그램의 매체적 특성을 언급하며 시청자 참여가 이루어질 수 있는 방안을 제안하고 있다.
⑤ 시청자 3과 4는 우리나라와 외국의 사례를 비교하며 우리나라의 문제 상황이 나타난 원인을 부각하고 있다.

15-4. '○○신문'을 바탕으로 할 때, 확인할 수 있는 매체의 특성으로 가장 적절한 것은?

① 한 면에 다양한 기사를 배치하고 있는 것을 보아 매체는 수용자의 정보 수용 속도를 조절할 수 있음을 알 수 있다.
② 신문에 날짜가 기재된 것을 보아 수용자는 오류를 즉각적으로 수정할 수 있음을 알 수 있다.
③ 방송에서 언급한 기사가 사회 면에 실린 것을 보아 기사의 내용에 따라 배치되는 면이 달라질 수 있음을 알 수 있다.
④ 기사의 내용과 관련한 그림을 삽입한 것을 보아 시각적 매체와 청각적 매체가 복합 양식을 이루고 있음을 알 수 있다.
⑤ 표제와 내용의 글씨 모양이 다른 것을 보아 수용자가 내용을 먼저 읽고 표제를 나중에 확인하게 될 것임을 알 수 있다.

[15-5~15-6] (가)는 학생의 개인 블로그이고, (나)는 발표를 위해 (가)를 참고하여 만든 카드 뉴스의 일부이다. 물음에 답하시오.

(가)

비치코밍(Beachcombing)을 아시나요?
20××년 9월 5일 15시 20분 올림

오늘도 블로그를 방문해주셔서 감사합니다. 혹시 여러분들은 **비치코밍**이 무엇인지 알고 계신가요?😀 비치코밍이란 해변(beach)을 빗질(combing)하듯이 조개껍데기, 유리 조각 등의 표류물이나 해안가에 널린 쓰레기를 주워 모으는 것을 말합니다. 얼마 전에 다큐멘터리가 방송되어 크게 화제를 모았던 플로깅(plogging : 조깅을 하며 쓰레기를 줍는 것)과 비슷한 개념이지요. 제가 오늘 비치코밍에 관해서 글을 쓰는 이유는 이번에 '환경 보호를 위해 청소년이 할 수 있는 일'에 관한 카드 뉴스를 만들게 되면서 느낀 바가 많아서입니다. 정부가 발표한 자료에 따르면, 지난 3년에 걸쳐 연평균 약 11만 4,000톤의 해양 쓰레기가 수거되었다고 합니다. 이 중에서 플라스틱의 비율은 무려 **63%**인데요! 🥺 플라스틱은 잘 썩지도 않는 거 아시죠? 요즘엔 비치코밍으로 주운 해양 쓰레기를 새로운 예술 작품을 만드는 업사이클링도 유행하고 있다고 합니다. 사진으로 보여 드릴게요!

(사진을 누르면 원본 크기로 커집니다.)

혹시 해양 쓰레기를 이용한 작품 생성에 관심이 있는 분은 이 영상(누르면 바로 이동합니다)도 보세요. 아주 흥미로울 거예요.

(나)

카드 1	카드 2
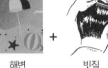 해안가에 널린 쓰레기, 보신 적이 있나요? 정부가 발표한 자료에 따르면, 지난 3년간 연평균 약 1만 4,000톤의 해양 쓰레기가 수거되었다고 합니다.	심각한 것은 그중 63.1%가 플라스틱이라는 겁니다. 플라스틱은 자연에서 분해되는 데 100년이라는 시간이 걸려 환경 오염의 주원인이 될 수 있습니다.

카드 3	카드 4
해변 + 빗질 (Beach) (combing) 이러한 문제를 해결하는 방법으로 비치코밍(Beachcombing)이 유행인데요. 비치코밍은 '해변'을 '빗질'하는 것처럼 쓰레기를 주워 모으는 행위를 말합니다.	 아름다운 해안 풍경을 지키는 일, 우리도 할 수 있습니다. 이번 여름휴가에는 다 같이 해변을 걸으며 비치코밍을 해 보는 건 어떨까요?

15-5. (가)에 대한 설명으로 적절하지 <u>않은</u> 것은?

① 글의 수정 시각과 작성 시각을 함께 기입하여 글의 내용이 수정된 적이 있음을 밝혔다.

② 사진의 크기를 원본보다 작아지게 설정함으로써 해당 이미지를 본문과 어울리게 배치했다.

③ 글의 중심 화제가 무엇인지 명확히 알아볼 수 있도록 글자의 굵기와 형태를 달리하여 강조했다.

④ 글의 내용에 알맞은 그림 문자를 활용하여 해당 내용에 대한 글쓴이의 감정을 효과적으로 드러냈다.

⑤ 하이퍼링크를 통해 주제와 관련된 추가 자료를 제공하는 외부 페이지를 연결하여 정보를 풍부하게 구성했다.

15-6. (가)를 참고하여 (나)를 만드는 과정에서 학생이 고려했을 내용으로 적절하지 <u>않은</u> 것은?

① '카드 1'에서는 (가)에서 제시한 문제 상황을 한눈에 보여 줄 수 있는 이미지를 활용해야겠다.

② '카드 2'에서는 (가)에서 언급한 해양 쓰레기 구성 물질과 관련한 정보를 보강할 수 있는 그래프를 활용해야겠다.

③ '카드 2'에서는 (가)에서 설명한 문제의 심각성을 강조하기 위해 플라스틱의 특성을 보여 주는 숫자를 활용해야겠다.

④ '카드 3'에서는 (가)에서 제시한 비치코밍의 어원을 설명하기 위해 이미지 두 개와 연산 기호를 병렬하여 활용해야겠다.

⑤ '카드 4'에서는 (가)에서 설명한 비치코밍의 기대 효과를 밝히기 위해 이를 실천하는 사람들의 이미지를 활용해야겠다.

매체
N제

프리미엄 언매 문제집

Part 16

매체 실전문제
16회

[16-1~16-4] 다음은 '고향세'에 관해 다루는 텔레비전 방송 프로그램의 일부이다. 물음에 답하시오.

진행자 : 안녕하세요, 시청자 여러분. 오늘은 올해부터 시행된 '고향세'에 대해 알아보려고 합니다. 언제나처럼 실시간 댓글을 함께 보면서 진행하니, 의견이 있으신 분들은 저희 방송국 홈페이지에 들어오셔서 참가해 주세요. 고향세는 이름만으로는 꼭 세금의 일종 같은데요, ㉠사실은 세금이 아니라 기부금을 말한다고 합니다. 고향세라는 게 정확히 어떤 건가요?

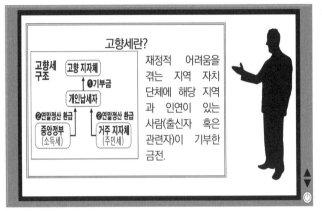

전문가 : 네. 고향세란 인구가 감소해 재정에 어려움을 겪고 있는 자치 단체에 해당 지역과 인연이 있는 사람이 기부하는 금전을 뜻합니다. 고향세는 최근 인구가 감소하는 추세로 인한 지방 자치 단체의 재정적 어려움을 해결하고자 도입되었는데요. ㉡정부는 고향세를 기부한 사람을 대상으로 연말 정산 시 세액 공제 등의 혜택을 제공함으로써 기부를 유인할 수도 있습니다.

진행자 : 그렇군요. 우리나라도 현재 재정이 어려운 자치 단체가 많습니까?

전문가 : ㉢네, 주민 등록 통계 기준 전국 228개 시·군구 가운데 소멸 위험 지역은 97곳으로 나타났습니다. 결코 적지 않은 수치인데요. 이때 지방 소멸이란 인구가 10만 명 미만인 곳을 말합니다.

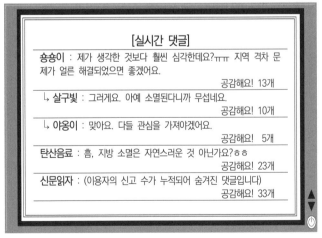

진행자 : 228개 지역 중 97곳이면 40%가 넘는 비율이군요. 실시간 댓글을 보니 '송송이'님을 비롯해 많은 분들께서 생각보다 문제가 심각해서 놀랐다고 말씀을 하셨어요. ㉣만약 자치 단체의 인구가 계속 감소하면 어떤 문제가 생기나요?

전문가 : 자치 단체는 지역민의 세금으로 재정을 확보합니다. 따라서 자치

단체의 인구가 줄어들수록 제대로 된 정책 시행이 어려워지고, 그로 인해 다시 인구가 빠져나가는 악순환이 이어질 수 있습니다.

진행자 : 실시간 댓글을 한 번 더 볼게요. '과수원길'님이 '고향세가 세액 공제의 혜택을 제공한다면 결국 정부의 조세 수입이 감소하는 것 아닌가요?'라고 질문하셨네요.

전문가 : 그러한 점 때문에 고향세에 대해 회의적인 시선을 보내기도 합니다. 그러나 고향세는 재원 교환 이상의 의미를 가집니다. ㉤지역 자치 단체 관련인이 고향세를 기부함으로써 해당 지역에 적극적인 관심을 갖게 되는 부가적인 효과까지 기대할 수 있기 때문입니다.

16-1. 위 방송 프로그램을 시청한 학생의 반응으로 적절하지 **않은** 것은?

① 진행자는 질문의 방식을 활용함으로써 대화가 원활하게 진행될 수 있도록 돕고 있군.

② 진행자는 시작 부분에서 방송의 주제를 언급함으로써 시청자가 방송 내용을 짐작할 수 있게 하고 있군.

③ 진행자는 시청자가 방송에 참여할 수 있는 방법을 제시함으로써 시청자의 직접적 참여를 요청하고 있군.

④ 전문가는 답변에서 근거로 제시한 자료의 출처를 언급함으로써 발언하는 내용의 신뢰성을 높이고 있군.

⑤ 전문가는 진행자와 시청자에게 격식을 갖추는 종결 어미를 활용함으로써 공적 말하기의 특성을 드러내고 있군.

16-2. ㉠~㉤에 대한 설명으로 적절하지 **않은** 것은?

① ㉠ : 연결 어미 '-라'를 활용하여 앞 절과 대조적인 내용이 이어짐을 드러내었다.

② ㉡ : 격 조사 '으로써'를 활용하여 앞 절의 내용이 뒤 절의 내용을 도출하기 위한 수단임을 드러내었다.

③ ㉢ : 관형사형 어미 '-은'을 활용하여 언급된 행위가 발화 시점보다 과거에 발생한 것임을 드러내었다.

④ ㉣ : 부사 '만약'을 활용하여 아직 발생하지 않은 상황을 가정하고 있음을 드러내었다.

⑤ ㉤ : 보조사 '까지'를 활용하여 기대할 수 있는 부수적 효과를 언급하고 있다.

16-3. 다음은 신문 기사이다. 위의 '방송 프로그램'과 '신문 기사'에 대해 이해한 내용으로 가장 적절한 것은?

○○신문

… 최근 고향세 도입과 관련한 찬반 논쟁이 뜨겁다. 고향세는 최근 인구가 감소하는 추세로 인한 지역 자치 단체의 재정적 어려움을 덜고자 도입된 것으로, 이를 찬성하는 사람들은 고향세가 자치 단체에 재정적 도움이 될 뿐만 아니라 자치 단체에 대한 관심 증가로 이어질 것이라고 본다. 그러나 고향세가 지역 간 재정 격차를 오히려 심화할 것이라는 의견도 적지 않다. 이들은 2008년부터 고향세 제도를 시행하고 있는 일본의 상황을 들어, 고향세가 자치 단체의 재정력과는 상관없이 기부된다고 주장한다. 즉 이미 부유한 자치 단체에 고향세를 기부하는 사람들이 많다는 것이다. 이러한 점에서, 고향세의 대상을 재정이 열악한 자치 단체로 한정하자는 주장도 있다. …

---

① '신문 기사'와 달리 '방송 프로그램'에서는 고향세의 한계를 보완할 수 있는 구체적인 방안을 제시하고 있다.
② '신문 기사'와 달리 '방송 프로그램'에서는 고향세와 관련한 다른 나라의 사례를 언급해 생생한 정보를 전달하고 있다.
③ '방송 프로그램'과 달리 '신문 기사'에서는 고향세가 도입된 배경에 관해 밝혀 정보의 시의성을 강조하고 있다.
④ '방송 프로그램'과 달리 '신문 기사'에서는 다양한 분야의 전문가의 말을 인용하여 정보의 다양성을 확보하고 있다.
⑤ '방송 프로그램'과 '신문 기사'를 함께 수용하는 것은 고향세에 대한 균형적 관점을 형성하는 데에 도움이 될 것이다.

16-4. 위 방송 프로그램을 통해 확인할 수 있는 '실시간 댓글'의 특성으로 적절하지 **않은** 것은?

① 시청자들이 공감을 많이 표시한 순으로 댓글을 정렬하여 볼 수 있다.
② 다른 시청자의 댓글에 답변을 남기는 방식으로 쌍방향적인 의사소통을 할 수 있다.
③ 방송 프로그램에서 다루고 있는 주제에 대한 다양한 관점의 견해를 확인할 수 있다.
④ 부적절한 내용이 포함되어 있다고 판단되면 신고를 통해 그 내용을 숨길 수 있다.
⑤ 방송 중인 프로그램에 대한 즉각적인 반응을 방송국 홈페이지를 통해 남길 수 있다.

[16-5~16-6] (가)는 학생의 개인 블로그이고, (나)는 발표를 위해 (가)를 참고하여 만든 스토리보드의 일부이다. 물음에 답하시오.

(가)

'빛 공해'로 잠들지 않는 도시, 시민들 "불편"

건물의 불빛으로 이루어지는 도시의 야경은 무척 아름답습니다. 그래서 야경을 감상하기 좋은 명소도 있지요. 그런데 이러한 불빛이 **'빛 공해'**로 여겨질 수 있다는 사실을 알고 계신가요?

빛 공해는 **인공조명의 부적절한 사용**으로 인해 조명 영역 바깥으로 노출된 빛이 인간의 생활을 방해하거나 환경에 피해를 주는 상태를 말하는데요. 현대 사회에 들어 생활 방식이 변화하면서 야간 유동인구가 증가함에 따라 발생하게 되었습니다.

빛 공해는 멜라토닌 호르몬의 생성을 억제하여 **수면을 방해**하는 등 사람들에게 피해를 줄 뿐만 아니라 동·식물의 **생태계를 교란**하는 등 환경적 피해도 야기합니다. 예를 들어 밤에 이동하는 철새가 빌딩의 불빛으로 인해 길을 잃거나, 가로수가 장시간 빛을 받아 단풍이 늦어지고 그 수명이 짧아지기도 합니다.

□□시 정책 연구과에서 □□시 시민들을 대상으로 실시한 조사 결과에 따르면, □□시 시민들의 **56%**가 '조명으로 인해 불편을 느낀다'고 답했습니다. □□시 관계자는 "빛 방사 허용 기준을 적용하여 시설을 개선하는 등의 정책을 통해 현재 46.3%에 달하는 빛 공해 발생률을 **30% 이하**로 낮추는 것을 목표로 하고 있습니다"라고 밝혔습니다.

[참고 자료] (기사) □□시, 빛 공해 발생률 30% 이하로 줄인다
(사설) 빛 공해의 문제점에 관해 아시나요?
(제목을 클릭하면 각 자료를 볼 수 있는 화면으로 이동합니다.)

(나)

	화면 설명	화면	내레이션
#1	'빛 공해란?'이라는 제목이 먼저 뜨고 이후 설명이 제시됨.	**빛 공해란?** 인공조명의 부적절한 사용으로 생기는 피해	빛 공해는 인공조명의 부적절한 사용으로 인간의 생활이나 환경에 발생한 피해를 말합니다.
#2	그래프의 선이 왼쪽에서부터 시작하여 오른쪽으로 뻗어 나가면서 제시됨.	전국 빛 공해 피해 민원 현황 (단위: 건) 6,978 2,859 3,214 3,850 3,670 1,097 * 자료: 환경부 2011년 2012년 2013년 2014년 2015년 2016년	현대 사회에 들어 생활 방식이 변화하면서 야간 유동인구가 증가함에 따라 발생하게 되었습니다.
#3	그림이 먼저 나오고 이후에 말풍선이 제시됨.	잠이 안 와!	빛 공해는 수면을 유도하는 멜라토닌 호르몬의 생성을 억제해 수면 장애를 일으킵니다.
#4	숫자가 굵게 표시되면서 경고음이 울림.	빛 공해로 불편을 느끼는 □□시 시민 **56%** 🔊	빛 공해로 인해 불편을 느끼는 시민들이 많은 만큼, 조속한 대책 강구가 필요합니다.

16-5. (가)에 나타난 표현 방식에 대한 설명으로 가장 적절한 것은?

① 글자 크기와 굵기를 다르게 적용하여 빛 공해가 야기하는 피해를 부각하였다.

② 빛 공해로 인해 실제로 불편함을 느낀 시민의 인터뷰를 동영상으로 삽입하였다.

③ 빛 공해 문제를 겪는 다양한 예시를 들어 빛 공해가 특정 지역의 현상임을 밝혔다.

④ 도시의 야경이 변화한 과정을 이미지로 제시하여 문제 상황의 원인을 짐작할 수 있도록 하였다.

⑤ 빛 공해와 관련하여 대립하는 의견을 비교할 수 있도록 하이퍼링크를 통해 자료를 제시하였다.

16-6. (가)를 참고하여 (나)를 만드는 과정에서 학생이 고려했을 내용으로 적절하지 <u>않은</u> 것은?

① (가)에서 제시한 빛 공해의 정의를 요약하여 '화면'에서는 간략히 드러내는 게 좋겠어.

② (가)에서 제시한 빛 공해가 발생하게 된 배경은 '내레이션'을 통해서만 언급하는 게 좋겠어.

③ (가)에서 제시한 빛 공해 피해 민원의 증가 양상을 그래프에 효과를 부여해 보여 주는 게 좋겠어.

④ (가)에서 제시한 인체에 미치는 빛 공해의 영향을 사람 이미지와 말풍선을 통해 전달하는 게 좋겠어.

⑤ (가)에서 제시한 수치 자료를 드러낼 때는 음향 효과를 함께 사용해 문제의 심각성을 알리는 게 좋겠어.

NOTE

매체
N제

프리미엄 언매 문제집

Part 17

매체 실전문제 17회

[17-1~17-4] (가)는 인쇄 매체의 기사이고, (나)는 (가)를 바탕으로 학생이 만든 카드 뉴스이다. 물음에 답하시오.

(가)

㉠○○구, 청소년 쉼터 문 닫아… 거리에 내몰린 청소년들

1998년 설립되어 만 10~19세 청소년들을 위한 단기 쉼터가 되었던 ○○구 청소년 쉼터가 20일 문을 닫는다. ㉡20년이 넘는 기간 동안 3,260명의 가출 청소년들이 이 쉼터를 지나갔고, 현재도 7명의 청소년이 입소해 있는 상태다. 그러나 ○○구는 대체할 부지를 찾지 못했다는 이유로 '시설 운영 종료'를 결정했다.

쉼터 폐쇄의 핵심 원인인 '장소 문제'의 이면에는 청소년 쉼터에 대한 지역 사회의 부정적인 시선과 지역 자치 단체의 소극적인 태도가 자리하고 있다. ○○구 관계자는 "부지를 알아보는 과정에서 '청소년 쉼터가 들어설 자리'라고 밝히면 임대인들이 모두 꺼리는 바람에 부지를 확정할 수 없었다."라고 말했다. 쉼터에 방문하는 청소년 대부분은 가정불화로 인해 가출을 결심한다. 자료에 따르면, 청소년 가출의 40.1%가 가정 폭력이나 학대로 인한 생존형 가출이다. ㉢하지만 아직도 가출 청소년을 비행 청소년과 동일시하는 사람들이 많다. 이에 임대인 대부분이 청소년 쉼터 입주에 난색을 표하는 것이다.

㉣또한 ○○구의 청소년 쉼터 폐쇄 배경에는 쉼터에 투입되는 예산이 비효율적으로 쓰이고 있다는 판단 역시 작용한 것으로 알려졌다. ○○구 청소년 쉼터에 3년간 입소한 청소년이 총 22명에 불과했다는 것이다. 그러나 ○○구 청소년 쉼터의 소장은 "이용 인원이 적다고 해서 쉼터의 필요성이 사라지는 것은 아니"라며 "㉤○○구에는 이제 임시 쉼터밖에 남지 않는다."라고 우려를 표했다. 쉼터에 있던 청소년들의 걱정도 늘어간다. 예정보다 이른 퇴소에 갈 곳을 정하지 못한 청소년도 있다.

– 박□□ 기자 –

(나)

카드 1	카드 2
	청소년쉼터 = 혐오시설!
만 10~19세 청소년들을 위한 단기 쉼터가 되었던 ○○구 쉼터가 20일 문을 닫게 되었습니다. 이곳은 지난 20여 년간 3천 명이 넘는 청소년들이 머물렀다 간 쉼터입니다.	이번 쉼터 폐쇄의 핵심 원인은 '장소 이전'에 있었습니다. 땅값이 너무 올라 이전을 해야 하는데 청소년 쉼터에 대한 사회적 인식이 좋지 않아 이전할 곳을 찾지 못한 겁니다.

카드 3	카드 4

방랑형(자유로운 거리생활 위함) 5.8 / 유희형(친구와 놀기 위함) 5.5 / 시위형(원하는 것 얻기 위함) 8.0 / 생존형(폭력·학대 등으로) 40.1 / 시설형(보육·양육 시설에서 생활) 19.7 / 방임형(가족으로부터 버림받음) 20.9 출처: 한국청소년쉼터협의회 (단위: %)	
쉼터에 머무르는 가출 청소년을 범죄를 저지르는 비행 청소년과 동일시하는 사람들이 많습니다. 그러나 사실 청소년 가출의 40.1%는 가정 내 학대 등으로 인한 생존형 가출입니다.	쉼터 관계자는 "○○구에는 이제 임시 쉼터밖에 남지 않는다."라고 우려를 표했습니다. 가정에서 보호 받지 못한 청소년들이 좌절하지 않고 앞으로 나아갈 수 있도록 꾸준한 관심이 필요합니다.

17-1. (가), (나)를 수용할 때 유의할 점으로 가장 적절한 것은?

① (가)는 작성자의 주관을 배제해야 하는 글이므로 객관적 자료를 근거로 제시하고 있는지 확인해야 한다.
② (나)는 정해진 순서 없이 내용을 나열하고 있으므로 정보가 응집성 있게 구성되어 있는지 확인해야 한다.
③ (가)는 (나)와 달리 작성자의 이름을 명확히 밝히지 않고 있으므로 정보의 정확한 출처를 확인해야 한다.
④ (나)는 (가)와 달리 사안과 관련한 여러 관점을 제시하고 있으므로 정보 서술에 편향성이 없는지 확인해야 한다.
⑤ (나)는 (가)와 달리 글, 영상, 그림 등 다양한 시각 자료를 활용하고 있으므로 내용에 왜곡이 없는지 확인해야 한다.

17-2. (나)를 제작하는 과정에서 반영된 학생의 계획으로 적절하지 **않은** 것은?

① '카드 1'에는 (가)의 표제가 드러내는 문제 상황을 시각적으로 보여 줄 수 있는 이미지를 활용해야겠군.
② '카드 2'에는 (가)에서 제시한 갈등 상황의 원인을 나타낼 수 있도록 말풍선을 활용해야겠군.
③ '카드 3'에는 (가)에서 생략한 자료의 세부 항목까지 파악할 수 있도록 그래프를 활용해야겠군.
④ '카드 4'에는 (가)의 전문가의 발언 중 일부를 선별하여 수용자의 관심을 촉구하는 데 활용해야겠군.
⑤ '카드 4'에는 (가)에서 제시한 청소년 쉼터의 긍정적 효과를 강조할 수 있는 희망적인 이미지를 활용해야겠군.

17-3. ㉠~㉤에 대한 설명으로 적절하지 **않은** 것은?

① ㉠ : 피동 접사 '-리-'를 사용하여, 청소년들이 처한 상황이 그들의 의지로 발생한 것이 아님을 드러내었다.

② ㉡ : '-고'를 사용하여, 앞 절에서 제시한 내용이 뒤 절의 내용보다 먼저 발생한 일임을 드러내었다.

③ ㉢ : 접속 부사를 사용하여 앞서 가출 청소년에 관해 제시된 자료의 내용과 반대되는 통념을 드러내었다.

④ ㉣ : '또한'을 사용하여 해당 문단이 이전 문단과 동일하게 청소년 쉼터의 폐쇄 원인을 다루고 있음을 드러내었다.

⑤ ㉤ : 현재형 시제 표현을 사용하여 ○○구 청소년 쉼터의 운영이 종료된 이후에 발생하게 될 상황을 드러내었다.

17-4. 〈보기〉의 '카드 뉴스 보완 방향'을 고려할 때, '카드 A', '카드 B'의 활용 방안으로 가장 적절한 것은?

---- 보기 ----

● **카드 뉴스 보완 방향** : 카드 뉴스의 내용을 보완하기 위해 (나)에 카드 A, B를 추가

카드 A
청소년 쉼터란?
가출 청소년이 가정, 학교, 사회로 복귀할 수 있도록 적절한 공간을 제공하여 청소년을 보호하고, 입소 청소년에게 상담·학업·자립 등의 서비스를 지원하는 곳.
청소년 쉼터는 가출 청소년들의 보호뿐만 아니라 가정과 사회로의 복귀를 적극적으로 돕는 역할을 합니다.

카드 B	
2019	8명
2020	7명
2021	7명

2019년부터 2021년까지 ○○구 청소년 쉼터에 입소한 청소년들은 총 22명이었습니다. 이들 대부분은 쉼터를 거쳐 가정으로 돌아갔습니다.

① (나)에서 청소년 쉼터의 전국 현황은 언급하지 않았으므로 '카드 A'를 활용하여 우리나라 청소년 쉼터의 수가 줄어들고 있음을 제시한다.

② (나)에서 ○○구 청소년 쉼터가 수행하는 역할은 언급하지 않았으므로 '카드 A'를 활용하여 일반적인 청소년 쉼터의 활동을 제시한다.

③ (나)에서 가출 청소년들이 매년 증가하고 있다는 내용은 언급하지 않았으므로 '카드 B'를 활용하여 3년간의 통계를 도표로 제시한다.

④ (나)에서 ○○구 청소년 쉼터가 설립된 구체적 연도는 언급하지 않았으므로 '카드 B'를 활용하여 ○○구 청소년 쉼터의 역사를 간략히 제시한다.

⑤ (나)에서 청소년 가출과 청소년 범죄율 사이의 관계는 언급하지 않았으므로 '카드 B'를 활용하여 ○○구 가출 청소년이 저지른 범죄 사건 수를 제시한다.

[17-5~17-6] (가)는 학생의 개인 블로그이고, (나)는 학생이 학교 누리집에 올린 건의글이다. 물음에 답하시오.

(가)

세계 책의 날을 맞아 학교에 건의를 하려고 합니다!

20××년 4월 12일 18시 20분 올림

• **'세계 책의 날'이라고?**

4월 23일은 1995년 유네스코가 지정한 세계 책의 날로, 정식 명칭은 '세계 책과 저작권의 날'입니다. 유네스코는 세계 책의 날이 스페인 카탈루냐 지역에서 책을 구매한 사람에게 꽃을 선물하던 세인트 조지의 날과 셰익스피어의 사망 날짜에서 유래되었다고 설명했습니다.

• **학교마다 도서관 장서 수가 엄청 차이난다고?**

올해도 세계 책의 날이 다가오고 있습니다. 그런데 저는 얼마 전, 충격적인 영상을 보았습니다. △△△ 방송국이 세계 책의 날을 기념하고자 제작한 다큐멘터리에서 고등학교의 도서관마다 보유하고 있는 장서 수에 엄청난 차이가 있음을 지적한 것인데요. 다큐멘터리에서 제시한 자료에 따르면, 전국 고등학교 중 장서를 가장 적게 보유한 학교와 가장 많이 보유한 학교의 장서 수가 45배나 차이가 난다고 합니다. 우리 학교 도서관의 장서 수를 확인한 결과, 부끄럽게도 보유 장서가 1만 권으로 다른 학교들보다 적은 편에 속했습니다.

• **학교 1명당 장서 수 권고 기준, 무용지물?**

한국 도서관 협회에서는 학교 도서관 장서 권고 기준을 통해 고등학교의 경우 학생 1명당 30권 이상의 장서를 마련하도록 권장하고 있습니다. 그러나 우리 학교의 도서관 장서 수는 해당 기준에 한참 못 미칩니다. 전국의 2,344개 고등학교 중 우리 학교처럼 기준 미달인 학교는 **49.5%**로 거의 절반에 해당하며, 이는 초등학교 1.9%, 중학교 10.5%에 비해 굉장히 높은 수치입니다. 전문가들은 그 이유를 "고등학교로 갈수록 도서관을 위한 대규모 공간이 확보돼야 하는데 이러한 공간이 절대적으로 부족한 상황"이라고 밝혔습니다.

• **장서 수 확보가 왜 중요할까요?**

다큐멘터리에서는 학생 1명당 고등학교의 자료 구입비를 구간별로 나눠서 학생들의 연간 도서 대출 권수를 산출하기도 했습니다. 그 결과 1명당 자료 구입비가 많은 학교에서 학생들의 도서 대출도 많은 것으로 나타났습니다. 학교의 투자가 활발할수록 학생들이 책을 더 많이 읽는다는 겁니다.

그래서! 저는 4월 23일에 맞춰, 교내 도서관 장서 보충과 충분한 자료 구입비의 확보를 건의하는 글을 학교 누리집에 올리려고 합니다. 힘을 실어주실 분들은 제 게시글에 댓글을 남겨 주시고, 추천을 눌러 주세요!

생략

(나)

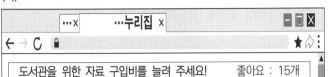

도서관을 위한 자료 구입비를 늘려 주세요!　　좋아요 : 15개

안녕하세요, 교장 선생님! 저는 3학년 ○반 양◇◇라고 합니다. 오늘, 즉 4월 23일은 '세계 책의 날'이라는 걸 아시나요? 세계 책의 날에 제가 이렇게 글을 쓰는 이유는 바로 우리 학교 도서관의 장서 수 확대를 건의하기 위해서입니다. 먼저 제가 아래에 첨부한 영상을 봐 주세요. 영상에서 말하고 있듯이 도서관 장서 수와 학교 학생들의 독서 실태는 깊은 관련성이 있습니다. 학생 1명당 자료 구입비가 1만 5천 원 미만인 학교에서 학생 1명이 1년에 대출하는 도서 수는 16.7권인 것에 비해, 자료 구입비가 20만 원 이상인 학교에서는 40.6권입니다. 저희 학교 도서관의 장서 수는 1만 권으로 전국에서 하위 20%에 속하는데요. 한국 도서관 기준 특별 위원회 의원인 강▽▽ 교수는 "고등학교로 갈수록 도서관을 위한 대규모 공간이 필요한데, 공간이 절대적으로 부족한 측면도 있다."라면서 고등학교가 초·중학교에 비해 학생 1명당 권장 도서 수 미달 비율이 높은 이유를 설명했습니다. 그러나 우리 학교의 도서관은 인근 학교 도서관에 비해 넓은 면적을 자랑하기에, 장서 수를 늘리는 것이 충분히 가능합니다. 학생들이 더 많은 책을 읽고 인문적 소양을 기를 수 있도록 고려 부탁드립니다.

첨부파일 : [동영상] △△△ 방송국 세계 책의 날 다큐.mkv

댓글(20개)

임□□ : 동의합니다. 학생들의 구입 희망 도서도 적극 반영해 주세요.

박☆☆ : 흠, 도서 구입보다는 노후한 체육 시설부터 고쳐 주세요.

17-5. (가), (나)에 대한 설명으로 적절하지 <u>않은</u> 것은?

① (가)에서는 글자의 크기를 조정하여 학교 도서관의 장서 부족 문제가 심각함을 강조하고 있다.

② (가)에서는 질문의 형태를 활용하여 각 문단의 내용을 집약적으로 제시함으로써 독자의 주의를 끌고 있다.

③ (나)에서는 첨부 파일을 통해 학교 도서관의 장서 수가 학생 개개인의 독서 실태에 영향을 미침을 알리고 있다.

④ (나)에서는 학교 도서관의 자료 구입비 확대를 요구하는 견해에 대한 대립적 의견이 댓글을 통해 드러나고 있다.

⑤ (나)에서는 고등학교 도서관의 장서 수가 초·중학교에 비해 적은 이유에 대해 자신의 주관적 견해를 바탕으로 설명하고 있다.

17-6. (가)를 참고하여 (나)를 만드는 과정에서 학생이 고려했을 내용으로 적절하지 <u>않은</u> 것은?

① (가)의 '세계 책의 날'의 유래에 관한 설명을 도입부에 제시하여 글을 쓰게 된 배경을 밝혀야겠어.

② (가)에서 언급한 글을 쓰는 목적을 달성하기 위해 우리 학교의 특성을 제시함으로써 설득력을 높여야겠어.

③ (가)의 자료를 보강하기 위해 학생 1명당 자료 구입비와 연간 대출 권수를 구체적인 수치로 나타내야겠어.

④ (가)에 인용된 전문가의 발언에 신뢰감을 부여하기 위해 해당 전문가의 소속과 이름을 정확히 기재해야겠어.

⑤ (가)의 우리 학교의 장서 보유 실태를 강조하기 위해 전국의 다른 고등학교와 비교할 수 있는 비율을 언급해야겠어.

매체
N제

프리미엄 **언매 문제집**

Part _18

매체 실전문제 18회

[18-1~18-3] 다음은 학생이 과제 수행을 위해 열람한 신문사 어플리케이션의 화면이다. 물음에 답하시오.

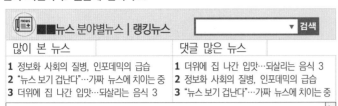

많이 본 뉴스	댓글 많은 뉴스
1 정보화 사회의 질병, 인포데믹의 급습	1 더위에 집 나간 입맛…되살리는 음식 3
2 "뉴스 보기 겁난다"…가짜 뉴스에 치이는 중	2 정보화 사회의 질병, 인포데믹의 급습
3 더위에 집 나간 입맛…되살리는 음식 3	3 "뉴스 보기 겁난다"…가짜 뉴스에 치이는 중

하○○기자 | 입력 : 202X.07.XX. 10:00 | 추천 47 | 댓글 23

"뉴스 보기 겁난다"…가짜 뉴스에 치이는 중

[이미지1] 인포데믹

인류의 탄생 이래 갖가지 감염병들이 창궐해 왔지만, 세계는 현재 새로운 유형의 감염병으로 고통받고 있다. 바로 '21세기의 흑사병'이라고 불리는 인포데믹(Infodemic) 때문이다.

정보(Information)와 감염병(Epidemic)의 합성어인 인포데믹(Infodemic)은 근거 없는 허위 정보가 미디어나 인터넷 등을 통해 급속도로 확산되는 현상을 의미한다. 인포데믹은 개인의 합리적 의사 결정을 방해할 뿐만 아니라 사회적 혼란을 야기하기도 한다.

특히 누리 소통망(SNS)이나 동영상 공유 사이트가 인포데믹 발생의 진원지로 지목되고 있는데, 이는 플랫폼 내 알고리즘으로 인해 사건의 내용이 객관적으로 전달되기보다는 일부만 부각되어 왜곡되기 쉽기 때문이다. 이로 인해 편향된 정보만이 선택되어 재확산되기도 한다.

따라서 인터넷상에서 정보를 접하는 이용자들의 경우, 미확인 정보에 대한 팩트체크를 통해 정보를 주의 깊게 받아들일 필요가 있다. 팩트체크란, 대중에게 영향을 끼칠 정도의 유의미한 오보나 허위 정보를 분석해 진위 여부를 판별하는 것을 말하는데, 한국언론정보학회에서는 팩트체크의 7가지 기준과 4가지 방법을 다음과 같이 제시하고 있다.

☑ 뉴스의 출처를 파악하라	1.이용중지하기	2. 출처 확인
☑ 글을 끝까지 읽어라		
☑ 작성자를 확인하라		
☑ 근거자료를 확인하라		
☑ 작성 날짜를 확인하라	3. 다른 보도 찾기	4. 맥락 확인
☑ 자기 생각이 편향된 것인지 검토해보라		
☑ 전문가에게 물어보라		

[표] 팩트체크의 7가지 기준　[이미지2] 팩트체크의 4가지 방법

출처 : 한국언론정보학회

스스로의 판단이 정확한지 확신하기 어려울 경우에는 팩트체크 전문 사이트의 도움을 받아볼 수도 있다. 현재 한국언론정보학회로부터 공인받은 사이트는 '□□대학교 언론정보연구소 팩트체커 센터(http://factcheck.□□uni.ac.kr)'와 '전문 미디어 뉴스와치(http://www.newswatch.com)'이다. 더불어 현직 언론인들이 팩트체크에 관해 알기 쉽고 재미있게 설명한 영상을 참고하는 것 역시, 우리가 인포데믹이라는 재앙에서 살아남도록 도와줄 것이다.

[동영상] 팩트체크 동영상 / 출처 : 젊은 언론인 웹페이지

이 기사 추천하기	47	↗ SNS에 공유하기

18-1. 위 화면을 통해 매체의 특성을 이해한 학생의 반응으로 가장 적절한 것은?

① 기사에 문자, 그림, 동영상이 사용되고 있으니, 이 기사는 시각 자료만을 활용한 것으로 볼 수 있겠군.

② 기사를 누리 소통망(SNS)에 공유할 수 있으니, 수용자가 기사의 오류를 즉각적으로 수정할 수 있겠군.

③ 기사에 대한 수용자들의 선호를 확인할 수 있으니, 기사에 제시된 정보의 접근성이 높다고 할 수 있겠군.

④ 기사와 관련된 정보를 하이퍼링크로 제공하고 있으니, 기사 내용과 연계된 추가적인 자료를 얻을 수 있겠군.

⑤ 기사가 작성된 시간이 명시되어 있으니, 기사가 게재된 후 수용자들의 기사 열람 횟수를 파악할 수 있겠군.

18-2. 〈보기〉를 참고할 때, 위 화면에 대한 반응으로 적절하지 **않은** 것은?

─── 보기 ───

보도문은 보도 내용의 전달 효과를 높이기 위한 구성 방식을 취하는데, 크게 제목과 본문으로 나눌 수 있다. 먼저 제목은 보도 내용을 요약하여 나타내는 것인 만큼 정보의 양과 간결성을 고려해야 한다. 한편 본문에서는, 보도 주체의 관점이 투영된 언어를 사용하면서도 보도 내용과의 연관성을 고려하여 이미지, 표, 영상 등 독자의 이해를 돕기 위한 자료를 활용해야 한다. 이 자료들은 특정 정보를 더욱 부각하거나 보도 내용 중 부족한 정보를 보완할 수도 있다.

① [동영상]은 팩트체크에 관해 독자의 이해를 돕기 위한 자료를 활용하고 있군.

② [이미지1]은 보도에서 다룰 중심 개념과의 연관성을 바탕으로 구성되어 있군.

③ [표]와 [이미지2]는 독자가 정보를 이해하기 쉽도록 가독성 있게 제시하고 있군.

④ 인포데믹을 '재앙'으로 빗댄 표현은 인포데믹에 대처할 방법이 없다고 보는 기자의 관점을 함의하고 있군.

⑤ 기사 표제는 정보를 보도의 맥락을 반영하여 화제에 대한 부정적 인식을 드러내고 있군.

18-3. 다음은 학생이 과제 수행을 위해 작성한 메모이다. 메모를 반영한 카드 뉴스 제작 계획으로 적절하지 <u>않은</u> 것은?

수행 과제 : 시사 상식에 관한 카드 뉴스 제작하기

바탕 자료 : '"뉴스 보기 겁난다"…가짜 뉴스에 치이는 중' 인터넷 기사

제작 계획 :

· 첫째 슬라이드 : 기사의 제목을 활용한 카드 뉴스 제목을 배치

· 둘째 슬라이드 : 어원을 밝혀 개념의 의미를 도출하도록 제시

· 셋째 슬라이드 : 팩트체크의 방법을 순차적으로 제시

· 넷째 슬라이드 : 팩트체크의 기준을 가나다순으로 제시

· 다섯째 슬라이드 : 팩트체크 전문 사이트를 제시

카드 뉴스 제작 계획	
장면 스케치	장면 구상
① **가짜뉴스에 겁 먹지 마세요** **인포데믹에 대처하는 방법**	[1] 기사의 정보를 찾아보는 행위를 형상화한 그림 상단에 제목이 나타나도록 배치.
② **Infodemic** 🔍 Information(정보)+epidemic(감염병) **정보감염증 인포데믹이란?** 허위 정보가 미디어나 인터넷 등을 통해 급속도로 확산되는 현상	[2] 인포데믹의 어원 풀이와 개념의 정의를 제시하되, 개념 정의 중에서 어원으로부터 이끌어 낼 수 있는 의미 내용은 진하게 표시.
③ **정보감염증 인포데믹을 조심하세요** 한국언론정보학회에서 제안하는 미확인 정보의 진위 여부를 판별하는 방법 1.이용중지하기 2. 출처 확인 3. 다른 보도 찾기 4. 맥락 확인	[3] 기사에 제시된 팩트체크의 4가지 방법을 차례대로 제시.
④ **정보감염증 인포데믹을 조심하세요** **팩트체크 기준** 한국언론 정보학회 제공 ☑ 뉴스의 출처를 파악하라 ☑ 글을 끝까지 읽어라 ☑ 작성자를 확인하라 ☑ 근거자료를 확인하라 ☑ 작성 날짜를 확인하라 ☑ 자기 생각이 편향된 것인지 검토해보라 ☑ 전문가에게 물어보라	[4] 기사에 제시된 팩트체크의 7가지 기준을 출처와 함께 한눈에 확인할 수 있도록 제시.
⑤ **혼자서는 판단이 어렵다면…** □□대학교 언론정보연구소 팩트체커 센터 http://factcheck.□□uni.ac.kr 전문 미디어 뉴스와치 http://www.newswatch.com **팩트체크를 직접해주는 사이트를 이용해보는 건 어때요?**	[5] 기사에 제시된 팩트체크 전문 사이트의 이름과 주소를 명시하고, 이용을 권장하는 문구로 마무리.

[18-4~18-6] (가)는 텔레비전 방송 뉴스의 일부이고, (나)는 신문에 실린 인쇄 광고이다. 물음에 답하시오.

(가)

[장면1]

진행자 : ㉠ 알룰로스, 스테비아…한 번쯤 들어보신 적 있나요? 당류 과다 섭취를 막기 위해 사용되는 대체 감미료인데요. 우리 정부도 '설탕 줄이기'에 동참하는 행보를 보이고 있습니다. 차□□ 기자가 보도합니다.

[장면2]

차 기자 : 요리법 개발이나 방송 프로그램 및 공익 광고 제작에 대한 지원을 아끼지 않겠다며 대대적으로 나선 정부의 '당류 줄이기' 선전전. ㉡ 이는 설탕이 몸에 좋지 않다는 사실을 알면서도 소비자들의 당류 섭취량이 해가 거듭될수록 증가하고 있는 현실에 주목한 결과입니다. 그러면 당류 섭취량에 대한 소비자들의 인식은 어떠할까요?

[장면3]

김△△ : 설탕을 줄여야 한다는 걸 알고는 있는데, 무의식적으로 요리에 설탕을 넣고 있는 저를 발견하기도 해요. 최근 높은 인기를 끌고 있는 요리 프로그램에서도 대부분 설탕 같은 당류를 많이 쓰더라고요.

[장면4]

차 기자 : 식품의약품안전처에서 우리 국민의 기간당 총 당류 섭취량을 조사한 결과, WHO(국제보건기구)의 당 섭취 권장량을 최소 두 배 이상 웃도는 것으로 나타났습니다. ㉢ 아울러 식약처는 당류 과잉 섭취로 인해 성인병의 발생이 증가하면서 환자 개인의 고통뿐만 아니라 막대한 사회적 비용 역시 발생하고 있음을 지적했습니다.

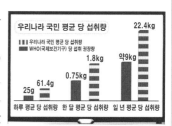

[장면5]

차 기자 : ㉣ 그러면 이에 대해 식약처는 어떻게 대처할 계획일까요? 식약처는 당류에 대한 문제의식을 환기하고 당류 저감 레시피를 알리기 위해 대중 매체를 적극 활용하는 대책을 최근 발표했습니다. TV, SNS, 대중교통, 포털 사이트 등과 연계하여 당류 줄이기를 주제로 한 공익 광고 및 저당류 음식 관련 콘텐츠를 내보내고, '알룰로스'처럼 단맛은 있지만 열량이 없거나 적은 대체 감미료를 찾아 보급할 방침입니다. 식약처 관계자는 국민 모두가 당류에 대한 인식과 입맛을 개선할 수 있도록 최선을 다하겠다고 밝혔습니다.

[장면6]

차 기자 : ⑩ 과유불급, 지나침은 오히려 모자람만 못하다는 말처럼 맛을 위해 첨가된 당류가 우리에게 독이 되지 않도록 이제는 덜어내야 할 때입니다.

(나)

18-4. (가), (나)에 대한 설명으로 가장 적절한 것은?

정보 구성의 주체	• (가)는 수용자를 대상으로 한 통계 자료를 다루고 있다는 점에서, 수용자의 선택에 따라 뉴스의 정보가 구성되어 있음을 알 수 있다. ················ ①
정보의 성격	• (가)는 당류 저감 대책을 발표한 기관을 명시하고 있다는 점에서, 신뢰성 있는 정보로 구성되어 있음을 알 수 있다. ···················· ② • (나)는 구체적인 수치를 활용하고 있다는 점에서, 시의성을 고려한 정보로 구성되어 있음을 알 수 있다. ···· ③
정보의 양과 질	• (가)는 대체 감미료의 사용 후기를 소비자와의 인터뷰 영상으로 보여 준다는 점에서, (나)에 비해 현장감 있는 정보를 전하고 있음을 알 수 있다. ·················· ④ • (나)는 당류 섭취량을 진단하는 기준을 상세히 제시하고 있다는 점에서, (가)에 비해 많은 양의 정보를 제공함을 알 수 있다. ····················· ⑤

18-5. (가)의 언어적 특성을 고려할 때, ㉠~⑩에 대한 설명으로 적절하지 **않은** 것은?

① ㉠ : 의문형 어미를 사용하여 뉴스 내용에 관한 시청자의 이목을 집중시키고 있다.

② ㉡ : 지시 대명사를 사용하여 앞에 제시된 내용을 언급하고 그 원인을 밝히고 있다.

③ ㉢ : 접속 표현을 사용하여 뉴스의 중심 내용을 시청자에게 요약하고 있다.

④ ㉣ : 묻고 답하는 방식을 사용함으로써 뉴스의 핵심 정보를 이끌어 내고 있다.

⑤ ⑩ : 사자성어를 사용함으로써 시청자의 행동 변화를 촉구하고 있다.

18-6. (가)를 본 학생이 (나)를 활용하여 다음의 학습 활동을 수행한 결과로 적절하지 **않은** 것은?

학습 활동

동일한 주제가 매체에 따라 전달되는 방식을 라디오 광고와 비교하기

자료

음향 효과	설탕 가루가 떨어지는 소리
내레이션(남)	설탕이 몸에 나쁜가요? 맛있잖아요.
음향 효과	설탕 가루가 떨어지는 소리와 무거운 음악
내레이션(여)	과도한 당류 섭취, 경계해야 합니다. 성인병, 의료비, 노동력 손실 등. 개인의 고통을 넘어 사회적 비용의 부담까지. 과도한 당류 섭취, 경계해야 합니다. 이제, 혀가 아닌 건강한 삶의 단맛을 누려 보세요.
배경 음악	경쾌하고 밝은 노래

① (나)는 '자료'와 달리 기존의 속담을 활용함으로써, 전달하고자 하는 바를 강조하고 있다.

② '자료'는 (나)와 달리 두 인물의 내레이션을 교차시킴으로써, 과거와 현재를 대비하고 있다.

③ (나)는 '자료'와 달리 시각적 이미지를 활용하여 광고 메시지를 상징적으로 전달하고 있다.

④ '자료'는 (나)와 달리 음향 효과를 삽입하여 광고에서 다루는 중심 소재를 암시하고 있다.

⑤ (나)는 비유적 표현을, '자료'는 반복되는 구절을 통해 수용자에게 경각심을 일으키고 있다.

매체
N제

프리미엄 **언매 문제집**

Part _19

매체 실전문제
19회

[19-1~19-3] 다음은 학생이 과제 수행을 위해 검색한 블로그 글이다. 물음에 답하시오.

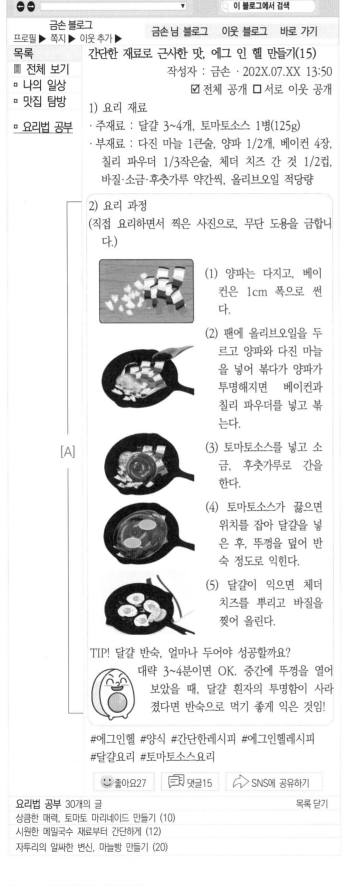

19-1. 위 화면을 통해 매체의 특성을 이해한 학생의 반응으로 가장 적절한 것은?

① 게시글을 누리 소통망(SNS)에 공유할 수 있으니, 수용자의 요구대로 게시글이 수정될 수 있겠군.

② 게시글이 작성된 시각이 명시되어 있으니, 수용자는 게시글 작성에 소요된 시간을 확인할 수 있겠군.

③ 게시글에 대한 수용자의 선호를 확인할 수 있으니, 게시글에 제시된 정보의 오류 유무를 판단할 수 있겠군.

④ 게시글과 연관된 해시태그가 표시되어 있으니, 수용자의 선택에 따라 관련 정보를 추가로 얻을 수 있겠군.

⑤ 게시글에 문자, 사진 등이 복합적으로 활용되었으니, 다른 수용자에게 전송하기 쉬운 형태로 저장할 수 있겠군.

19-2. 〈보기〉를 참고할 때, [A]에 대한 반응으로 적절하지 **않은** 것은?

━━━━━ 보기 ━━━━━

인터넷은 설정에 따라 검색을 통해 누구나 자유롭게 정보에 접근할 수 있다. 따라서 블로그에 글을 올릴 때는 자신의 글을 많은 사람이 이해할 수 있도록 주의를 기울여야 한다. 효과적인 정보 전달을 위해서는 간결한 언어를 쓰면서 이미지 자료 등을 활용하여 정보의 이해를 돕고, 문자의 나열만으로 생길 수 있는 지루함을 해소하는 것이 필요하다. 아울러 자료가 다른 사람의 저작권을 침해하지 않도록 유의해야 한다.

① 'TIP'에 제시된 정보를 효과적으로 전달하기 위해 'OK'와 같은 간결한 언어를 사용한 것이겠군.

② 수용자가 요리 과정을 순차적으로 이해할 수 있도록 (1)부터 (5)까지 번호를 붙여 제시한 것이겠군.

③ 수용자가 달걀 반숙에 관한 정보를 지루하지 않게 읽을 수 있도록 달걀을 형상화한 이미지를 제시한 것이겠군.

④ 각 번호에서 지시한 내용을 이행하는 데 어려움을 겪는 사람이 없도록 시각 자료와 문자를 나란히 배치한 것이겠군.

⑤ 각 번호에 제시된 시각 자료가 다른 사람의 저작권을 침해하지 않도록 하기 위해 '무단 도용'을 허락하지 않겠다는 의사를 밝힌 것이겠군.

19-3. 다음은 학생이 과제 수행을 위해 작성한 메모이다. 메모를 반영한 영상 제작 계획으로 적절하지 <u>않은</u> 것은?

> **수행 과제** : 관심사에 대한 영상 제작하기
> **바탕 자료** : '간단한 재료로 근사한 맛, 에그 인 헬 만들기' 블로그 글
> **영상 내용** : 색다른 요리를 소개
> · 첫째 장면(#1) : 게시글의 제목을 변형하여 만든 영상 제목을 제시하며 시작
> · 둘째 장면(#2) : 구체적인 요리 재료의 모습을 제시
> · 셋째 장면(#3) : 요리 과정을 촬영한 영상을 타임라인과 함께 배치
> · 넷째 장면(#4) : 직접 촬영한 영상의 일부를 활용하여 요리 과정에서 참고할 점을 제시
> · 다섯째 장면(#5) : 요리가 완성되기 전후의 모습을 복합 감각을 활용하여 표현

카드 뉴스 제작 계획		
	장면 스케치	장면 구상
①	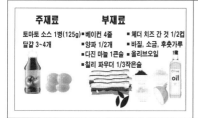 간단하고 근사하게, 에그 인 헬	#1 영상의 제목과 완성된 요리의 사진이 함께 나타나도록 도입 장면을 구성.
②	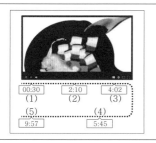	#2 요리 재료를 주재료와 부재료로 나누어 항목화하고, 한 화면에 재료 사진을 함께 제시.
③	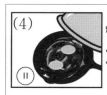 00:30 (1) 2:10 (2) 4:02 (3) (5) (4) 9:57 5:45	#3 요리 과정을 촬영한 영상을 삽입하고, 그 아래에 다음 과정으로 넘어가는 시점을 타임라인으로 정리.
④	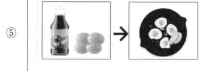 (4) 달걀 반숙 성공 TIP!	#4 달걀을 반숙으로 익히는 과정을 촬영한 영상으로 보여 주고, 이 과정에서 도움이 될 만한 정보를 제시.
⑤	(재료 → 완성 이미지)	#5 주재료의 사진을 제시한 후, 오른쪽에 완성된 요리의 사진을 보여 주며 마무리.

[19-4~19-6] (가)는 텔레비전 방송 뉴스이고, (나)는 신문에 실린 인쇄 광고이다. 물음에 답하시오.

(가)

[장면 1]

진행자 : ㉠여러분은 얼마나 자주 배달 음식을 시키시나요? 최근 배달 문화가 발달하면서 사용이 급증한 일회용기는, 올바른 배출 방법이 지켜지는 경우가 드물어 쓰레기 대란의 원인이 되고 있습니다. 남○○ 기자가 전해 드립니다.

[장면 2]

남 기자 : 배달앱을 통해 중국집에 탕수육과 몇 가지 메뉴를 더 주문하면 일회용기가 13개나 옵니다. 배달로 하루 버려지는 일회용기는 수백만 개에 달합니다. 모두 분리수거의 대상이지만 세척되지 않은 경우는 물론, 심지어 남긴 음식물이 들어있는 채로 버려지는 경우도 많습니다. ㉡즉, 이는 플라스틱 재활용에 대한 인식 부족의 방증으로 볼 수 있습니다.

[장면 3]

남 기자 : 통계청에 따르면 한국의 1인당 연간 플라스틱 소비량은 98.2kg으로 세계 1위 수준이며, OECD 기준 한국의 플라스틱 재활용률은 59%로, 독일에

연간 플라스틱 소비량 (1인당)	
한국	98.2kg
미국	97.7kg
프랑스	73.0kg
일본	66.9kg

(자료 / 통계청 / 2016년 기준)

전세계 재활용, 수거 순위 (단위: %)	
독일	65
한국	59
슬로베니아	58
오스트리아	58

(자료 / OECD / 2013년 기준)

이은 세계 2위입니다. ㉢하지만 실제로는 이렇게 수거된 플라스틱의 30%만 재활용된다는 놀라운 사실. 그 이유에 대해 국제기후환경센터에서는 이렇게 분석하고 있습니다.

[장면 4]

황□□ : 분리배출 과정에서 다양한 재활용 쓰레기를 얼마나 잘 분리·선별하는가가 재활용률을 높이는 가장 중요한 방법입니다. 그러나 실제 현장에선 오염되

전문가 인터뷰 / NEWS / 황□□ / 국제기후환경센터 연구원

거나 다른 쓰레기와 혼입되어 재활용할 수 없는 것들이 섞이곤 해요. 게다가 분리배출의 중요성은 인지하고 있지만, 물질별 분리 방법 혹은 재활용을 위해 어떤 상태로 배출해야 하는지 잘 모르는 시민들도 많고요. ㉣재활용률을 높이기 위해, 가정에서부터 분리배출 방법을 잘 숙지하고 생활에서 체득할 수 있도록 노력해 주시기를 부탁드립니다.

[장면 5]

노△△ : 페트병을 버릴 때에는, 먼저 내용물을 비우고 세척해야 합니다. 그 후 비닐

시민 인터뷰 / NEWS / 노△△ / 환경미화원

라벨을 떼고 페트병을 압축한 후 버려야 합니다.

[장면 6]

남 기자 : ⑩플라스틱 쓰레기가 나날이 늘어가는 것과 달리, 정작 플라스틱 재활용률은 수년째 제자리를 맴돌고 있습니다. 불법 쓰레기 배출국이라는 오명을 쓰지 않기 위해서는 개개인의 분리수거 실천이 중요합니다.

(나)

19-4. (가), (나)에 대한 설명으로 가장 적절한 것은?

정보 구성의 주체	• (가)는 전문 직업인에 의해 사전에 선별된 자료를 바탕으로 제작된다는 점에서, 수용자와의 실시간 상호 작용을 통해 정보를 구성하고 있음을 알 수 있다. ………①
정보의 성격	• (가)는 플라스틱 사용량이 증가하는 시기에 수용자에게 당위적인 정보를 제공한다는 점에서, 시의성 있는 정보로 구성되어 있음을 알 수 있다. …………② • (나)는 사회 문제에 대한 수용자의 통념을 제시하고 있다는 점에서, 수용자의 배경지식을 고려한 정보로 구성되어 있음을 알 수 있다. …………③
정보의 양과 질	• (가)는 공신력 있는 기관의 통계 자료를 다루고 있다는 점에서, (나)에 비해 전문적인 정보를 전달함을 알 수 있다. …………④ • (나)는 사회 문제의 해결 방안을 세분화하여 제시하고 있다는 점에서, (가)에 비해 많은 양의 정보를 제공함을 알 수 있다. …………⑤

19-5. (가)의 언어적 특성을 고려할 때, ㉠~㉤에 대한 설명으로 적절하지 **않은** 것은?

① ㉠ : 의문형 어미를 사용하여 시청자에게 보도 내용에 관한 관심을 유발하고 있다.

② ㉡ : 접속 표현을 사용하여 거론한 사례로부터 도출할 수 있는 관점을 집약하고 있다.

③ ㉢ : 명사로 문장을 종결함으로써 뉴스에서 부각하고자 하는 정보를 강조하고 있다.

④ ㉣ : 청유형 어미를 사용하여 인터뷰 대상자가 시청자에게 권고하는 바를 전달하고 있다.

⑤ ㉤ : 관련된 두 현상을 대조함으로써 뉴스에서 지적한 문제에 대한 시청자의 경각심을 불러일으키고 있다.

19-6. (가)를 본 학생이 (나)를 활용하여 다음의 학습 활동을 수행한 결과로 적절하지 **않은** 것은?

> 학습 활동
>
> 광고의 내용 구조와 설득 효과 사이의 연관성을 신문에 실린 다른 공익 광고와 비교하기
>
> 자료
>
>

① (나)는 '우리'라는 호칭을 활용하여 메시지에 대한 수용자의 연대감을 형성하고 있다.

② '자료'는 어순의 도치를 활용한 표현으로 올바른 재활용품 배출을 장려하는 메시지를 전하고 있다.

③ '자료'는 분리수거를 하지 않을 경우 나타나는 문제점을 구체적으로 언급하여 메시지에 대한 수용자의 이해도를 높이고 있다.

④ (나)는 '문제-해결' 구조에 따른 메시지를 통해 수용자가 바람직한 행동을 실천해야 함을 인식하도록 하고 있다.

⑤ (나)와 '자료'는 모두 쓰레기 분리배출의 구체적 방법을 제시함으로써 실생활에서 실천 가능한 정보를 제공하고 있다.

매체
N제

프리미엄 언매 문제집

Part _20

매체 실전문제 20회

[20-1~20-3] 다음은 학생이 청취한 보이는 라디오의 일부이다. 물음에 답하시오.

(화면에 회차 제목 '들어는 봤니, 랜선 여행?'을 띄웠다가 라디오 부스로 전환한다. 배경 음악이 흐른다.)

진행자 : 안녕하세요. 보이는 라디오 진행자 진○○입니다. 오늘은 누리소통망에서 유행하고 있는 '랜선 여행'에 관해 이야기를 나눠볼 텐데요. 랜선 여행 프로그램의 가이드 신○○ 씨와 함께합니다.

(출연자를 소개한 자막과 함께, 한 화면에 진행자와 출연자가 나타난다.)

출연자 : 안녕하세요. 저는 현지에서 랜선으로 여행 상품을 중계하는 가이드 신○○입니다. 오늘 함께 이색 여행을 떠나봅시다.

[화면 1]

진행자 : 네, 먼저 랜선 여행이란 무엇인가요?

출연자 : (댓글을 확인하며) 지금 여러분들의 댓글 중 정답이 있는데요. 7794님, 랜선으로 떠나는 여행 맞습니다. 일반적으로 여행이라 하면 직접 비행기를 타고 여행지로 떠나는 모습이 떠오르지만, 랜선 여행은 여행자가 시간과 공간의 제약을 받지 않고 화상으로 여행하는 것을 말합니다.

진행자 : 랜선 여행이라는 발상이 신선한 충격으로 다가오는데요. 일종의 가상 여행인 셈이군요?

출연자 : 맞습니다. 세계적으로 가장 인기 있는 랜선 여행 웹페이지는 'Come hear'인데요. (손뼉을 치며) 자, 'hear'가 '여기'를 뜻하는 'h, e, r, e'가 아니라 '듣다'를 뜻하는 'h, e, a, r'라는 점에 주목해 주시길 바랍니다. 발음의 유사성에 착안하여 중의성을 부여한 이름인데요, 여행지에서 라디오를 들으며 차를 타고 도시를 여행하는 콘셉트예요. (화면에 웹페이지를 조작하는 영상을 보여 준다.) 지금 화면을 보시면 제가 미리 녹화해 온 웹페이지 이용 과정이 담겨 있는데요. 보시다시피 웹페이지에 접속해서 서울, 뉴욕, 파리 등 세계 50여 개의 여행지 중 하나를 선택하면 현지 라디오 방송을 들으며 차를 타고 도시를 누비는 듯한 영상이 재생되지요.

[화면 2]

진행자 : 와, 영상도 함께 재생된다고 하니 현지에서 직접 라디오를 듣는 것처럼 생생하게 느껴지겠군요?

출연자 : 그럼요. 실제로 이용자들은 단순히 여행지를 찍은 사진을 보는 것이 아니라 여행자의 시선에서 현지의 일상을 경험하는 듯한 느낌이 든다며, 이 덕분에 팬데믹으로 생긴 우울감을 보상받는 것 같다는 뜨거운 반응을 보이고 있어요.

진행자 : 그렇겠어요. 그런데 지금 청취자들로부터 이런 요청들이 들어왔

습니다. 이 중에서 하나를 골라 답변해 주시겠어요?

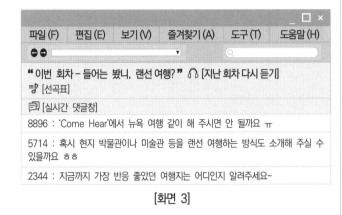
[화면 3]

출연자 : (화면의 댓글을 확인하며) 음... 저는 5714님의 댓글에 마음이 가는데요, 아무래도 여행 가서 유명한 박물관을 안 보고 올 수 없긴 하니까요. 그럼 지금 현지 박물관의 투어를 접할 수 있는 웹페이지를 맛보기로만 경험해 볼까요?

20-1. 윗글을 통해 매체의 특성을 이해한 학생의 반응으로 가장 적절한 것은?

① 라디오가 실시간으로 진행될 수 있으니, 채널에 대한 청취자의 접근성을 높일 수 있겠군.

② 라디오가 데이터의 형식으로 보존될 수 있으니, 청취자가 동시에 여러 개의 채널에 접속할 수 있겠군.

③ 라디오에 대한 청취자의 반응을 확인할 수 있으니, 청취자의 참여를 통한 진행이 이루어질 수 있겠군.

④ 라디오가 자막, 음성 등으로 구성되어 있으니, 청취자의 선택에 따라 필요한 정보만 화면에 표시할 수 있겠군.

⑤ 라디오가 인터넷과 연계되어 있으니, 청취자가 관련 자료를 검색하여 즉각적으로 방송 내용에 추가할 수 있겠군.

20-2. 〈보기〉를 참고할 때, 위 라디오 방송에 대한 설명으로 적절하지 <u>않은</u> 것은?

───── 보기 ─────

라디오 방송의 청취 형태가 다양해지면서, 청각 자극을 보완하여 메시지를 전달하는 양상이 나타나게 되었다. 특히 보이는 라디오의 경우, 노출된 출연진의 모습뿐만 아니라 화면으로 송출되는 자막이나 영상 자료 등을 활용하여 프로그램의 정보 전달 효과를 높일 수 있다. 또한, 이를 통해 출연진 및 대화 내용에 관한 청취자의 이해를 돕기도 한다.

① [화면 1]에 제시된 자막을 통해, 출연자에 대한 정보가 음성과 문자가 결합된 채 강조되고 있다.

② [화면 2]에 제시된 영상 자료를 통해, 출연자가 언급한 웹페이지에 대한 청취자의 이해를 돕고 있다.

③ [화면 3]에 제시된 실시간 댓글창을 통해, 출연자가 선택한 청취자의 제안을 구체적으로 확인할 수 있다.

④ 도입부에 삽입된 배경 음악을 통해, 특정 정보에 대한 이해를 높일 수 있도록 청각 자극을 보완하고 있다.

⑤ 출연자가 손뼉을 친 모습을 비추는 것과 같이 비언어적 표현을 활용하여 청취자의 주의를 끌 수 있다.

20-3. 다음은 학생이 위 라디오를 요약한 메모이다. 학생이 메모를 바탕으로 친구들에게 '랜선 여행'을 소개하는 영상을 만든다고 할 때, 적절하지 **않은** 것은?

방송 내용 요약

프로그램의 주제 제시 ·· ㉠
출연자 소개 제시
'랜선 여행'의 개념 제시 ····································· ㉡
'랜선 여행' 관련 웹페이지 설명 제시 ·················· ㉢
　└ 웹페이지 이름의 중의성
　└ 웹페이지의 취지
　└ 웹페이지의 이용 과정
'랜선 여행' 이용 반응 소개 ······························· ㉣
실시간 댓글창 확인 ·· ㉤

영상 제작 계획

	장면 스케치	장면 구상
①	들어는 봤니, 랜선 여행?	#1 ㉠에 제시된 제목을 인용하고, 주제를 연상할 수 있는 이미지를 함께 제시.
②	**랜선 여행** 랜선 으로 떠나는 여행 랜선 여행 은 비행기를 타고 떠나는 여행이 아닌, 화상으로 경험하는 자유로운 여행	#2 ㉡에서 언급한 개념을 보여주되, 뜻풀이에 이어 기존 개념과 비교하여 제시.
③	• Come hear의 중의성 here ─ hear 원하는 여행지 ─ 현지 라디오 • Come hear의 취지 차를 타고 원하는 이국의 도시를 여행하는 감성을 느껴보자는 것	#3 ㉢에서 언급한 웹페이지 이름의 중의성과 취지를 항목화하되, 이름이 지니는 두 의미를 분화하여 배치.
④	여행자의 시선에서 현지의 일상을 경험하는 느낌이에요 / 팬데믹으로 생긴 우울감을 보상받는 것 같아요	#4 ㉣에서 인용한 이용자들의 반응을 휴대전화 메신저의 형태로 제시.
⑤	🔊 경쾌한 음악 **현지 가이드와 함께하는 여행지 체험, 이제 자유롭게 랜선 여행 떠나자**	#5 ㉤에서 언급된 사례를 활용하여 청유형 문구를 배치하고, 여행의 즐거움을 연상시키는 배경 음악을 삽입하며 마무리.

[20-4~20-6] (가)는 텔레비전 뉴스이고, (나)는 인쇄된 홍보 포스터이다. 물음에 답하시오.

(가)

[장면 1]

진행자 : 전 세계적인 팬데믹 현상으로 지난해부터 공연업계가 비상인데요, ㉠특히나 아동·청소년극이 고된 보릿고개를 맞이했습니다. 김△△ 기자가 관련 소식 취재하였습니다.

[장면 2]

김 기자 : 문화 체육 관광부에서 팬데믹으로 인한 아동·청소년 공연 피해 사례를 설문한 결과, 지난해 공연 취소는 184건, 연기는 95건으로 집계됐습니다. ㉡팬데믹 현상이 지속되자 국제아동청소년 연극 협회 아시테지에서 진행할 예정인 올 여름 축제에 대해서도 우려의 목소리가 나오고 있습니다.

[장면 3]

김 기자 : ㉢이러한 난항 속에서 아시테지 한국 협회가 선택한 돌파구는 무엇일까요? 바로 강화된 방역 수칙을 따라 온라인 공연을 대폭 늘리는 것이었습니다. 코로나19의 재확산으로 인해 초청되지 못한 해외 공연을 온라인으로 대체하고, 호평을 받았던 '기묘한 시골집'과 같은 국내 우수작도 추가로 편성했습니다.

[장면 4]

영상 음향 : [텅 빈 집 (비어 있어도) 쓸쓸히 (혼자 있어도) 너와 나 혼자가 아냐 (혼자가 아냐)]

김 기자 : 방학 동안 할머니가 계신 시골집으로 내려간 남매. 아이들을 기다리는 건 할머니만이 아니었습니다. 시골집에 깃든 성주신, 삼신 등의 귀신들도 아이들을

반겨주는데요. 이들 사이에서 벌어지는 하룻밤 소동, '기묘한 시골집'의 내용입니다. ㉣요컨대 가족애와 토속 신앙, 신명 나는 음악의 3박자가 어우러진 작품입니다.

[장면 5]

김 기자 : 장기전에 돌입한 팬데믹의 여파로 어린이들도 생기를 잃은 지 오래인데요. ㉤일상의 해방감, 이번 축제가 선사해 주기를 바랍니다.

(나)

20-4. (가), (나)에 대한 설명으로 가장 적절한 것은?

① (가)는 특정 단체가 진행하는 행사를 다루고 있다는 점에서, 일부 수용자들에 의해 뉴스의 정보가 선별될 수 있음을 보여 준다.

② (가)는 공신력 있는 기관의 설문 조사 결과를 제시했다는 점에서, 신뢰할 수 있는 정보로 내용을 구성했음을 알 수 있다.

③ (나)는 공연의 주된 관객층을 명시하고 있다는 점에서, 수용자의 배경지식을 고려한 정보로 구성되어 있음을 알 수 있다.

④ (가)는 다양한 오프라인 공연의 실황을 영상 자료로 보여 준다는 점에서, (나)에 비해 정보를 현장감 있게 전달하고 있음을 알 수 있다.

⑤ (가)는 (나)와 달리 대상의 장·단점을 고르게 언급하고 있으므로 공정성 있는 정보로 구성됨을 알 수 있다.

20-5. (가)의 언어적 특성을 고려할 때, ㉠~㉤에 대한 설명으로 적절하지 **않은** 것은?

① ㉠ : 비유적 표현을 사용하여 상황의 어려움을 제시하고 있다.

② ㉡ : 연결 어미 '-자'를 사용하여 팬데믹 현상에 대한 앞 절의 내용이 뒤 절 내용의 결과에 해당함을 나타내고 있다.

③ ㉢ : 묻고 답하는 방식을 사용하여 시청자에게 뉴스의 핵심 정보를 강조하고 있다.

④ ㉣ : 열거법을 활용하여 연극의 성격을 구체적으로 제시하고 있다.

⑤ ㉤ : 문장의 어순을 바꿈으로써 뉴스 내용과 관련하여 제안하고자 하는 바를 부각하고 있다.

20-6. 학생이 (나)와 다음 자료를 활용하여 학습 활동을 수행한 결과로 적절하지 **않은** 것은?

학습 활동

매체의 언어 사용 효과를 중심으로 자료와 포스터를 분석하기

자료

(신나는 배경 음악이 나오며)
우리 아이에게 좋은 친구가 돼 줄 예술 공연!
함께 즐기자, 아시테지!
제17회 아시테지 국제 여름 축제. 7월 17일부터 8월 8일.
오프라인의 현장감, 이젠 온라인에서 안전하게 만끽하자!
제17회 아시테지 국제 여름 축제. 함께 즐기자, 아시테지!
더 자세한 사항은 아시테지 한국 협회 웹페이지에서 확인하세요.

---

① '자료'는 명사로 끝맺은 간결한 언어를 사용하여 정보를 제공하고 있다.

② '자료'는 공연 기간을 반복적으로 언급하여 수용자에게 해당 정보를 각인시키고 있다.

③ (나)는 글씨체와 크기를 달리 적용하여 전달하고자 하는 정보를 구분하여 드러내고 있다.

④ (나)는 QR 코드를 삽입하여 홍보 내용과 관련한 웹페이지로 수용자의 유입을 유도하고 있다.

⑤ (나)는 다양한 시각적 이미지를, '자료'는 배경 음악을 활용하여 수용자의 관심을 이끌어내고 있다.

매체
N제

프리미엄 언매 문제집

Part 21

매체 실전문제 21회

[21-1~21-4] (가)는 ◇◇시 공식 누리집 화면이고, (나)는 학생들의 온라인 화상 회의이다. 물음에 답하시오.

(가)

◇◇시 공식 누리집 + ─ □ ×

← C 🔒

◇◇시 | 아이들이 행복한 도시, ◇◇시!

종합민원 시민참여 정보공개 **◇◇소식** 분야별 정보

[◇◇소식]

공유 주차 제도 홍보 포스터 공모 👁232

첨부파일:
- 202X_공유주차제도_홍보포스터공모전.pdf
- 202X_공유주차제도_홍보포스터공모전.hwp

아이들이 행복한 도시 ◇◇시에서 새롭게 시행하는 공유 주차 제도를 널리 알리기 위해 홍보 포스터를 모집합니다. ㉠ 홍보 포스터에는 공유 주차 제도의 정의와 필요성이 잘 드러나야 합니다. 공모전에 관한 상세 정보는 첨부파일을 참고하세요.

> **공유 주차 제도란?**
> '거주자 우선 주차장(누르면 관련 정보로 이동합니다.)'을 배정받은 주민이 ㉡ 자신이 사용하지 않는 시간 동안 다른 사람에게 유료로 해당 주차 공간을 제공하는 서비스를 말합니다.

🔖 대상 : ◇◇시민
🔖 기간 : 202X.10.01. 08:00 ~ 202X.10.31. 24:00

  ⇄
출처표시 상업적 이용금지 변경금지   ㉢ ◇◇시의 저작물인 '공유 주차 제도 홍보 포스터 공모'는 출처표시-상업적 이용금지-변경금지 조건을 준수하여 이용할 수 있습니다.

담당 부서 : 정보통신과 ☎ XXX-XXXX ✉ informationcomm@◇◇.or.kr

이전글 [◇◇소식] 202X년 ◇◇영화제 개최 👁120
다음글 [◇◇소식] 12월 한파 대비 요령 👁93

댓글
메리해피 : 첨부파일이 hwp 양식이라 핸드폰에서 보기가 불편하네요. ㅠㅠ
↳ 담당자 : pdf 양식으로 변환 후 추가했습니다. 고맙습니다.

- 이 페이지에서 제공하는 정보에 대하여 어느 정도 만족하셨습니까?
  ●매우 만족 ○만족 ○보통 ○불만족 ○매우 불만족 **평가하기**

(나)

하루 : 다들 들어왔니? 화상 회의 시작할게!

수호 : 하루야. 너 화면이 안 보이는데? 다시 확인해 줘.

하루 : 아, 미안. 카메라를 꺼 놨네. 이제 잘 보이지?

아연 : 응. 잘 보여. 손 들기 기능이 새로 생겼네.

> **채팅** 수호 님이 손을 들었습니다.

수호 : 손 들기를 누르면 채팅창과 영상에 표시되는구나. 참여자가 많으면 발언 순서를 정할 때 도움이 되겠다.

하루 : 자, 오늘 공유 주차 제도 홍보 포스터를 어떻게 만들지 얘기하기로 했잖아. 다들 공모전 공지는 읽어 봤지?

아연 : 응, 읽어 봤어.

수호 : 좋아. 일단 공유 주차 제도의 정의는 공모전 공지에 올라온 내용을 요약하면 되겠지?

아연 : 그런데 거주자 우선 주차장이 뭔지 모르겠어.

하루 : 공모전 공지에서 하이퍼링크로 연결된 문서에 설명이 있던데? 채팅으로 주소 공유할게.

> **채팅** 하루 http://◇◇.go.kr/131492-2023

아연 : 고마워! 시에서 주차 공간을 배정해 주는구나.

> **채팅** 아연 님이 👍 이모티콘을 보냈습니다.
> 하루 님이 ✋ 이모티콘을 보냈습니다.

하루 : 우린 학생이니까 공유 주차 제도의 필요성을 청소년의 관점에서 써 보는 게 어때?

수호 : 최근 우리 시 공터 활용 방안으로 주차장과 청소년 문화 센터가 제안되었다면서? 주차 공간만 보장되면 청소년 문화 센터를 지지하는 의견이 힘을 얻을 수 있을 거야.

하루 : 주차 공간을 찾기 위해 돌아다니는 차가 줄면 청소년들이 이전보다 안전하게 보행할 수도 있고

수호 : 좋아! 참, 전에 내가 우리 학교 근처의 불법 주정차 차량들을 찍은 사진이 있는데, 쓸 수 있을까?

> **채팅** 수호 님이 이미지(23-09-05.jpg)를 공유했습니다.
>
> 🩷1명
> 아연 님이 이미지(23-09-05.jpg)를 좋아합니다.

아연 : 사진에 기호를 삽입하면 공유 주차 제도가 학교 주변의 불법 주정차를 줄일 수 있다는 점을 나타낼 수 있겠다.

수호 : 포스터에 청소년 캐릭터가 등장해서 공유 주차 제도와 거주자 우선 주차장에 대한 정의를 설명해 주는 것 어때?

하루 : 포스터에 글자가 많으면 전달 효과가 떨어질 수 있어. 공유 주차 제도의 정의만 간단히 제시하고, 자세한 정보는 QR 코드를 통해 확인할 수 있도록 하자.

수호 : 우리 시의 표어인 '아이들이 행복한 도시'를 활용해 제목을 구성해 볼까?

하루 : 좋아. 일단 지금까지 나온 의견대로 포스터를 만들어 보자. 그리고 다음 화상 회의는 언제가 좋을지 투표해 줘.

> **채팅** 하루 님이 '다음 화상 회의 날짜' 설문 조사를 공유했습니다. 참여하기

21-1. (가)에 대한 이해로 적절하지 **않은** 것은?

① 하이퍼링크 기능을 사용하여 누리집 이용자의 정보 탐색 시간을 줄이고 있군.

② 게시물의 내용에 따라 게시판을 구분하여 누리집 이용자의 편의를 증진하고 있군.

③ 댓글 기능을 활용하여 누리집 이용자의 반응에 따라 게시글의 내용을 수정하고 있군.

④ 누리집 이용자의 만족도 평가 기능을 제공하여 정보에 대한 이용자의 평가를 수집하고 있군.

⑤ 그림과 글을 함께 제시하여 게시글의 배포를 위해 저작권자의 허락이 필요함을 드러내고 있군.

21-2. ⊙~ⓒ에 대한 설명으로 가장 적절한 것은?

① ⊙은 보조사 '는'을 사용하여 문장의 주어인 홍보 포스터를 강조하고 있다.

② ⊙은 종결 어미 '-ㅂ니다'를 사용하여 공유 주차 제도를 시행하는 주체를 높이고 있다.

③ ⓒ은 명사 '해당'을 사용하여 주차 공간이 가리키는 범위를 한정하고 있다.

④ ⓒ은 격 조사 '로'를 사용하여 주차 공간을 공유하는 이유를 설명하고 있다.

⑤ ⓒ은 연결 어미 '-여'를 사용하여 앞 절이 뒤 절의 결과가 됨을 보여 주고 있다.

21-3. (나)에 나타난 매체 활용 방식으로 가장 적절한 것은?

① '수호'는 자신이 현재 보고 있는 사건을 실시간으로 전송하여 다른 대화 참여자들에게 공유하였다.

② '아연'은 사용 중인 매체에 새로 생긴 기능을 언급하며 이를 화상 회의에서 활용할 것을 제안하였다.

③ '하루'는 다른 대화 참여자가 요구하는 정보를 제공하기 위해 채팅 기능을 활용하여 이미지를 전달하였다.

④ '하루'는 해당 온라인 매체의 접근성을 높이기 위해 다음 화상 회의가 이루어질 채팅창을 미리 공유하였다.

⑤ '아연'은 다른 대화 참여자가 전송한 자료에 대해 선호도 표현 기능을 사용하여 긍정적 반응을 표출하였다.

21-4. (나)를 바탕으로 다음과 같은 포스터를 만들었다고 할 때, 포스터에 대해 이해한 내용으로 적절하지 **않은** 것은?

① '수호'의 의견을 바탕으로, 주차장이 청소년 문화 센터보다 중요한 이유를 그림으로 제시하였다.

② '아연'의 의견을 바탕으로, 공유 주차 제도가 불법 주정차를 감소시킬 수 있음을 드러내는 기호를 삽입하였다.

③ '수호'의 의견을 바탕으로, 청소년 캐릭터를 삽입하여 공유 주차 제도의 정의를 제시하였다.

④ '하루'의 의견을 바탕으로, 수용자가 공유 주차 제도에 관한 추가 정보를 얻을 수 있도록 QR 코드를 삽입하였다.

⑤ '수호'의 의견을 바탕으로, ◇◇시의 표어를 활용한 제목을 포스터 상단에 제시하였다.

[21-5~21-6] 다음은 포털 사이트 화면의 일부이다. 물음에 답하시오.

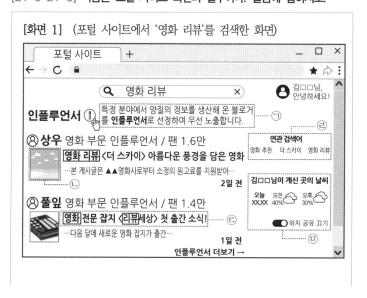

[화면 2] ([화면 1]에서 '상우'의 글을 클릭한 화면)

포털 사이트 +   — □ ×
← → C 🔒   ★ ⇪ ⋮

상우의 영화 리뷰 블로그

영화 리뷰 〈더 스카이〉 아름다운 풍경을 담은 영화
작성일 : 23.09.18 23:00:42

〈더 스카이〉
감독 양○○출연 김▽▽, 최☆☆, 성△△
개봉 2023.10.01

본 게시글은 ▲▲영화사로부터 소정의 원고료를 지원받아 작성되었습니다.

안녕하세요! 저는 이번에 ▲▲영화사의 초청을 받아, 영화 〈더 스카이〉를 개봉 전에 먼저 보고 왔습니다. ^^!
〈더 스카이〉는 스카이다이빙이라는 스포츠를 즐기는 사람들의 이야기로, 영화 곳곳에 속 시원해지는 풍경들이 정말 많이 나온답니다. 영화 내용도 반전을 거듭해서 지루할 틈이 없어요! 특히 배우 김▽▽의 열연이 돋보였는데요! 이번에 김▽▽ 배우가 영화제에서 상을 받은 이유를 충분히 알겠더라구요.
이번 주말, 영화관을 찾으실 계획이라면 〈더 스카이〉 어떠세요? 후회하지 않으실 겁니다!

댓글(5개)

영화좋아 이 영화는 리뷰 내용이 모두 똑같네요. 영화사에서 리뷰를 관리하는 것 같아서 믿음이 안 가요. 재밌는 거 맞나요?

고전여인 오, 이 영화 기다리고 있었는데! 영화 전문 인플루언서인 상우 님이 재밌게 보셨다니 더 기대되는데요?

빵순이 인플루언서 님의 댓글 창을 이용해 홍보 한번 할게요! 제 블로그에 맛집 정보가 많으니 놀러 오세요~^^

집계사장 게시글에 영화 포스터 말고는 이미지나 동영상이 없어서 심심해요. 영화의 스틸 컷이라도 추가하면 어떨까요?

바람 김▽▽가 상을 받은 건 〈더 스카이〉가 아니라 다른 영화 때문이에요. 사람들이 오해할 것 같아 걱정되네요.

21-5. ⊙~⊕을 바탕으로 [화면 1]을 이해한 내용으로 적절하지 <u>않은</u> 것은?

① ⊙에서 제시한 인플루언서 선정 기준을 통해, 특정 블로거의 글이 검색 화면에 우선 노출되는 이유를 알 수 있군.

② ⓛ에서 제시한 섬네일을 통해, 사용자가 게시글을 읽기 전에 게시글에 삽입된 이미지를 미리 볼 수 있음을 알 수 있군.

③ ⓒ에서 특정 단어에 삽입된 도형을 통해, 사용자가 입력한 검색어가 다른 문자와 달리 강조되고 있음을 알 수 있군.

④ ⓔ에서 제시한 연관 검색어를 통해, 사용자가 상이한 분야의 게시글도 쉽게 접할 수 있을 것임을 알 수 있군.

⑤ ⓜ에서 사용자의 위치 정보가 반영된 것을 통해, 사용자에 맞춰 개인화된 정보가 제공되고 있음을 알 수 있군.

21-6. [화면 2]를 바탕으로 '상우'의 게시글에 대한 학생들의 수용 양상을 이해한 내용으로 적절하지 <u>않은</u> 것은?

① '영화좋아'는 '상우'의 글을 같은 주제의 다른 글과 비교하여 정보의 신뢰도에 의문을 제기하고 있다.

② '고전여인'은 영화에 대한 '상우'의 감상이 자신과 일치한다는 점을 강조하여 다른 사용자의 주목을 유도하고 있다.

③ '빵순이'는 인플루언서의 글이 쉽게 노출된다는 점을 고려하여 댓글 창을 홍보 공간으로 활용하고 있다.

④ '집계사장'은 '상우'의 글에서 정보를 구성한 방식을 점검하여 보완되어야 할 점을 언급하고 있다.

⑤ '바람'은 '상우'의 글에 오해를 일으킬 만한 정보가 있음을 지적하여 그 부작용에 대한 우려를 표하고 있다.

매체
N제

프리미엄 언매 문제집

Part 22

매체 실전문제
22회

[22-1~22-3] (가)는 학습 활동이고, (나)는 학생이 (가)를 수행하기 위해 활용한 전자책의 일부이다. 물음에 답하시오.

(가)

[학습 활동] 다음 상황을 바탕으로 광고 방안을 발표해 봅시다.

> 공익 광고를 제작하는 ○○협회는 '물 절약' 캠페인을 전국적으로 독려하고자 한다. 공익 광고와 상업 광고의 차이를 바탕으로 공익 광고 계획을 수립하기로 한다.

(나)

[화면 1]

[화면 2]

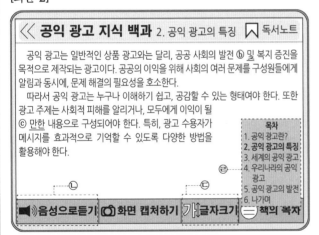

[화면 3]

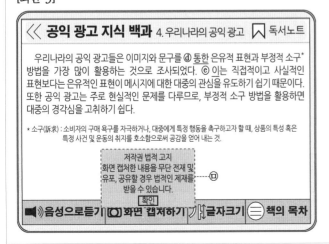

22-1. ㉠~㉤에 대한 이해로 적절하지 **않은** 것은?

① ㉠을 통해 사용자는 독서를 계획하고 있는 책들의 요약된 내용을 미리 확인할 수 있겠군.

② ㉡을 통해 사용자는 전자책을 눈으로 읽기 곤란한 환경에서도 해당 책의 내용을 파악할 수 있겠군.

③ ㉢을 통해 사용자는 글자의 크기를 조정하여, 제시되는 정보를 자신이 읽기 편한 형태로 바꿀 수 있겠군.

④ ㉣을 통해 사용자는 책에서 목차의 제목을 즉시 확인함으로써 종이책보다 효율적인 독서를 할 수 있겠군.

⑤ ㉤을 통해 사용자는 캡처한 화면을 타인에게 공유하고자 할 때 저작권자의 허락이 필요함을 확인할 수 있겠군.

22-2. 다음은 학생이 (가)를 수행하는 과정에서 (나)를 바탕으로 작성한 메모이다. 이에 대한 이해로 적절하지 **않은** 것은?

> 메모 1 : 최근 우리나라의 남부 지방을 중심으로 한 가뭄이 심각한 수준이라고 들었어. 지금 물 절약 캠페인 참여를 독려하는 것은 좋은 광고 목적이라고 볼 수 있겠어.
>
> 메모 2 : 물을 절약하자는 메시지를 전달하기 위해 가뭄으로 갈라진 땅의 이미지를 활용하는 건 어떨까? 그리고 그 위에 갈색으로 변한 새싹을 넣으면 효과적이겠어.
>
> 메모 3 : 공익 광고의 문구는 '우리가 물을 아껴야 우리의 아이들도 깨끗한 물을 사용할 수 있습니다.'로 해야지. 그리고 '물'이라는 글자는 더 크고 굵게 나타내야겠어.

① '메모 1'에서 우리나라의 가뭄에 관해 언급한 것은 [화면 1]에 제시된 공익 광고의 이념 중 합리성을 고려한 것이겠군.

② '메모 2'에서 가뭄으로 갈라진 땅의 이미지를 활용하고자 한 것은, [화면 3]에 제시된 대중의 경각심을 고취하기 위한 방식을 고려한 것이겠군.

③ '메모 2'에서 갈색으로 변한 새싹의 이미지를 활용하고자 한 것은, [화면 3]에 제시된 우리나라 공익 광고의 보편적인 특징을 고려한 것이겠군.

④ '메모 3'에서 공익 광고의 문구를 선정한 것은, [화면 3]에 제시된 대중의 관심을 유도하기 위한 방법을 고려한 것이겠군.

⑤ '메모 3'에서 문자의 크기와 굵기를 다르게 하고자 한 것은, [화면 2]에 제시된 수용자가 메시지를 효과적으로 기억할 방법을 고려한 것이겠군.

22-3. ⓐ~ⓔ에 대한 설명으로 적절하지 **않은** 것은?

① ⓐ : 공익 광고를 구성할 때 고려해야 하는 사항을 덧붙이기 위해 사용하였다.

② ⓑ : 공익 광고가 지닌 여러 목적의 선후 관계를 나타내기 위해 사용하였다.

③ ⓒ : 공익 광고의 주제가 마땅히 나타내야 하는 내용을 밝히기 위해 사용하였다.

④ ⓓ : 공익 광고에서의 은유적 표현이 사용되는 구체적 수단을 드러내기 위해 사용하였다.

⑤ ⓔ : 우리나라 공익 광고를 대상으로 한 조사 내용을 가리켜 언급하기 위해 사용하였다.

[22-4~22-6] (가)는 교내 방송의 일부이고, (나)는 (가)를 들은 학생들의 온라인 화상 회의이다. 물음에 답하시오.

(가)

진행자 : 이번에는 우리 □□고 학생들의 이야기를 들을 수 있는 시간이죠. 시간 관계상 사연 하나만 소개할 텐데요. 소개되지 못한 사연들은 □□고 방송반 누리집에서 확인할 수 있답니다. 사연 읽어 드릴게요. (잔잔한 배경 음악) "3학년 3반 양수현입니다. 저는 우리 학교의 분리수거 문제 개선을 건의하고자 합니다. 최근 분리수거장에서 플라스틱과 페트병이 섞여 있는 것을 자주 보았습니다. 투명 페트병은 고급 섬유의 원료로 활용될 수 있기에 꼭 따로 버려야 합니다. 분리함을 마련해 주세요."라고 하셨네요.

(나)

영지 : 이제 화상 회의 시작하자. 다들 내 얼굴 보이니?
현승 : 와, 배경이 집이 아니라 우주네? 어떻게 한 거야?
영지 : 배경 바꾸기 기능이 있더라고. 청소를 못 해서 써 봤어.
우혁 : 이제 시작할까?

채팅	민지 지금 내 주변이 너무 시끄러워. ㅠㅠㅠ 너희한테 내 목소리가 안 들릴 것 같아.
	민지 오늘 나는 문자 채팅으로만 참여해도 될까?

영지, 현승, 우혁 : 그래.

영지 : 그럼 이어서 얘기할게. 이번에 교내 방송을 듣고 우리 학교 분리수거장 개선을 위한 포스터를 만들려고 하거든.
우혁 : 우리 다 같이 볼 수 있게 화이트보드 기능을 이용해서 메모하면서 회의하는 건 어때?

채팅	민지 좋아!
	(민지 님이 '좋아요!' 이모티콘을 보냈습니다.)
	우혁 님이 '화이트보드 열기' 기능을 시작합니다.

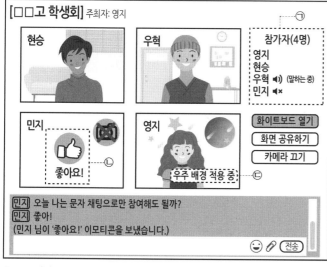

현승 : 일단 사연에서 말했듯이 페트병 분리가 이루어지지 않고 있으니까 페트병을 버리는 방법을 세 가지로 나누어 알려 주자.
우혁 : 지금 포털 사이트에서 검색해 봤는데, 이 인터넷 신문 기사에 잘

정리되어 있네! 클릭하면 기사로 연결되도록 공유할게.

채팅	우혁 http://greeennews.co.kr/=123

영지 : 고마워. 기사 내용을 내가 화이트보드에 적어 볼게.
현승 : 민지가 적은 내용도 좋다. 사연에서도 말해 준 거였지? 투명 페트병이 고급 섬유 원료로 활용된다는 거!
우혁 : 맞아. 그리고 페트병 뚜껑은 함께 버려도 된다고 알고 있어! 이것도 옆에 적어 둘게.
영지 : 마침 나도 그게 궁금했어. 포스터에 그 내용도 꼭 넣자.

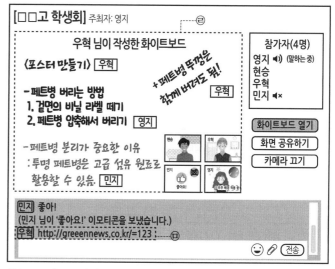

현승 : 그럼 포스터에 들어갈 내용은 이 정도인가? 포스터는 어떻게 구성하면 좋을까?

채팅	민지 페트병 분리의 이점을 강조하면 좋겠어!

영지 : 맞아. 그리고 투명 페트병과 유색 페트병을 분리해서 버리는 그림을 색으로 구분해서 내용을 알기 쉽게 전달하면 좋겠어.
우혁 : 좋아. 그리고 페트병이 말하는 이미지를 제시해서 학생들에게 긍정적인 느낌을 주는 것 어때?
영지 : 좋아! 그럼 포스터는 이렇게 만들기로 하자!

22-4. (가), (나)에 드러나 있는 매체의 특성을 이해한 것으로 가장 적절한 것은?

① (가)에서는 정보 생산자가 제공할 정보의 양을 수용자의 반응에 따라 즉각적으로 수정하고 있다.
② (나)에서는 시각적 이미지를 활용해 정보 생산자 간 발화 순서를 지정하여 나타내고 있다.
③ (가)에서는 (나)와 달리 특정 개인을 수용자로 한정하여 정보를 제공하고 있다.
④ (나)에서는 (가)와 달리 정보 생산자의 상황을 고려하여 음성을 통해서만 정보 공유에 참여할 수 있도록 하고 있다.
⑤ (가)와 (나)에서는 모두 정보 수용자가 추가 정보를 확인할 수 있는 경로를 제시하고 있다.

22-5. ㈀~㈁에 드러난 의사소통 방식에 대한 이해로 가장 적절한 것은?

① ㈀ : 불특정 다수에게 개방된 매체의 특성을 고려하여 회의 참여자의 변동 사항이 표시되고 있군.

② ㈁ : 자신이 현재 소리를 들을 수 없는 상황임을 알리기 위해 그림 문자를 활용하고 있군.

③ ㈂ : 화상 회의가 이루어지고 있는 온라인 공간을 강조하기 위해 자신의 현재 화면을 공유하고 있군.

④ ㈃ : 각 정보를 입력한 사람이 구분될 수 있도록 글씨의 형태를 구분하여 이름과 함께 제시하고 있군.

⑤ ㈄ : 다른 회의 참여자에게 회의 내용과 관련한 영상을 공유하기 위해 하이퍼링크 기능을 사용하고 있군.

22-6. (나)를 바탕으로 다음과 같은 포스터를 만들었다고 할 때, 포스터에 대해 이해한 내용으로 적절하지 **않은** 것은?

① '현승'의 의견을 바탕으로, 페트병을 버리는 방법을 항목화하여 제시하였다.

② '민지'의 의견을 바탕으로, 별 이미지를 삽입하여 페트병을 분리해 버릴 때의 이점을 부각하였다.

③ '민지'의 의견을 바탕으로, 화살표를 이용하여 페트병 분리를 통해 자원을 절약할 수 있음을 나타내었다.

④ '영지'의 의견을 바탕으로, 배경의 색을 달리하여 투명 페트병과 유색 페트병을 분리해서 버려야 함을 표현하였다.

⑤ '우혁'의 의견을 바탕으로, 말풍선을 통해 페트병이 말하는 듯이 표현하여 수용자의 긍정적 반응을 유도하였다.

매체
N제

프리미엄 언매 문제집

Part 23

매체 실전문제 23회

[23-1~23-3] **(가)**는 학습 활동이고, **(나)**는 학생이 **(가)**를 수행하기 위해 활용한 전자책의 일부이다. 물음에 답하시오.

(가)

[학습 활동]

다음 상황을 바탕으로, ●●구청 관계자의 입장에서 효과적인 광고 방안을 발표해 봅시다.

> ●●구청에서 '●● 매화 거리 축제'를 기획하면서, ●●구 주민과 관광객에게 이를 홍보할 방안을 마련하려 한다.

(나)

[화면 1]

[화면 2]

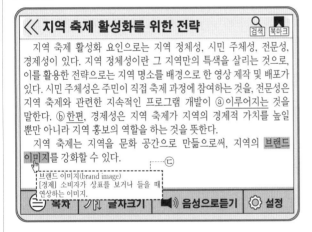

[화면 3]

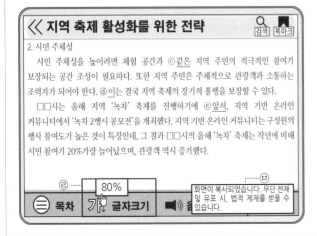

23-1. 〈보기〉는 **(나)**의 전자책 서점을 이용한 학생의 반응이다. 이를 바탕으로 **(나)**를 이해한 내용으로 적절하지 <u>않은</u> 것은?

― 보기 ―

전자책 서점에서는 검색어를 입력하면 책의 제목뿐만 아니라 본문에서도 해당 내용을 찾아 주어서 좋았어. 그리고 나에게 필요한 기준에 맞춰 책을 정렬할 수 있어서 편하더라. 또 모르는 단어가 있으면 전자책 내부에서 바로 의미를 확인할 수 있어서 빠르게 글을 읽을 수 있었어. 특히, 글자 크기를 조절해 내가 원하는 부분만을 화면에 노출시켜 이를 이미지로 복사하면, 나중에는 전자책을 열지 않고 복사한 화면만 보면 되니까 편하더라.

① ㉠에서 책의 정렬 기준이 출간 순서로 선택된 것은 학생이 최신 정보를 얻고자 했기 때문이겠군.

② ㉡의 본문 검색 결과를 통해 학생은 자신이 입력한 검색어와 관련된 책 내용의 일부를 미리 확인할 수 있겠군.

③ ㉢에서 '브랜드 이미지'의 의미가 [화면 2]의 본문과 함께 제시되어 학생의 독서 효율을 높여 주었겠군.

④ ㉣을 통해 [화면 3]의 글자 크기가 [화면 2]보다 작아진 것은 학생이 화면에 노출되는 정보의 양을 조정했기 때문이겠군.

⑤ ㉤에서 [화면 3]의 복사 사실이 표시된 것은 전자책 외부에서는 해당 화면을 볼 수 없음을 밝히기 위한 것이겠군.

23-2. 다음은 학생이 **(가)**를 수행하는 과정에서 **(나)**를 바탕으로 작성한 메모이다. 이에 대한 이해로 적절하지 <u>않은</u> 것은?

메모 1 : 축제 시작 전에, ●●구 주민 온라인 커뮤니티에서 '매화 그리기 이벤트'를 열고, 축제에서 매화 관련 수공예품 제작을 지도할 주민을 모집해야겠다.

메모 2 : ●●구의 매화 거리를 배경으로 하는 웹 드라마를 제작하고 이를 SNS에 공유한 다른 지역 주민 중 일부를 추첨하여, 그들에게 축제 입장권을 제공해야겠다.

메모 3 : 매화 모양의 머리를 가진 캐릭터를 축제의 마스코트로 설정하고 이를 앞으로의 매화 축제에서도 지속적으로 활용하여, ●●구의 이미지를 널리 알려야겠다.

① '메모 1'에서 ●●구 주민으로 구성된 온라인 커뮤니티를 활용하기로 한 것은, [화면 3]에 제시된 지역 기반 온라인 커뮤니티의 특성을 고려한 것이겠군.

② '메모 1'에서 축제에서 수공예품의 제작을 지도할 주민을 모집하기로 한 것은, [화면 3]에 제시된 지역 축제의 장기적 흥행을 위해 필요한 요소를 고려한 것이겠군.

③ '메모 2'에서 매화 거리를 배경으로 하는 웹 드라마를 제작하기로 한 것은, [화면 2]에 제시된 지역 축제를 활성화하는 요인 중 지역 정체성을 고려한 것이겠군.

④ '메모 2'에서 다른 지역 주민을 대상으로 하는 SNS 행사를 진행하기로 한 것은, [화면 3]에 제시된 □□시 '녹차' 축제에 활용된 성공 전략을 고려한 것이겠군.

⑤ '메모 3'에서 축제의 마스코트를 만들어 지속적으로 사용하기로 한 것은, [화면 2]에 제시된 지역 축제 활성화 전략 중 경제성을 반영한 방안을 고려한 것이겠군.

23-3. (나)의 ⓐ~ⓔ에 대한 설명으로 적절하지 <u>않은</u> 것은?

① ⓐ: 지역 축제를 기획하는 주체의 행위의 결과로 프로그램이 개발됨을 나타내기 위해 사용하였다.

② ⓑ: 앞 문장과 상반되는 관점에서, 지역 축제 활성화 요인을 설명할 것임을 드러내기 위해 사용하였다.

③ ⓒ: 지역 주민의 적극적인 참여가 보장되기 위한 조건을 구체적으로 드러내기 위해 사용하였다.

④ ⓓ: 앞서 언급한 지역 주민의 역할에 관한 내용을 반복하지 않기 위해 사용하였다.

⑤ ⓔ: 지역 기반 온라인 커뮤니티 활용이 지역 축제 진행보다 선행하는 것임을 밝히기 위해 사용하였다.

[23-4~23-6] (가)는 온라인 커뮤니티의 게시글이고, (나)는 (가)를 읽은 학생들이 휴대 전화 메신저로 나눈 대화이다. 물음에 답하시오.

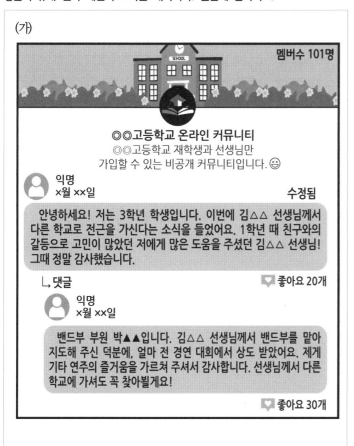

(가)

◎◎고등학교 온라인 커뮤니티
멤버수 101명

◎◎고등학교 재학생과 선생님만 가입할 수 있는 비공개 커뮤니티입니다. 😊

익명
x월 xx일   수정됨

안녕하세요! 저는 3학년 학생입니다. 이번에 김△△ 선생님께서 다른 학교로 전근을 가신다는 소식을 들었어요. 1학년 때 친구와의 갈등으로 고민이 많았던 저에게 많은 도움을 주셨던 김△△ 선생님! 그때 정말 감사했습니다.

ㄴ 댓글   💬 좋아요 20개

익명
x월 xx일

밴드부 부원 박▲▲입니다. 김△△ 선생님께서 밴드부를 맡아 지도해 주신 덕분에, 얼마 전 경연 대회에서 상도 받았어요. 제게 기타 연주의 즐거움을 가르쳐 주셔서 감사합니다. 선생님께서 다른 학교에 가셔도 꼭 찾아뵐게요!

💬 좋아요 30개

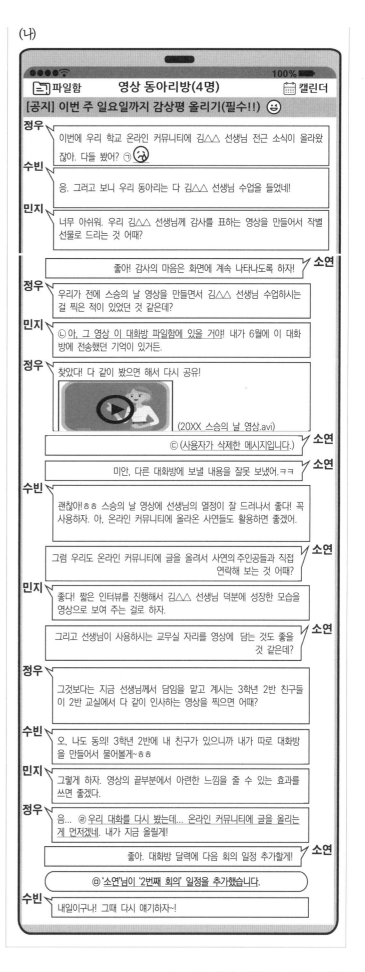

(나)

📁 파일함   영상 동아리방(4명)   📅 캘린더

[공지] 이번 주 일요일까지 감상평 올리기(필수!!) 😊

정우: 이번에 우리 학교 온라인 커뮤니티에 김△△ 선생님 전근 소식이 올라왔잖아. 다들 봤어? ㉠ 😟

수빈: 응. 그러고 보니 우리 동아리는 다 김△△ 선생님 수업을 들었네!

민지: 너무 아쉬워. 우리 김△△ 선생님께 감사를 표하는 영상을 만들어서 작별 선물로 드리는 것 어때?

소연: 좋아! 감사의 마음은 화면에 계속 나타나도록 하자!

정우: 우리가 전에 스승의 날 영상을 만들면서 김△△ 선생님 수업하시는 걸 찍은 적이 있었던 것 같은데?

민지: ㉡ 아, 그 영상 이 대화방 파일함에 있을 거야! 내가 6월에 이 대화방에 전송했던 기억이 있거든.

정우: 찾았다! 다 같이 봤으면 해서 다시 공유!

(20XX 스승의 날 영상.avi)

소연: ㉢ (사용자가 삭제한 메시지입니다.)

소연: 미안, 다른 대화방에 보낼 내용을 잘못 보냈어.ㅋㅋ

수빈: 괜찮아!ㅎㅎ 스승의 날 영상에 선생님의 열정이 잘 드러나서 좋다! 꼭 사용하자. 아, 온라인 커뮤니티에 올라온 사연들도 활용하면 좋겠어.

소연: 그럼 우리도 온라인 커뮤니티에 글을 올려서 사연의 주인공들과 직접 연락해 보는 것 어때?

민지: 좋다! 짧은 인터뷰를 진행해서 김△△ 선생님 덕분에 성장한 모습을 영상으로 보여 주는 걸로 하자.

소연: 그리고 선생님이 사용하시는 교무실 자리를 영상에 담는 것도 좋을 것 같은데?

정우: 그것보다는 지금 선생님께서 담임을 맡고 계시는 3학년 2반 친구들이 2반 교실에서 다 같이 인사하는 영상을 찍으면 어때?

수빈: 오, 나도 동의! 3학년 2반에 내 친구가 있으니까 내가 따로 대화방을 만들어서 물어볼게~ㅎㅎ

민지: 그렇게 하자. 영상의 끝부분에서 아련한 느낌을 줄 수 있는 효과를 쓰면 좋겠다.

정우: 음... ㉣ 우리 대화를 다시 봤는데... 온라인 커뮤니티에 글을 올리는 게 먼저겠네. 내가 지금 올릴게!

소연: 좋아. 대화방 달력에 다음 회의 일정 추가할게!

㉤ '소연'님이 '2번째 회의' 일정을 추가했습니다.

수빈: 내일이구나! 그때 다시 얘기하자~!

23-4. (가), (나)에 드러나 있는 매체의 특성을 이해한 것으로 가장 적절한 것은?

① (가)에서는 정보 생산자가 정보 수용자의 반응에 따라 정보를 수정하고 있다.

② (나)에서는 매체의 특성상, 필요시에 여러 개의 대화 공간을 만들 수도 있다.

③ (가)에서는 (나)와 달리 정보에 대한 수용자들의 선호도를 기준으로 정보를 배열하고 있다.

④ (나)에서는 (가)와 달리 ◎◎고등학교에 소속된 구성원만을 대상으로 정보를 공유하고 있다.

⑤ (가)와 (나)에서는 모두 정보를 생산하는 사용자의 실명 공개를 바탕으로 정보가 전달되고 있다.

23-5. ㉠~㉤에 대한 이해로 적절하지 <u>않은</u> 것은?

① ㉠: 온라인 커뮤니티의 게시글을 읽고 느낀 자신의 감정을 시각적 이미지로 제시하고 있다.

② ㉡: 과거에 공유했던 파일을 다시 열람할 수 있는 기능을 언급하며 '정우'의 질문에 답하고 있다.

③ ㉢: 이미 공유된 정보와 중복되는 내용일 경우, 정보의 효율적인 관리를 위해 자동 삭제되고 있다.

④ ㉣: 진행된 대화 내용을 점검하여 영상 제작을 위해 필요한 작업의 우선 순위를 정리하고 있다.

⑤ ㉤: 대화 참여자와 일정을 공유할 수 있는 기능을 활용하여 다음 회의 날짜를 알리고 있다.

23-6. (나)의 대화 내용을 반영한 '영상 제작 계획'으로 적절하지 <u>않은</u> 것은?

영상 제작 계획	장면 스케치
① 영상 상단에 자막을 고정하여 선생님을 향한 우리의 마음을 드러내야겠어.	
② 지난 스승의 날에 제작한 영상을 활용하여 열정적으로 수업하시는 선생님의 모습을 삽입해야겠어.	김△△ 선생님, 감사합니다 / 언제나 열정적으로 수업하셨던 김△△ 선생님!
③ 학생의 사진을 제시하여 학교 온라인 커뮤니티에 게시된 사연을 생생하게 전달해야겠어.	김△△ 선생님, 감사합니다 / 3학년 1반 박▲▲ "선생님 덕분에 밴드부에서 기타의 즐거움을 처음 알게 되었어요! 감사합니다!" / 지난×월 버스킹 중인 박▲▲ 학생 사진
④ 교실을 배경으로 선생님이 담임을 맡고 계시는 학급에 소속된 학생들이 인사하는 모습을 담아야겠어.	김△△ 선생님, 감사합니다 / 선생님의 가르침, 잊지 않을게요! -3학년 2반 일동
⑤ 학생들의 모습은 점점 흐려지지만 칠판의 메시지는 뚜렷해지도록 하여 아련한 느낌을 연출해야겠어.	김△△ 선생님, 감사합니다 / 선생님의 가르침, 잊지 않을게요! -3학년 2반 일동

N

매체 N제

프리미엄 언매 문제집

Part _24

매체 실전문제
24회

[24-1~24-3] (가)는 동영상 공유 사이트의 화면이고, (나)는 (가)의 이용자가 인터넷 게시판에 올린 글이다. 물음에 답하시오.

(가)

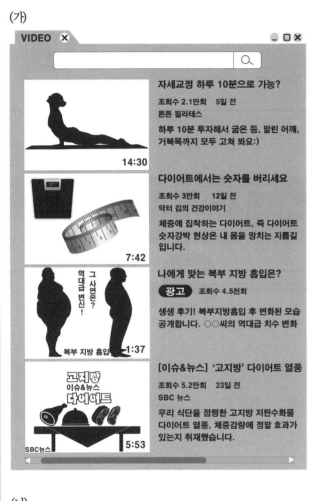

(나)

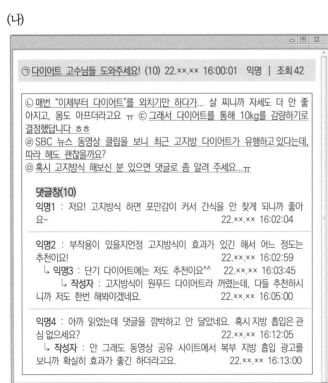

24-1. (가)와 (나)를 통해 각 매체의 특성을 이해한 학생의 반응으로 가장 적절한 것은?

① (가)는 상업적 목적의 동영상을 제한하고 있으니, 정보에 대한 수용자의 공정성을 높일 수 있겠군.
② (가)는 내용을 짐작할 수 있는 시각 이미지를 제공하고 있으니, 수용자의 이해가 원활해질 수 있겠군.
③ (가)는 수용자가 각 동영상을 조회한 수치를 표시하고 있으니, 정보의 타당성을 서로 비교할 수 있겠군.
④ (나)는 작성자가 자신의 신분을 명확히 밝히지 않고 있으니, 게재 이후에도 글의 내용 수정이 이루어질 수 있겠군.
⑤ (나)는 수용자의 댓글이 작성된 시간을 명시하고 있으니, 다른 수용자들이 글을 최초로 열람한 시간을 알 수 있겠군.

24-2. 〈보기〉를 참고하여 (가), (나)에 반영된 '필터 버블'에 대해 판단한 내용으로 적절하지 **않은** 것은?

── 보기 ──

선생님 : 여러분, 콘텐츠를 유통하는 플랫폼이 알고리즘을 통해 개인 맞춤형 콘텐츠를 제공해 주는 걸 경험해 본 적이 있죠? 개인화된 알고리즘은 방대한 콘텐츠를 선별적으로 제공하는데, 개인의 선호를 충족시키는 한편 개인의 편견과 고정 관념 역시 강화한다는 양면성을 갖고 있어요. 후자의 특성은 '필터 버블(Filter Bubble)' 현상으로 설명할 수 있는데, 필터 버블은 인터넷 검색 업체나 SNS 등이 이용자 맞춤형 정보를 제공하는 과정에서 이용자가 특정 정보만 편식하게 되거나 쉽게 믿게 되는 것을 말합니다. 인터넷은 이용자 간 상호 작용이 가능하므로, 이러한 편향적 정보 소비는 다른 이용자들과의 공유를 통해 더욱 확대될 수 있습니다.

① (가)가 개인 맞춤형 콘텐츠를 제공한다면, 이용자는 평소 '다이어트' 관련 콘텐츠를 선호했다고 볼 수 있다.
② (가)의 두 번째 동영상은 이용자가 지닌 체중 감량의 필요성에 대한 고정 관념을 더욱 강화시키는 작용을 한다.
③ (나)의 댓글창은 해당 게시판에서 '고지방 다이어트'에 대한 편향적 정보 소비를 더욱 확대시키는 역할을 한다.
④ (가)의 세 번째 동영상은 (나)에서 '복부 지방 흡입'에 대한 이용자의 신뢰가 보다 쉽게 형성되도록 돕는다.
⑤ (가)의 네 번째 동영상은 (나)의 작성자가 고지방식이 유행하고 있다는 정보를 공유하는 배경으로 작용한다.

24-3. (나)의 언어적 특성을 고려할 때, ㉠~㉤에 대한 설명으로 적절하지 **않은** 것은?

① ㉠ : 접미사 '-님'을 사용하여 게시글의 독자에 대한 높임의 뜻을 나타내고 있다.

② ㉡ : 직접 인용 부호를 사용하여 작성자의 실제 다짐 내용을 생생하게 언급하고 있다.

③ ㉢ : 명사형 어미를 사용하여 작성자의 실행 목표를 명확하게 제시하고 있다.

④ ㉣ : '-고 있다'를 사용하여 최근 화두로 떠오르는 사안에 대해 알리고 있다.

⑤ ㉤ : 연결 어미 '-(으)면'을 사용하여 뒤 절의 내용이 앞 절의 내용과 상반됨을 밝히고 있다.

[24-4~24-6] (가)는 학생들이 소식지 제작을 위해 휴대 전화 메신저로 나눈 대화이고, (나)는 (가)를 바탕으로 제작된 초안이다. 물음에 답하시오.

(가)

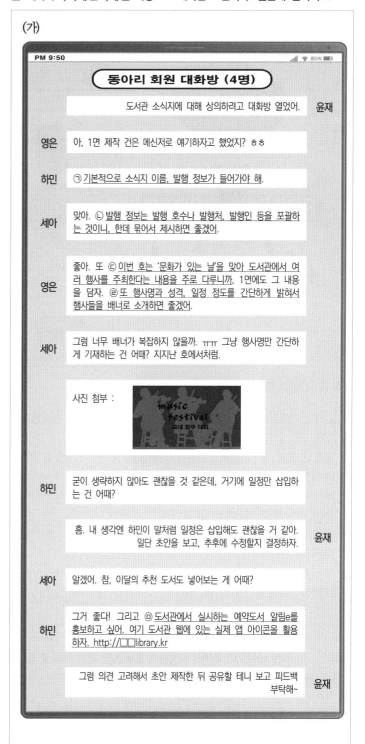

PM 9:50

동아리 회원 대화방 (4명)

도서관 소식지에 대해 상의하려고 대화방 열었어. 윤재

영은 아, 1면 제작 건은 메신저로 얘기하자고 했었지? ㅎㅎ

하민 ㉠기본적으로 소식지 이름, 발행 정보가 들어가야 해.

세아 맞아. ㉡발행 정보는 발행 호수나 발행처, 발행인 등을 포괄하는 것이니, 한데 묶어서 제시하면 좋겠어.

영은 좋아. 또 ㉢이번 호는 '문화가 있는 날'을 맞아 도서관에서 여러 행사를 주최한다는 내용을 주로 다루니까, 1면에도 그 내용을 담자. ㉣또 행사명과 성격, 일정 정도를 간단하게 밝혀서 행사들을 배너로 소개하면 좋겠어.

세아 그럼 너무 배너가 복잡하지 않을까. ㅠㅠ 그냥 행사명만 간단하게 기재하는 건 어때? 지지난 호에서처럼.

사진 첨부 : music festival 교내 합주 대회

하민 굳이 생략하지 않아도 괜찮을 것 같은데, 거기에 일정만 삽입하는 건 어때?

흠. 내 생각엔 하민이 말처럼 일정은 삽입해도 괜찮을 거 같아. 일단 초안을 보고, 추후에 수정할지 결정하자. 윤재

세아 알겠어. 참, 이달의 추천 도서도 넣어보는 게 어때?

하민 그거 좋다! 그리고 ㉤도서관에서 실시하는 예약도서 알림e를 홍보하고 싶어. 여기 도서관 웹에 있는 실제 앱 아이콘을 활용하자. http://□□library.kr

그럼 의견 고려해서 초안 제작한 뒤 공유할 테니 보고 피드백 부탁해~ 윤재

(나)

24-4. (가)의 대화에 대한 설명으로 가장 적절한 것은?

① '윤재'는 소통의 방식을 일대일로 설정함으로써 새로운 대화를 시작하고 있다.

② '영은'은 휴대 전화 메신저로 나누는 대화의 장점을 거론하며 소통 대상의 참여를 촉구하고 있다.

③ '세아'는 대화가 이루어지는 매체의 특성을 활용하여 자신의 의도에 부합하는 이미지를 제공하고 있다.

④ '하민'은 하이퍼링크의 기능을 이용하여 자신이 재가공한 정보를 소통 대상에게 공유하고 있다.

⑤ '영은'과 '세아'는 한글 자음자로 된 기호를 사용하여 소통 대상의 말에 대한 자신의 반응을 나타내고 있다.

24-5. ㉠~㉤을 바탕으로 학생이 작성한 보고서 초안 작성 계획 중 (나)에 반영되지 <u>않은</u> 것은?

① ㉠에서 언급된 두 요소는 해당 소식지의 1면의 상단에 배치해야겠군.

② ㉡에서 언급된 내용 중 발행처는 다른 정보보다 글씨 크기를 키워서 제시해야겠군.

③ ㉢에서 언급된 내용은 해당 소식지의 중심 내용이므로 비중을 확대하여 배치해야겠군.

④ ㉣에서 언급된 내용 중에서도 각 행사명을 강조하여 이미지 배너 형태로 배치해야겠군.

⑤ ㉤에서 언급된 자료는 모바일 서비스임을 나타내기 위해 휴대 전화 아이콘을 삽입하여 제시해야겠군.

24-6. 〈보기〉는 (나)를 확인한 동아리 회원들이 대화방에 남긴 피드백이다. 〈보기〉를 바탕으로 (나)를 수정한 ⓐ~ⓔ 중 적절하지 <u>않은</u> 것은?

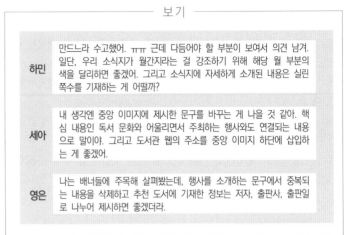

보기

하민: 만드느라 수고했어. ㅠㅠ 근데 다듬어야 할 부분이 보여서 의견 남겨. 일단, 우리 소식지가 월간지라는 걸 강조하기 위해 해당 월 부분의 색을 달리하면 좋겠어. 그리고 소식지에 자세하게 소개된 내용은 실린 쪽수를 기재하는 게 어떨까?

세아: 내 생각엔 중앙 이미지에 제시한 문구를 바꾸는 게 나을 것 같아. 핵심 내용인 독서 문화와 어울리면서 주최하는 행사와도 연결되는 내용으로 말이야. 그리고 도서관 웹의 주소를 중앙 이미지 하단에 삽입하는 게 좋겠어.

영은: 나는 배너들에 주목해 살펴봤는데, 행사를 소개하는 문구에서 중복되는 내용을 삭제하고 추천 도서에 기재한 정보는 저자, 출판사, 출판일로 나누어 제시하면 좋겠더라.

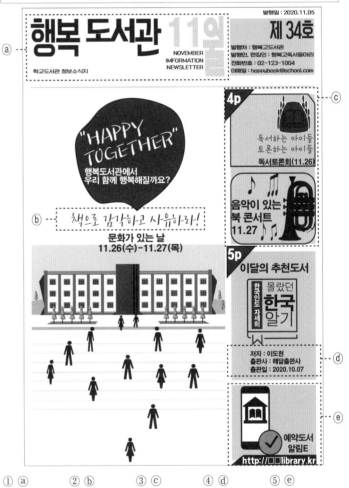

① ⓐ   ② ⓑ   ③ ⓒ   ④ ⓓ   ⑤ ⓔ

매체
N제

프리미엄 언매 문제집

Part _25

매체 실전문제
25회

[25-1~25-3] 다음은 학생이 과제 수행을 위해 열람한 신문사 어플리케이션의 화면이다. 물음에 답하시오.

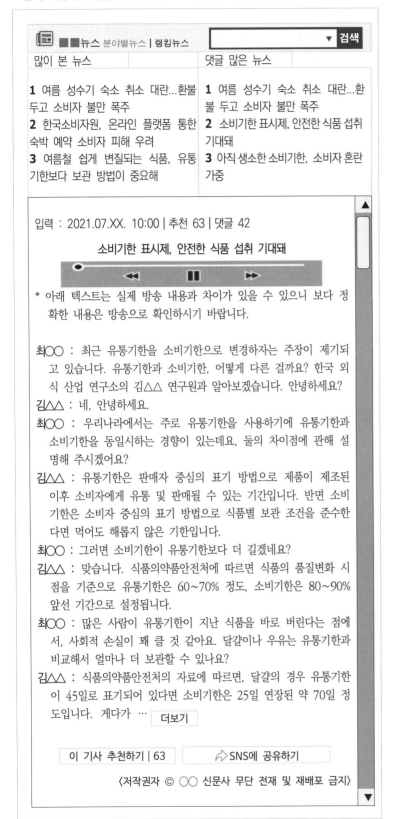

① 기사가 음성으로 전달될 수 있으니, 문자로만 제공될 때보다 정보의 공정성을 높일 수 있겠군.

② 기사의 배열 기준을 선택할 수 있으니, 수용자가 직접 기사의 순서를 재배열하여 이용할 수 있겠군.

③ 기사에 대한 수용자들의 선호를 확인할 수 있으니, 기사에 제시된 정보의 정확도를 검증할 수 있겠군.

④ 기사를 누리 소통망[SNS]에 공유할 수 있으니, 수용자가 기사 본문을 실시간으로 재구성할 수 있겠군.

⑤ 기사가 한 화면에 노출되는 분량을 조절할 수 있으니, 수용자의 선택에 따라 기사 내용을 추가로 확인할 수 있겠군.

25-2. 〈보기〉를 참고할 때, 위 화면에 대한 반응으로 적절하지 **않은** 것은?

보기

　다양한 입장과 가치들이 충돌하는 갈등 상황에서 언론 보도는 특정한 관점에 따라 작성되며, 이때 선택과 배제를 통해 재구성된 현실은 수용자의 해석과 태도에 영향을 미친다. 기사의 수나 게재 면적뿐만 아니라 조회 수나 댓글 수 같은 수용자의 반응도 이슈에 대한 사회적 관심도를 나타내는 지표로 작용할 수 있다.

① '많이 본 뉴스'에서 '1'과 '2'는 소비자의 입장에 초점을 맞춰 현실을 재구성한 것이겠군.

② '댓글 많은 뉴스'에서 '3'은 '2'와 달리 '소비기한'에 대한 부정적인 관점을 따르는 것이겠군.

③ '댓글 많은 뉴스'에서 '2'는 언급한 대상이 가져올 미래에 대한 긍정적 해석을 드러내는 것이겠군.

④ '많이 본 뉴스'에서 '3'은 수용자가 '유통기한'을 준수하여 식품을 섭취하는 것을 긍정적으로 인식하도록 하는 것이겠군.

⑤ '많이 본 뉴스'와 '댓글 많은 뉴스'의 '1'은 '성수기'에 급증한 '숙소 취소' 문제에 대한 높은 사회적 관심도를 반영한 것이겠군.

25-3. 다음은 학생이 과제 수행을 위해 작성한 메모이다. 메모를 반영한 카드 뉴스 제작 계획으로 적절하지 **않은** 것은?

- **수행 과제** : 정보 전달 목적의 카드 뉴스 제작하기
- **바탕 자료** : '소비기한 표시제, 안전한 식품 섭취 기대돼' 인터넷 기사와 연관 검색 자료
- **제작 계획** :
  · 첫째 슬라이드 : 기사 제목을 활용한 카드 뉴스 제목을 삽입
  · 둘째 슬라이드 : 기사에 제시된 유통기한 및 소비기한 관련 내용을 비교하여 제시
  · 셋째 슬라이드 : 식품별 유통기한과 소비기한을 대비하여 제시
  · 넷째 슬라이드 : 소비기한으로 표기하지 않은 현재의 단점을 뒷받침하는 자료를 추가하여 제시
  · 다섯째 슬라이드 : 소비기한을 고려한 올바른 식품 보관에 관한 당부를 언급

카드 뉴스 제작 계획	
장면 스케치	장면 구상
① **소비기한으로 안전하게 식품 섭취해요**	[1] 식품과 소비기한을 그림으로 형상화하여 제시하고 그 위에 제목을 배치.
② **유통기한? 소비기한?** (표: 표기중심 - 판매자 중심 / 소비자 중심, 정의 - 제품이 제조된 시점 ~ 유통 및 판매가 허용되는 기한 / 식품별 보관 조건을 준수할 때 먹어도 해가 없는 기한) 유통기한보다 소비기한이 더 길다	[2] 유통기한과 소비기한에 관한 내용을 표로 나타내어 이해하기 쉽도록 제시.
③ **식품별 유통. 소비기한** 출처: 식품의약품안전처 (식품/유통기한/소비기한: 계란 45일 70일, 우유 10일 60일, 치즈 180일 250일, 빵 3일 23일)	[3] 소비기한에서 유통기한을 뺀 일수를 명시하여, 두 기한의 차이를 대비하여 제시.
④ **쏟아지는 음식물쓰레기** 출처: 한국농촌경제연구원 (유통, 조리과정 60% / 섭취 후 32% / 미섭취 8% / 하루 버려지는 음식 1만 4천 톤 / 한해 처리 비용 1조 원)	[4] 소비기한을 표기하지 않은 현재의 문제로, 음식물 쓰레기를 처리하기 위해 발생하는 사회적 비용이 막대함을 보여 주는 자료를 제시.
⑤ **소비기한을 고려하되, 식품마다 적합한 보관 방법을 찾아보면 어떨까요?**	[5] 소비기한을 고려하여 올바르게 식품을 보관할 것을 권유하며 마무리.

[25-4~25-6] (가)는 텔레비전 방송 뉴스이고, (나)는 잡지에 실린 인쇄 광고이다. 물음에 답하시오.

(가)

[장면1]

진행자 : 요즘 무선 이어폰 시장에서 줄줄이 신제품이 쏟아지는 가운데 어떤 제품을 골라야 할지 고민이 많으실 겁니다. ㉠나한테 꼭 맞는 제품, 어떻게 골라야 할까요?

[장면2]

유 기자 : ㉡해를 거듭할수록 국내 무선 이어폰 시장이 커짐에 따라 기존 제품군과는 차별화된 기능을 탑재한 신제품들이 다양하게 출시되고 있습니다. 소비자들은 어떤 기준으로 무선 이어폰을 선택하고 있을까요?

[장면3]

진□□ : 처음에는 단순히 마음에 드는 디자인으로 고를까 하다가, 제일 유용하게 쓸 수 있는 기능이 탑재된 제품으로 구매했어요.

[장면4]

유 기자 : 대형 인터넷 쇼핑몰에서 소비자를 대상으로 무선 이어폰 구매 기준을 설문한 결과, 소비자들은 이어폰의 음질을 1순위로 고려하는 것으로 나타났습니다. 이어 연결 안정성, 착용감, 배터리 용량, 디자인이 차례로 뒤를 이었습니다. 실제로도 음질 향상에 주력한 제품군이 많이 출시되고 있습니다.

[장면5]

유 기자 : 음질 향상의 기반에는 '노이즈 캔슬링' 기술이 자리 잡고 있는데요, 이는 기기에 내장된 소음 조절기가 외부 소음을 상쇄 및 차단하는 기술입니다. ㉢몇몇 제품들을 바탕으로 '노이즈 캔슬링'이 구현되는 양상에 관해 알아봅시다. 우선 A사 제품의 경우 전용 어플리케이션을 통해 사용자가 원하는 대로 노이즈 캔슬링 성능을 조절할 수 있는데요, 이를 사용하면 은은하게 음악이 깔린 채로 상대방과 대화할 수도 있습니다. B사 제품의 경우 중음역대에 공을 많이 들였는데요, 주로 어쿠스틱 장르의 음악을 즐기기에 적합한 제품입니다. ㉣또 작은 볼륨에도 고음과 저음의 균형이 유지된다는 특징을 갖고 있습니다.

[장면6]

유 기자 : 줄이 있는 이어폰을 썼던 때가 까마득하게 느껴지는 요즘, ㉤좋아하는 음악에 몰입하기 위한 소비자들의 최적의 결정이 필요합

니다.

(나)

25-4. (가), (나)에 대한 설명으로 가장 적절한 것은?

정보의 제공 방식	(가)는 특정 시간에 접근할 경우 정보 전달이 진행 중일 수 있다는 점에서, 수용자의 비순차적인 정보 획득이 가능함을 알 수 있다. ·································· ①
정보의 성격	(가)는 제품의 종류가 다양해지는 시기에 소비자에게 유용한 정보를 제공한다는 점에서, 시의성을 갖춘 정보로 구성되어 있음을 알 수 있다. ·································· ② (나)는 제품의 주된 소비자층을 명시하고 있다는 점에서, 소비자의 배경지식을 고려한 정보로 구성되어 있음을 알 수 있다. ·································· ③
정보의 양과 질	(가)는 여러 소비자와의 인터뷰 영상을 통해 제품의 주된 구매 기준이 변모했음을 보여 준다는 점에서, (나)에 비해 정보를 실시간으로 전하고 있음을 알 수 있다. ··········· ④ (나)는 제품에 관한 소비자의 오해를 해소할 만한 내용을 구체적으로 밝히고 있다는 점에서, (가)에 비해 많은 양의 정보를 제공하고 있음을 알 수 있다. ·································· ⑤

25-5. (가)의 언어적 특성을 고려할 때, ㉠~㉤에 대한 설명으로 적절하지 **않은** 것은?

① ㉠ : 의문형 어미를 사용하여 뉴스에서 다룰 내용을 개괄하고 있다.

② ㉡ : 사건의 인과관계를 제시하여 현재 상황의 배경을 제시하고 있다.

③ ㉢ : 청유형 어미를 활용함으로써 앞으로 이어질 화제를 암시하고 있다.

④ ㉣ : 접속 표현을 사용함으로써 뉴스의 핵심 정보를 요약하여 전달하고 있다.

⑤ ㉤ : 뉴스 내용을 고려한 제품 선택을 '최적의 결정'으로 표현함으로써 시청자들의 특정 행동을 유도하고 있다.

25-6. (가)를 본 학생이 (나)를 활용하여 다음의 학습 활동을 수행한 결과로 적절하지 **않은** 것은?

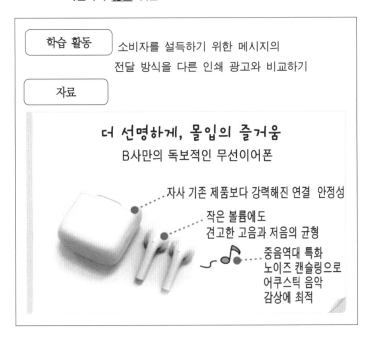

① (나)와 '자료'는 모두 광고 문구와 함께 음악을 연상시키는 음표를 삽입하여 제품의 쓰임새를 드러내고 있다.

② '자료'는 (나)와 달리 기존 제품과의 비교를 통해 소비자가 중시하는 구매 기준을 충족하는 제품임을 드러내고 있다.

③ '자료'는 (나)와 달리 연결선을 활용하여 소비자가 누릴 수 있는 제품의 장점을 구체적으로 드러내고 있다.

④ (나)는 유명인의 이미지를, '자료'는 제품의 이미지를 제시하여 제품의 디자인에 대한 자부심을 드러내고 있다.

⑤ (나)와 '자료'는 모두 광고 문구를 통해 제품에 활용된 핵심 기술을 언급하여 제품의 우수한 성능을 드러내고 있다.

매처
N제

프리미엄 **언매** 문제집

빠른 정답
+ 정답과 해설

빠른 정답

Part 01. 매체 실전문제 1회

1	⑤	2	③	3	③
4	①	5	④	6	①

Part 02. 매체 실전문제 2회

1	⑤	2	⑤	3	①
4	③	5	③	6	②

Part 03. 매체 실전문제 3회

1	①	2	①	3	⑤
4	④	5	④	6	④

Part 04. 매체 실전문제 4회

1	④	2	③	3	④
4	⑤	5	③	6	②

Part 05. 매체 실전문제 5회

1	⑤	2	④	3	②
4	②	5	①	6	④

Part 06. 매체 실전문제 6회

1	②	2	④	3	③
4	①	5	④	6	③

Part 07. 매체 실전문제 7회

1	②	2	⑤	3	⑤
4	④	5	④	6	③

Part 08. 매체 실전문제 8회

1	②	2	③	3	②
4	④	5	④	6	④

Part 09. 매체 실전문제 9회

1	②	2	⑤	3	③
4	②	5	⑤	6	⑤

Part 10. 매체 실전문제 10회

1	④	2	②	3	②
4	①	5	④	6	⑤

Part 11. 매체 실전문제 11회

1	①	2	⑤	3	⑤
4	②	5	③	6	③

Part 12. 매체 실전문제 12회

1	⑤	2	③	3	③
4	④	5	④	6	⑤

Part 13. 매체 실전문제 13회

1	②	2	④	3	③
4	③	5	⑤	6	④

Part 14. 매체 실전문제 14회

1	②	2	④	3	④
4	①	5	⑤	6	③

Part 15. 매체 실전문제 15회

1	③	2	②	3	③
4	③	5	①	6	⑤

Part 16. 매체 실전문제 16회

1	④	2	③	3	⑤
4	①	5	①	6	③

Part 17. 매체 실전문제 17회

1	①	2	⑤	3	②
4	②	5	⑤	6	①

Part 18. 매체 실전문제 18회

1	④	2	④	3	④
4	②	5	③	6	②

Part 19. 매체 실전문제 19회

1	④	2	⑤	3	⑤
4	②	5	④	6	③

Part 20. 매체 실전문제 20회

1	③	2	④	3	⑤
4	②	5	②	6	②

Part 21. 매체 실전문제 21회

1	⑤	2	③	3	⑤
4	①	5	④	6	②

Part 22. 매체 실전문제 22회

1	①	2	④	3	②
4	⑤	5	④	6	②

Part 23. 매체 실전문제 23회

1	⑤	2	④	3	②
4	②	5	③	6	③

Part 24. 매체 실전문제 24회

1	②	2	②	3	⑤
4	③	5	②	6	⑤

Part 25. 매체 실전문제 25회

1	⑤	2	④	3	③
4	②	5	④	6	④

Part_01 매체 실전문제 1회

1-1. ⑤

정답 설명

주제에 대한 다른 시각이 존재한다는 사실은 진행자의 "정부의 지역 간호사제 시행에 대해 우려를 표하는 시선도 존재한다고 합니다."에서 제시되고 있다. 즉 전문가가 진행자의 견해에 동의의 뜻을 밝히는 과정에서 제시되는 것이 아니므로 적절하지 않다.

오답 설명

① 진행자는 전문가에게 "기사에서 지역 간호사제에 관해 간략하게 언급하고 있는데요. 이에 대해 구체적으로 설명해 주실 수 있을까요?"라는 질문을 하여 지역 간호사제에 관한 추가적인 정보를 이끌어 내고 있으므로 적절하다.

② 전문가는 "○○시에서 제도 시행 이후 간호 인력 확보율이 증가했을 뿐만 아니라 간호사의 퇴사자 수가 절반가량 감소했다는 점 역시 눈여겨볼 만한데요."에서 ○○신문에 제시된 상황과 관련해 진행자가 언급하지 않은 정보를 제공함으로써 지역 간호사제에 대한 ○○신문의 긍정적 관점을 강화하고 있다.

③ 진행자는 "표제가 '○○시… 간호 인력 확보 81% → 89.5%'군요."에서 기사의 표제를 언급한 후 기사 내용의 일부를 언급함으로써 해당 신문에 제시된 정보를 선별적으로 전달하고 있다.

④ 진행자는 "지난 방송에서 우리나라 지역 간 인구수의 격차가 커지고 있다는 소식을 전해 드렸었죠. 그런데 지역 격차는 비단 인구수에서만 나타나는 게 아닙니다."에서 지난 방송의 주제와 이번 방송의 주제를 연결하여 소개하고 있다.

1-2. ③

정답 설명

ⓒ에 사용된 선어말 어미 '-겠-'은 '주체의 의지를 나타내는 어미'로, 기사 내용 일부를 확대하려는 진행자의 의지를 보여 준다. 따라서 기사 내용에 대해 수용자가 추측해 볼 수 있도록 하였다는 선지의 설명은 적절하지 않다.

오답 설명

① '-고 있다'는 어떤 일이 현재 진행 중임을 보여 주는 서술어로, ㉠에서는 이를 사용하여 지역 간 인구 격차의 심화가 진행 중임을 드러내었다.

② ㉡에서는 관형사형 어미 '-ㄹ'을 사용하여 지역 간호사제를 2024년까지 전국으로 확대할 계획이라는 정부의 발표 내용을 상세히 제시하였다.

④ ㉣에 사용된 의존 명사 '대로'는 '어떤 모양이나 상태와 같이'의 의미로 ㉣에서는 앞서 진행자가 말한 것과 같은 내용을 발화할 것임을 드러내었다.

⑤ ㉤에 사용된 '-면'은 '뒤의 사실이 실현되기 위한 단순한 근거 따위를 나타내거나 수시로 반복되는 상황에서 그 조건을 말할 때 쓰는 연결 어미'이다. ㉤은 '지방의 간호 인력이 부족한 이유가 입사 1~2년차 간호사 중 50% 이상이 대도시로 이직하기 때문임을 고려'할 때, ○○시의 지역 간호사제 시행 이후 나타난 퇴사자 수의 감소는 '매우 고무적인 현상'으로 해석될 수 있음을 드러낸다. 따라서 연결 어미 '-면'을 사용하여 앞 절이 뒤 절의 결론을 도출하는 조건으로 작용하고 있음을 나타내었다는 선지의 설명은 적절하다.

1-3. ③

정답 설명

'마마마'는 △△뉴스에서 언급한 문제 상황 즉, '입사 후 1년 이내 사직하는 간호사는 45.5%에 달하'는데 그 이유로는 대부분 '과도한 업무량'을 꼽는다는 점을 해결할 수 있는 방안으로 '간호사 1인당 환자 수를 함께 법제화'할 것을 제안하고 있다. 따라서 해당 선지의 설명은 적절하다.

오답 설명

① '아뿔싸'의 '제 주변만 보더라도 지역 간호사제를 반기는 간호사들은 한 명도 없어요.'는 △△뉴스의 '그런데 간호사들 모두가 지역 간호사제에 찬성하는 것은 아니다.'라는 부분과 상통한다. 또한 '아뿔사'는 기사가 편파적임을 비판하고 있지도 않다.

② '아이고'는 기사의 내용이 수정되었음을 언급하며 정확한 정보가 무엇인지를 확인하려 하고 있다. 그러나 정보의 출처가 명시되지 않은 이유에 대해 의문을 제기하고 있지는 않다.

④ '아뿔싸'는 본인이 간호사임을 밝히며 기사의 내용과 자신의 경험을 관련짓고 있으나, '아이고'는 기사 내용과 자신의 경험을 관련짓고 있지 않다. 또한 둘 다 후속 기사를 요구하고 있지도 않다.

⑤ '아이고'는 기사의 내용이 수정되었음을 언급하며 정확한 정보가 무엇인지를 확인하려 하고 있다. 그러나 작성자에게 해당 내용을 수정해 줄 것을 요구하고 있지는 않다. '마마마' 역시 기사에 제시된 수치 자료의 부정확성을 지적하고 있지 않다.

1-4. ①

정답 설명

"먼저 ○○신문의 사회면입니다."를 통해 지역 간호사제에 대한 기사가 ○○신문의 사회면에 실린 것을 알 수 있으며, 이는 ○○신문이 기사의 주제에 따라 기사들을 각기 다른 지면에 배치하고 있음을 보여 준다.

오답 설명

② △△뉴스는 인터넷 신문으로 기사 아래에 댓글을 달 수 있는 공간이 마련되어 있다. 그러나 이러한 댓글란은 이미 발행된 기사에 대한 정보나 의견을 공유하는 곳일 뿐, 기사의 정보 구성에 수용자들이 직접 참여할 수 있음을 보여 주는 것은 아니다.

③ 인터뷰 내용을 삽입하고 있는 것은 ○○신문이 아니라 △△뉴스이며, △△뉴스의 인터뷰 대상자가 지역 간호사제를 경험한 사람인지도 확인할 수 없다.

④ △△뉴스의 '[SNS에 공유하기]'를 통해 해당 기사를 SNS로 공유할 수 있음을 알 수 있다. 그러나 이것이 정보의 타당성과 연결되지는 않는다.

⑤ △△뉴스는 기사의 작성 시각과 수정 시각을 모두 게재하고 있다. 그러나 이를 통해 수정 전 내용을 확인할 수 있는지는 알 수 없다. '아이고'는 기사가 수정되기 전 열람한 것으로 추측할 수 있다. 또한 기사의 작성·수정 시각 공개와 정보의 신뢰성은 관련성이 떨어진다.

1-5. ④

정답 설명

(가)에서는 '불편한 여행법이란?', '불편한 여행법 챌린지에 어떻게 참여하나요?'와 같은 소제목을 활용하여 각 문단의 내용을 쉽게 예측할 수 있도록 하고 있

으로 적절하다.

① (가)의 본문에서는 글자의 굵기와 크기를 서로 다르게 하여 특정 내용을 강조하고 있다. 그러나 친환경 여행 캠페인의 특징을 나타내는 부분은 글자의 굵기와 크기를 조정하고 있지 않으므로 이를 통해 해당 특징을 강조했다고 보기 어렵다.

② (가)에서는 '에코 빌리지'의 실제 사진을 삽입하여 친환경 여행 캠페인의 사례를 소개하고 있다. 그러나 이를 통해 친환경 여행 캠페인의 한계점을 드러내고 있지는 않으므로 적절하지 않다.

③ (가)에서는 실제로 친환경 여행 캠페인에 참여한 이의 사례를 소개하고 있다. 그러나 이 사례는 블로그 글을 작성한 학생이 '인상 깊게 본 것'일 뿐, 실제로 친환경 여행 캠페인에서 많은 관심을 받은 사례인지는 알 수 없다.

⑤ (가)에서는 하이퍼링크를 활용하여 친환경 여행 캠페인 참여자인 '여행중독자'의 SNS로 이동할 수 있도록 유도하고 있다. 그러나 이는 독자가 이해하기 어려운 개념에 관한 추가 정보를 제공한 것은 아니므로 적절하지 않다. 한편, (가)에서는 해시태그라는 개념에 관한 추가적인 정보를 각주를 활용해 제공하고 있다.

1-6. ①

정답 설명

'카드 1'에서 '불편한 여행법은 한국관광공사가 지난 4일부터 시작한 친환경 여행 캠페인입니다.'와 같이 불편한 여행법 챌린지가 시작된 날짜를 명시하고 있으나, 해당 챌린지가 끝나는 시점은 밝히고 있지 않다. 따라서 챌린지에 참여할 수 있는 기간을 명시하겠다는 내용을 학생이 고려했다고 보기는 어렵다.

오답 설명

② '카드 1'은 '#불편한여행법이 난 더 편해!'라는 문구를 말풍선에 제시하고 있다. 이처럼 불편한 여행법 챌린지에서 사용되는 문구를 지구가 직접 말하는 것 같은 이미지와 함께 제시하여 수용자의 흥미를 끌고 있으므로 적절하다.

③ '카드 4'는 '최근 사회적으로 환경 보호에 대한 인식이 커지고 있습니다.'에서 불편한 여행법 챌린지가 시작된 사회적 배경을 밝혔다. 또한 '지구와 환경을 위해, 우리의 여행을 불편하게 바꿔 보는 건 어떨까요?'에서 질문의 형식을 활용하여 해당 챌린지에 대한 참여를 촉구하고 있으므로 적절하다.

④ '카드 2'는 불편한 여행법 챌린지의 실행 방법을 각각 번호를 붙여 항목화하여 제시하고 있다. 이를 통해 카드 뉴스를 보는 수용자가 해당 챌린지의 실천 방법을 한눈에 파악할 수 있도록 하므로 적절하다.

⑤ '카드 3'은 SNS를 연상하도록 하는 이미지와 함께 '#불편한여행법', '#지구쓰담쓰담'이라는 해시태그를 보여 줌으로써, 해당 챌린지가 SNS에서 해시태그를 활용한 방식으로 이루어짐을 알려 주고 있다.

2-1. ⑤

정답 설명

전문가는 "그러나 제 생각에는 이렇게 기능을 추가한 제품의 부가 가치가 상승하여 가격이 오르는 것은 당연한 수순인 것 같습니다. 오히려 저는 제품의 다양화를 기대할 수 있다는 점에서 긍정적으로 바라보고 있습니다."에서 □□신문의 기사와는 다른 자신의 의견을 덧붙이고 있다. 그러나 기사의 내용이 논리적이지 않다는 점을 비판하고 있지는 않으므로 적절하지 않다.

오답 설명

① 진행자는 "정책 시행에 대한 긍정적인 반응도 있지만 기사 내용을 보면, '일반 식품 기능성 표시제'로 인해 제품 가격이 인상될 것이라는 우려가 있다고 하네요."와 같이 화제와 관련하여 야기될 수 있는 문제 상황을 언급하고 있다. 따라서 화제에 대한 다각적 관점을 제시하고 있다고 볼 수 있다.

② 방송 화면을 통해 □□신문의 기사 중 일부를 확대하여 제시하고 있음을 확인할 수 있으며, 이는 "기사 내용 일부를 확대해 보겠습니다."라는 진행자의 말에서도 확인할 수 있다. 이때 확대된 내용은 화제가 되는 '일반 식품 기능성 표시제'의 구체적인 내용에 해당하므로 적절하다.

③ 진행자는 "해당 정책 시행을 통해, '부당한 표시 또는 광고로 보지 아니하는 식품 등의 기능성 표시 또는 광고'가 허용된다는 건가요?", "그럼 건강 기능 식품은 일반 식품과 어떻게 다른가요?"와 같이 □□신문의 기사 내용과 관련된 질문을 제시하여 기사에 대한 이해를 심화하고 있다.

④ 진행자는 "요약하자면 '일반 식품 기능성 표시제'가 현행 법률과 충돌한다는 내용입니다."와 같이 ○○신문의 기사 내용을 요약함으로써 시청자가 기사의 특정 부분에 주목하도록 유도하고 있다.

2-2. ⑤

정답 설명

ⓜ에서 사용된 '오히려'는 '일반적인 기준이나 예상, 짐작, 기대와는 전혀 반대가 되거나 다르게'의 뜻을 지닌 접속 부사이다. 전문가는 '오히려'를 사용하여 앞서 제시된 의견('일반 식품 기능성 표시제'로 인해 제품 가격이 인상될 것이라는 부정적 의견)과는 달리, 본인은 '제품의 다양화를 기대할 수 있다는 점'에서 '일반 식품 기능성 표시제'를 긍정적으로 바라보고 있음을 드러내고 있다. 따라서 '오히려'라는 접속 부사가 대립되는 두 의견이 모두 마땅치 않음을 드러낸다고 보기는 어렵다.

오답 설명

① ㉠에서 진행자는 선어말 어미 '-으시-'를 사용하여 동작 '보다'의 주체인 '여러분', 즉 시청자를 높이고 있다.

② ㉡의 '-군요'에서 '-군'은 새롭게 알게 된 어떤 사실에 대해 감탄의 뜻을 나타내는 종결 어미이고, '요'는 존대의 뜻을 나타내는 보조사이다. 진행자는 종결 어미 '-군'을 사용하여 '식품업계에서 기능성 표시를 이용한 마케팅이 유행'하고 있다는, 새롭게 알게 된 사실에 대해 언급하고 있음을 드러내고 있다.

③ ㉢의 '-다면'은 어떠한 사실을 가정하여 조건으로 삼는 뜻을 나타내는 연결 어미이다. ㉢에서 '과학적 근거가 갖춰져 있다'는 앞 절의 내용은 '효능을 표기할 수 있다'는 뒤 절의 내용이 성립할 수 있도록 하는 특정한 조건이라고

볼 수 있다.
④ ⓔ의 '보이다'는 '대상이 평가되다.'의 의미로, 여기서는 앞에 제시된 내용인 '식품업계가 앞으로는 기능성 표시를 마케팅에 적극적으로 이용할 것'이라는 발화자의 추측을 드러내는 표현으로 사용되었다.

2-3. ①

정답 설명

시청자 1은 슈퍼마켓에서 포장지를 유심히 본 적이 없었던 자신의 주관적 상황에, 시청자 2는 가격이 높아도 효능이 추가된 쪽을 구매할 것이라는 자신의 주관적 상황에 대입하여 방송 내용을 이해하고 있다.

오답 설명

② 시청자 3은 방송에서 언급한 일반 식품의 개념적 정의가 충분하지 못함을 지적하고 있으므로 비판적 자세를 보이고 있다고 할 수 있다. 그러나 시청자 1의 글에서는 그러한 비판적 수용 자세를 찾아볼 수 없다.
③ 시청자 3은 방송에서 언급한 일반 식품의 개념적 정의가 충분하지 못함을 지적하고 있으며 이로 인해 혼란스럽다고 표현하고 있다. 그러나 시청자 2는 방송 내용이 유익했음을 언급하고 있으므로 적절하지 않다.
④ 시청자 2는 '저와 같은 생각을 하는 분'에서 방송 프로그램의 내용을 유용하다고 판단할 주체를 특정하고 있다. 그러나 시청자 4는 방송 프로그램의 유용성에 관해 말하고 있지 않다.
⑤ 시청자 4는 건강 기능 식품과 일반 식품의 구분이 어려워진다는 문제 즉, 일반 식품 기능성 표시제의 단점을 방송에서 더 길게 다뤘어야 한다고 주장하고 있다. 그러나 단점을 장점과 유사한 분량으로 다뤄야 한다고 언급하지는 않았으며, 시청자 3은 일반 식품 기능성 표시제의 장단점에 관한 내용을 언급하고 있지 않다.

2-4. ③

정답 설명

○○신문은 "최근 국내 식품 회사들이 일반 식품에도 특정한 기능이 있음을 알릴 수 있는 '일반 식품 기능성 표시제'를 적극적으로 활용하고 나섰다."에서 기사가 다루는 사건이 최근에 발생한 것임을 밝히고 있다. 이를 통해 기사에서 시의성(그 당시의 사정이나 사회적 요구에 들어맞는 성질) 있는 정보를 취급하고 있다는 사실을 확인할 수 있다.

오답 설명

① ○○신문은 '그런데', '따라서' 등의 접속 부사를 통해 문단 간 연결을 긴밀하게 유지하고 있다. 그러나 이것이 자료의 신뢰성으로 이어진다고 보기는 어렵다.
② ○○신문에서 여러 전문가의 발언을 인용하고 있지는 않다.
④ ○○신문에서는 '식품 등의 표시·광고에 관한 법률'과 같이 자료의 출처를 제시하고 있다. 그러나 기사는 필자의 주장을 제시하기 위한 매체가 아니라, 객관적 정보를 제공하기 위한 매체이다.
⑤ ○○신문에서는 다양한 사례를 제시하지 않았으며, 기사가 학술적으로 어려운 내용을 다루고 있는 것도 아니다.

2-5. ③

정답 설명

(가)에서는 종이 영수증을 코팅하는 화학 물질인 '비스페놀A'에 관한 상세한 설명을 블로그 하단에 주석 형태로 덧붙이고 있다.

오답 설명

① (가)에서 제시된 이미지는 전자 영수증의 구체적인 발행 형태를 보여 주고 있다. 그러나 해당 이미지를 통해 전자 영수증이 활용되는 다양한 분야를 확인하기는 어렵다.
② (가)는 블로그로, 동영상 첨부가 가능하다는 특징을 지닌다. 그러나 (가)에서 동영상이 첨부된 부분은 확인할 수 없다.
④ (가)에서는 '한국 인터넷 진흥원'의 자료 전체를 확인할 수 있는 게시글로 연결되는 하이퍼링크를 확인할 수 있다. 그러나 해당 게시글에서 자료에 대한 전문가들의 해석을 확인할 수 있는지는 알 수 없다.
⑤ (가)에서는 "영수증은 전자 영수증으로 발행됩니다."와 같이 독자에게 친숙할 만한 문구를 제시하고 있다. 그러나 이는 글에 대한 흥미를 유발하기 위함일 뿐, 전자 영수증이 지니는 문제점을 암시하고 있지는 않다.

2-6. ②

정답 설명

#2에서는 종이 영수증을 코팅하는 물질인 '비스페놀A'의 정의를 제시하고 있다. 그러나 (가)와 (나)에서 이러한 '비스페놀A'가 여성에게 특히 좋지 않다는 내용은 언급되지 않았으므로 적절하지 않다.

오답 설명

① #1에서는 (가)의 블로그 글 제목과 동일한 제목인 '전자 영수증을 주목하라!'를 활용하여 해당 영상이 (가)의 관점을 반영했음을 드러내고 있다.
③ #3에서는 '도끼의 이미지가 제시되면서 나무가 꺾이는 애니메이션을 보여' 주고 있다. 이는 종이 영수증을 생산하기 위해 원목 자원이 투입되고 있다는 (가)의 내용을 반영한 것으로 적절하다.
④ #4에서는 이전까지와는 달리 경쾌한 느낌의 배경 음악을 사용하여 전자 영수증 사용으로 얻을 수 있는 긍정적 효과를 강조하고 있다. 이는 전자 영수증 사용에 동참할 것을 촉구하는 (가)의 내용을 반영한 것이므로 적절하다.
⑤ #4에서는 '건강과 환경을 지키고 편리하기까지 한 전자 영수증!'이라는 내레이션을 통해 전자 영수증이 건강과 환경에 모두 도움이 됨을 언급하고 있다. 이는 (가)에서 전자 영수증의 장점을 건강과 환경 보호 측면에서 조명한 것을 반영한 것이므로 적절하다.

Part 03

매체 실전문제 3회

3-1. ①

정답 설명

전문가는 "△△신문에서 언급한 대로"라고 말하면서 다매체 신고의 비율이 적은 이유에 대한 △△신문의 주장에 오히려 동조하고 있다. 그 뒤에 이어지는 부연 설명에서도 전문가가 △△신문의 내용과 다른 자신의 의견을 제시하고 있지는 않으므로 적절하지 않은 선지이다.

오답 설명

② □□신문은 문자와 이미지를 함께 사용하고 있고 △△신문은 문자로만 구성되어 있으므로 해당 선지의 내용은 적절하다.

③ "작년 ○○지역 119 신고 건수는 2019년보다 1.4% 늘어난 29만 617건이나 되는데, 그중 다매체 신고는 4.1%에 불과했다고 합니다. 원인이 무엇일까요?"에서 진행자가 △△신문의 내용에 관해 전문가에게 질문을 던지고 있음을 확인할 수 있다. 진행자는 이러한 방식을 활용하여 방송의 흐름을 주도하는 역할을 하므로 해당 선지의 내용은 적절하다.

④ "신고 기능뿐 아니라 소방 안전에 관한 정보도 얻을 수 있으니 비상시를 대비하여 앱을 한번 사용해 보시면 좋겠습니다."에서 진행자가 '119 신고 앱'의 기능을 언급하며 시청자들에게 앱 사용을 권유하고 있으므로 해당 선지의 내용은 적절하다.

⑤ "기사 내용 일부를 확대해 보겠습니다."와 그 이후의 대화에서 진행자가 신문 기사의 일부를 화면에 확대하여 제시하고, 그 내용에 관해 언급하고 있음을 확인할 수 있다. 진행자는 이를 통해 방송에서 주목할 부분을 드러내고 있으므로 해당 선지의 내용은 적절하다.

3-2. ①

정답 설명

진행자는 ⑦을 통해 시청자에게 질문을 하며 방송에서 '119 다매체 신고'에 관해 다룰 것임을 나타내고 있다. 따라서 진행자가 화제에 관한 시청자의 반응을 파악한 후, 이에 대한 의문을 제기하고 있다고 보기는 어렵다.

오답 설명

② '이나'는 '수량이 크거나 많음, 또는 정도가 높음을 강조하는 보조사'이다. '29만 617건이나 되는데'에서의 '이나'는 이러한 수치의 정도가 높음을 강조하기 위해 사용되었으므로, 해당 선지의 설명은 적절하다.

③ '짧은 문자와 사진 등으로 사건을 신고'하는 것은 앞의 '음성 통화가 곤란한 상황일 때'에 해당하는 경우이다. 따라서 '~일 때'라는 표현을 통해, 뒤 절의 내용이 발생할 수 있는 상황을 앞 절에서 제시하고 있다는 해당 선지의 설명은 적절하다.

④ 진행자는 '이제'라고 말한 후에 △△신문이 아닌 □□신문에 관한 내용을 언급하고 있으므로, 부사 '이제'에서 대화의 흐름을 전환하고자 하는 발화자의 의도가 드러난다는 해당 선지의 설명은 적절하다.

⑤ 진행자는 '~뿐 아니라'라는 표현을 사용하여 신고 기능 외에도 추가 기능이 있음을 제시하고 있으므로, 이를 통해 대상의 기능이 여러 가지임을 밝히고 있다는 해당 선지의 설명은 적절하다.

3-3. ⑤

정답 설명

시청자 4는 방송을 통해 '구조/구급 신고' 메뉴 역시 위치 좌표 전송이 가능하다는 정보를 전달받지 못한 것에 대해 지적하고 있으며, 시청자 5는 '소방 안전 익히기' 메뉴에서 제공하는 그림과 영상에 관한 정보가 방송에 추가되었으면 좋았을 것이라는 내용을 언급하고 있다. 이는 모두 □□신문 기사의 내용과 관련하여, 방송에서 보완되어야 할 정보는 없었는지 점검한 것이라고 볼 수 있다.

오답 설명

① 시청자 1은 다매체 신고 서비스의 이용률이 저조한 원인으로 홍보 부족을 언급하였음에도 불구하고 현재 어떠한 방식의 홍보가 이루어지는지를 방송에서 설명하지 않은 것에 대한 아쉬움을, 시청자 2는 ○○지역 외의 다른 지역의 다매체 신고 비율에 대한 궁금증을 표하고 있다. 이는 모두 방송에서 전달한 정보의 내용과 관련된 것으로, 시청자 1과 2가 정보의 전달 방식이 타당한지를 점검하였다고 보기는 어렵다.

② 시청자 2는 △△신문 기사에서 제시한 자료가 일부 지역의 상황만을 반영하고 있음을 언급하고 있다. 그러나 이를 해당 기사 내용의 논리적 모순에 대한 지적으로 해석하기는 어렵다. 또한 시청자 4는 □□신문의 내용과 관련하여 누락된 정보를 언급하고 있을 뿐 논리적 모순을 지적하고 있지는 않다.

③ 시청자 2는 △△신문 기사에서 제시한 자료가 일부 지역의 상황만을 반영하고 있음을 언급하고 있다. 그러나 이를 통해 시청자 2가 해당 정보의 신뢰성을 의심했다고 보기 어렵다. 한편 시청자 5는 추가적인 자료를 원하는 것이지 정보의 신뢰성에 대한 지적은 하고 있지 않다.

④ 시청자 3은 119 신고 앱의 유용성에 대해 공감하고 있으며, 시청자 4는 119 신고 앱의 기능에 관해 추가로 전달되었어야 할 정보를 언급하고 있다. 그러나 시청자 3과 4가 방송에서 119 신고 앱에 대한 균형적 시각이 유지되었는지를 점검하고 있지는 않다.

3-4. ④

정답 설명

ⓒ와 ⓓ에서는 이미지와 문자를 함께 제시하고 있다. 이는 앱을 사용하는 사람이 '화재 신고'인지 '구조/구급 신고'인지에 따라 그에 맞는 항목을 선택하도록 함으로써 적절한 앱 사용이 이루어질 수 있도록 유도하는 것이라고 볼 수 있다.

오답 설명

① ⓐ에서 시각 자료는 제시되어 있으나, 청각 자료는 제시되어 있지 않다.

② ⓑ를 통해, 앱 사용자는 '개인 위치 정보 제공'을 동의하거나 동의하지 않을 수 있다. 그러나 신문 내용에 따르면, 개인 위치 정보 제공에 동의해야 앱을 사용할 수 있다. 즉, 앱을 사용한다는 것은 사용자가 자신에 관한 정보의 개방에 동의했다는 의미이다.

③ ⓒ에서는 간단한 그림으로 화재 상황을 제시하고 있으며, 화재 상황이 구조가 필요한 상황임을 고려해 볼 때 ⓓ에서도 간단한 그림으로 화재 상황을 제시했다고 볼 여지가 있다. 그러나 이는 수용자의 이해를 돕기 위한 것이지, 이것이 수용자를 특정한 연령대로 한정한 것이라고 보기는 어렵다.

⑤ ⓔ에서는 그림과 영상으로 설명이 제공된다고 하였으므로 다양한 형태의 정보 제공으로 볼 수는 있으나, 이는 일방향적인 정보이다. 사용자와의 의사소통이 쌍방향적으로 이루어진다고 보기는 어렵다.

3-5. ④

정답 설명

글자의 굵기가 다르게 표시된 부분은 '보증금을 추가로 결제'와 '컵을 반납할 때 씻어서 반납해야 한다는 점'이다. 이 둘은 이용자들이 다회용 컵 이용에 가지는 불만에 해당하므로 해당 선지의 내용은 적절하다.

오답 설명

① (가)에는 독자의 의견이 제시되어 있지 않으므로 이를 받아들여 글의 내용 중 일부분을 수정하였다는 내용은 적절하지 않다.

② (가)는 그래프를 시각 자료로 활용하고 있다. 그러나 이 그래프는 다회용기 사용을 통해 쓰레기 배출량이 감소한 수치를 보여 주는 것일 뿐, 다회용 컵 사용에 대한 긍정적 인식 수준을 보여 주는 것은 아니므로 해당 선지의 내용은 적절하지 않다.

③ (가)는 '"다회용 컵", 과연 어떤 효과가 있을까요?'라는 제목으로 글의 중심 소재인 '다회용 컵'을 언급하고 있다. '다회용 컵'을 언급한 것은 글의 중심 내용을 드러내는 것일 뿐, 이 언급을 통해 글쓴이의 주장이 명확히 드러나고 있다고 보기는 어려우므로 해당 선지의 내용은 적절하지 않다.

⑤ (가)는 '폐기되는 다회용 컵이 제대로 순환되는지는 꾸준히 지켜볼 필요가 있습니다.'라며 글을 마무리하고 있는데, 이는 현재의 문제를 해결하기 위해 독자의 행동이 변화할 필요가 있음을 부각한 것이 아니므로 해당 선지의 내용은 적절하지 않다.

3-6. ④

정답 설명

(가)에서 현재 상황의 심각성을 강조하고 있다고 보기는 어려우며, (나)에서는 내레이션 및 배경 음악이라는 청각적 요소를 사용하고 있지만 이를 통해 상황의 심각성을 강조하는 부분은 나타나지 않는다.

오답 설명

① (가)의 2문단 '세척을 거친 다회용 컵은 50RLU(오염도 측정 단위) 이하로 일반적으로 사용되는 일회용 컵의 오염도인 125RLU보다도 낮습니다.'가 (나)의 #3에서 그래프로 제시되어 있다. 이를 통해 다회용 컵과 일회용 컵의 오염도를 한눈에 비교할 수 있으므로 적절한 내용이다.

② (가)의 3문단 '우리나라는 폐기된 다회용 컵을 재사용 원료로 가공하기 위해 현재 다회용 컵에 무색의 단일 소재를 적용'에서 제시한 다회용 컵에 관한 설명이 (나)의 #1의 내레이션에서 제시되고 있다. 또한 이와 더불어 다회용 컵의 모습을 그림으로 제시하고 있다. 이는 시각적 이미지와 청각적 내레이션을 함께 사용하여 정보를 복합 양식적으로 구성한 것이므로 적절한 내용이다.

③ (나)의 #4에서는 '지구를 위해 조금 불편하더라도 일회용 컵이 아닌 다회용 컵을 사용해 보는 건 어떨까요?'라는 내레이션과 '카페에서 다회용 컵을 사용하는 모습'을 담은 영상을 통해 다회용 컵을 사용할 것을 촉구하고 있다. 이때 활용된 영상은 (가)에 제시되지 않은 내용이므로 적절한 내용이다.

⑤ (가)에서 구체적 수치와 함께 그래프로 제시된 '서울인기 페스티벌'에서의 쓰레기 배출량 변화는 (나)의 #2에서 이미지의 크기 변화를 통해 제시되고 있다. 이러한 방법을 통해 정보를 직관적으로 전달할 수 있으므로 적절한 내용이다.

4-1. ④

정답 설명

(가)에서는 □□택배의 '노인 지하철 택배원 서비스' 사례를 통해 노인 계층의 사회 참여를 높이는 방안을 제시하고 있으며, (나)에서는 □□택배의 시니어 일자리와 더불어 시니어 인턴십 등의 사례를 제시하고 있다. 따라서 (가)와 (나)가 특정 계층의 사회 참여를 높이기 위한 구체적 방안을 제시하고 있다는 해당 선지의 설명은 적절하다.

오답 설명

① (가)와 (나) 모두 수치 자료는 제시되어 있으나, 이의 출처를 밝히고 있지 않다.

② (가)는 포털 사이트의 기사이므로 한정된 지면을 통해 발행되지 않는다. 반면, (나)는 카드 뉴스이므로 전달될 수 있는 정보의 양이 한정되고 있다. 따라서 해당 선지의 설명은 적절하지 않다.

③ (가)의 '전문가들은 우리나라가 2025년에는 노인 인구의 비율이 20%가 넘는 초고령 사회에 접어들 것이라고 분석한다.'를 통해, (가)가 전문가의 말을 인용하고 있음을 알 수 있다. 한편 (나)의 '카드 3' 내용 중 "노인 일자리는 노인들의 소득에 보탬이 될 뿐만 아니라 삶의 만족도 증가, 우울감 개선 등의 성과가 있다."를 통해, (나) 역시 전문가의 견해를 인용하였음을 알 수 있다. 그러나 (나)에서 인용된 전문가의 견해는 노인 일자리를 통해 얻을 수 있는 긍정적 효과에 관한 것일 뿐, 문제 상황의 원인을 분석하고 있는 것이 아니므로 해당 선지의 설명은 적절하지 않다.

⑤ (가)와 (나)에서 동영상을 삽입하여 복합 양식으로 글을 구성한 부분은 찾을 수 없으므로, 해당 선지의 설명은 적절하지 않다.

4-2. ③

정답 설명

(가)에서는 노인 일자리의 제공 사례로 '□□택배'의 '노인 지하철 택배원 서비스'만을 들고 있으나, (나)의 '카드 2'에서는 그 외의 지자체 혹은 기업의 노인 일자리 모집 사례를 제시하고 있다. 그러나 노인 일자리 사업을 시행하는 지역이 많음을 제시하고 있지는 않다.

오답 설명

① (가)의 '우리나라는 지난 2000년, 노인 인구가 전체 인구의 7%가 넘는 고령화 사회로 분류되었다. 전문가들은 우리나라가 2025년에는 노인 인구의 비율이 20%가 넘는 초고령 사회에 접어들 것이라고 분석한다.'에서 노인 인구 비율이 증가하고 있음을 확인할 수 있다. 이를 바탕으로 (나)의 '카드 1'은 2025년 이후의 노인 인구 비율 증가 추세를 예상한 그래프를 제시하고 있으므로, 학생의 계획이 적절하게 반영되었다고 볼 수 있다.

② (가)에서는 우리나라에서 노인 일자리가 필요하게 된 사회적 배경을 고령화로 제시하고 있다. 이는 '고령화 사회로 분류되었다.~제공해 화제다.'를 통해서도 알 수 있다. (나)는 '카드 1'에서 '우리나라는 현재 고령화 사회이며, 2025년에는 초고령 사회에 접어들 것으로 전망된다는 사실을 알고 계신가요?'라는 질문의 방식을 통해, 노인 택배원 서비스와 같은 노인 일자리 문제가 주목 받게 된 사회적 배경을 제시하고 있으므로, 학생의 계획이 적절하게 반영되었다고 볼 수 있다.

④ (가)의 "소득 증가분만 아니라 지하철 택배원 활동을 통해 노인분들의 자존
감과 삶에 대한 만족도가 높아졌다"에서 노인 일자리 제공의 효과를 확인할
수 있다. (나)는 '카드 3'에서 '자아존중감', '삶의 만족도' 외에 '우울감 개선'
이라는 효과를 보충하여 이미지로 제시하고 있으므로, 학생의 계획이 적절하
게 반영되었다고 볼 수 있다.

⑤ (가)의 '노인 일자리 확대는 은퇴한 노인들에게 그들이 여전히 사회의 일원이
라는 인식을 심어 줌으로써 건강한 사회 분위기를 조성하는 데 기여한다.'에
서 노인 일자리 증가의 사회적 의의를 확인할 수 있다. (나)는 '카드 4'에서
'초고령 사회에도 노인들이 소외되지 않는 건강한 사회 분위기를 조성'할 수
있다는 사회적 의의를 언급하며 수용자의 관심을 촉구하고 있으므로, 학생의
계획이 적절하게 반영되었다고 볼 수 있다.

4-3. ④

정답 설명

ⓔ의 '크지만'은 보조사 '만'이 쓰인 것이 아니라 연결 어미 '-지만'이 쓰인 것이
다. 또한 ⓔ은 노인 지하철 택배원마다 월평균 소득 상승의 편차가 있다는 사실
을 인정하는 것이지 사회적 통념과는 다른 결과가 나타났음을 강조하는 것은 아
니다.

오답 설명

① ㉠에서는 감탄을 나타내는 문장 부호인 '!'를 활용하여 □□택배가 시니어 일
자리를 만들어내고 있다는 글의 주제를 드러내고 있으므로, 해당 선지의 설
명은 적절하다.

② ㉡에서 사용된 보조사 '이란'은 어떤 대상을 특별히 집어서 화제로 삼을 때
에 쓰는 보조사이다. 해당 문장에서는 보조사 '이란'을 사용하여, 앞 문장에
서 제시된 '노인 지하철 택배원'이라는 개념을 설명하고 있으므로, 해당 선지
의 설명은 적절하다.

③ ㉢에서 사용된 관형사형 어미 '-는'은 앞말이 관형어 구실을 하도록 하는 어
미이다. 해당 문장에서는 '물품 수령 및 배달 장소로 향하는'이라는 표현에서
관형사형 어미 '-는'을 사용하여 '노인 지하철 택배원용 앱'이 제공하는 '최적
의 경로를 알려' 주는 기능을 구체화하고 있으므로, 해당 선지의 설명은 적
절하다.

⑤ ㉤에서 사용된 부사격 조사 '으로써'는 어떤 일의 수단을 나타낸다. 해당 문
장에 따르면, 노인들이 '그들이 여전히 사회의 일원이라는 인식'을 가져야
'건강한 사회 분위기'가 조성될 수 있으므로, 앞 절의 내용이 뒤 절의 내용
을 성립시키는 원인이라고 볼 수 있다. 따라서 해당 선지의 설명은 적절하
다.

4-4. ⑤

정답 설명

(나)에서는 노인 고용 확대를 통해 노인 개개인이 얻을 수 있는 긍정적 효과와
사회적 효과만을 언급하고 있다. '카드 B'에서는 기업이 노인 고용을 선호하는
이유를 나타내고 있으므로 이를 활용하여 노인 고용을 통해 기업이 얻을 수 있
는 기대 효과를 보여줄 수 있다.

오답 설명

① (나)에서 노인 일자리 유형을 구분하여 언급하지 않은 것은 맞다. 그러나 '카
드 A'에서는 노인 일자리를 공익형 일자리와 민간형 일자리(=수익형 일자리)
의 두 가지로 구분하고 있으므로, '카드 A'를 활용하여 노인 일자리의 세 가

지 유형을 제시하겠다는 해당 선지의 방안은 적절하지 않다.

② (나)에서 노인 일자리와 관련한 현재 정책의 문제점을 언급하지 않은 것은
맞다. 그러나 '카드 A'에서는 공익형 일자리는 늘었지만, 실질적인 소득으로
이어질 수 있는 수익형 일자리가 줄어든 것을 문제 상황으로 여기고 있다.
따라서 '카드 A'를 통해 공익형 일자리의 확대를 주장해야겠다는 해당 선지
의 방안은 적절하지 않다.

③ (나)의 '카드 3'에 노인 일자리가 노인들의 소득에 보탬이 된다는 내용이 제
시되어 있다. 따라서 이러한 내용이 언급되지 않았다는 해당 선지의 설명은
적절하지 않다.

④ (나)의 '카드 2'에서 노인 일자리를 제공하는 실제 기업의 사례를 제시하고
있으므로, 이러한 내용이 언급되지 않았다는 해당 선지의 설명은 적절하지
않다.

4-5. ③

정답 설명

(가)에서 그림 문자를 활용해 감정을 표현하는 대화 참여자는 찾을 수 없다.

오답 설명

① (가)에서 민주는 문자로 이루어진 자료('○○공원 관리소 답변.txt')와 영상 자
료('202×년_생태체험.avi')를 다른 대화 참여자들에게 공유하고 있다.

② (가)에서 정우가 '다 같이 모일 시간이 없으니 채팅방에서 회의할게.'라고 말
한 것에서 알 수 있다.

④ (가)에서 나연이 ○○공원 홈페이지로 이동할 수 있는 하이퍼링크를 제시하
면서 '○○공원 홈페이지에서 아마 적절한 이미지를 찾을 수 있을 거야.'라고
말한 것에서 알 수 있다.

⑤ (가)에서는 각 발언에 대한 '좋아요' 수를 통해 다른 대화 참여자들의 반응을
확인할 수 있다.

4-6. ②

정답 설명

(가)에서 민주는 작년 생태 체험 때 촬영한 동영상을 홍보 활용 목적으로 공유
하고 있다. 그러나 (나)는 해당 동영상을 직접적으로 삽입하지 않고, SNS에 게
시되어 있다는 문구를 제시하였다. 따라서 동영상을 삽입하여 생태 체험의 구체
적인 모습을 제시하였다는 해당 선지의 설명은 적절하지 않다.

오답 설명

① (가)에서 민주는 공원 관리소와 연락하여 생태 체험 시간을 4월 둘째 주 토
요일 오전 11시로 정했다고 언급하였다. 이러한 내용과 함께, (나)의 하단에
'★ 시간 : 202×. 04. 둘째 주 토요일 오전 11시'라는 문구를 넣어 생태
체험 시작 시간을 상세하게 제시하고 있으므로 적절하다.

③ (가)에서 민주는 생태 체험 참가 신청 방법을 자세히 알려 주자고 제안하고 있
다. 이는 (나)에서 화살표를 활용하여 단계별로 제시되고 있으므로 적절하다.

④ (가)에서 정우는 생태 체험이 스트레스 해소를 돕고, 생태 감수성을 기르는 기
회가 될 수 있음을 홍보물에 밝히자고 제안하고 있다. 이는 (나)의 중간에 '일
석삼조'라는 관용적 표현과 함께 제시되고 있으므로 적절하다.

⑤ (가)에서 나연은 ○○공원의 나비 박물관에서 멸종 위기 보호종인 꼬리명주
나비에 대해 학습하는 것이 생태 체험의 구체적인 프로그램임을 언급하면서,
그와 관련한 이미지를 활용하자고 제안하고 있다. 이를 반영하여 (나)에서
나비 이미지를 활용하고 있으므로 적절하다.

Part 5

매체 실전문제 5회

5-1. ⑤

정답 설명

(가)는 많은 사람들이 보는 대중적인 매체인 텔레비전 방송으로, 비교적 넓은 지역에 걸쳐 방송되는 특징을 지닌다. 그러나 (가)에서는 방송 내용을 수화로 통역하고 있을 뿐, 다양한 국가의 언어로 번역하는 기능을 제공하고 있지는 않다.

오답 설명

① (가)에서 진행자는 "선생님께서~있으시다고요?", "그럼~방법은요?"와 같이 전문가에게 질문을 던짐으로써 방송의 진행을 주도하고 있다. 이는 한정된 방송의 시간을 효율적으로 활용하기 위해 진행자가 방송의 흐름을 주도하는 역할을 수행하고 있는 것으로 볼 수 있다.
② (가)에서 진행자는 방송을 마무리하면서, "다음 주 주제는 성인 비만인데요, 성인 비만에 대한 궁금증을 시청자 게시판에 남겨 주세요."라며, 다음 방송의 주제를 예고하고 있다. 이를 통해 해당 방송이 주기적으로 송출됨을 알 수 있다.
③ (가)에서는 '(방청객들의 호응하는 소리)'나 방청객의 의견 등 방청객의 반응을 방송 중간중간에 활용하고 있다. 이는 일방향적으로 정보를 전달하는 텔레비전 방송의 한계를 보완하고 분위기를 바꾸고자 활용된 전략으로 볼 수 있다.
④ (가)에서 진행자는 방송을 마무리하며 시청자들에게 다음 방송 주제에 대한 의견을 시청자 게시판을 통해 받고 있음을 언급하고, 이러한 시청자 의견을 최대한 반영할 것이라 말하였다. 이는 다음 방송에 대한 시청자의 관심을 유도하려는 전략으로 볼 수 있다.

5-2. ④

정답 설명

ⓓ에서는 방청객의 발화 내용을 삭제하지 않았으며, 오히려 방청객의 발화에 대한 이해를 돕기 위해 '(이런 증상은)'과 같이 내용을 보충하고 있다. 또한, 방청객의 발화 중 방송 주제와 관련이 떨어지는 내용도 찾을 수 없다.

오답 설명

① ⓐ는 방송 내내 화면의 좌측 상단에 고정되어 있다. 이는 방송을 중간부터 보게 된 시청자도 방송 주제가 '청소년 우울증'임을 쉽게 파악할 수 있도록 하기 위함이다.
② ⓑ에 제시된 수치 중에서 '7.37%'는 '0.86%'보다 큰 글씨의 형태로 표기되어 있다. 이는 청소년이 스스로 보고한 우울증의 유병률이 더 높음을 강조하기 위함이다.
③ ⓒ는 방송에서 활용하고 있는 자료인 '청소년 우울증 자가 진단 항목'의 출처이다. 이는 방송 내용에 대한 시청자의 신뢰를 강화하기 위해 기재한 것이다.
⑤ ⓔ에는 방송의 진행에 따라 처음과 다른 그림이 제시되고 있다. 이는 진행자가 전문가에게 청소년 우울증 예방 방법에 대한 질문을 던짐과 동시에 이와 관련된 화면으로 변환하여 시청자가 방송 내용에 집중할 수 있도록 한 것이다.

5-3. ②

정답 설명

ⓒ의 '과'는 다른 것과 비교하거나 기준으로 삼는 대상임을 나타내는 부사격 조사이다. '부모 보고를 통해 진단된 우울증 유병률'을 '청소년이 스스로 우울증을 보고하여 진단된 우울증 유병률'과 비교하기 위해 부사격 조사 '과'를 사용하고 있다.

오답 설명

① ⓐ의 '모시다'는 '데리다'의 높임말로, 여기서 높임의 대상은 방송을 보고 있는 시청자가 아니라 스튜디오에 참석한 방청객인 '학부모님들'이다.
③ ⓒ의 '달리'는 '조건 따위가 서로 같지 않게'라는 의미의 부사이다. 해당 문장은 청소년 우울증과 사춘기의 차이점만 나타낼 뿐, 공통점에 대해서는 말하고 있지 않으므로 적절하지 않다.
④ ⓓ의 '가령'은 '가정하여 말하여'라는 의미의 부사이다. 그런데 이때 사례로 제시되고 있는 것은 아이가 우울감을 느낄 때 부모가 아이의 긍정적인 사고법을 유도하는 상황이다. 긍정적인 사고법을 길러주지 못하는 상황을 가정한 것이 아니므로 적절하지 않다.
⑤ ⓜ의 '우리'는 말하는 이가 자기와 듣는 이를 포함한 여러 사람을 가리키는 일인칭 대명사이다. 여기서 '우리'는 청소년이 아니라 어른의 입장과 연결되므로 적절하지 않다. 또한, 방송의 주된 시청자가 청소년인지도 알 수 없다.

5-4. ②

정답 설명

(가)는 화면을 통해 청소년 우울증 자가 진단 항목을 보여 주고, 더 자세한 테스트를 할 수 있는 웹 페이지의 주소를 화면에 제시하고 있다. 그런데 (나)의 QR 코드는 (가)에 제시된 '한국정신의학연구원 홈페이지'로 연결되는 것이 아니라 '□□고등학교 학생회'의 '퀴즈 이벤트'에 참여할 수 있는 경로로 연결되므로 적절하지 않다.

오답 설명

① (가)에서 제시한 청소년 우울증 자가 진단 항목은 청소년 우울증의 증상과 관련이 있다. (나)에서는 이를 청소년의 이미지와 연결된 말풍선의 내용으로 나타내어 수용자의 흥미를 끌고 있으므로 선지의 내용은 적절하다.
③ (가)에서 전문가는 청소년 우울증이 사춘기 증상과 비슷해 보여 구별하기 어려울 수 있음을 말하였다. 이는 (나)의 '청소년 우울증? 사춘기?'에 반영되어 있으며, (나)의 수용자가 청소년 우울증이라는 제재와 이와 관련된 캠페인을 향한 관심을 갖도록 유도하므로 선지의 내용은 적절하다.
④ (가)에서 전문가는 청소년 우울증을 예방하는 방법으로 청소년들은 규칙적인 생활하기, 낮에 햇빛 보기, 유산소 운동하기를, 부모는 아이와의 대화에서 긍정적인 사고법 길러주기가 효과적임을 언급하였다. 이 중 청소년이 실천할 수 있는 방법을 선별하여 (나)에서 '퀴즈 이벤트'의 힌트 부분에 이미지로 활용하고 있으므로 선지의 내용은 적절하다.
⑤ (가)에서 전문가는 청소년 우울증이 만성적 우울증으로 변할 위험이 있으므로 어른의 관심이 필요하다고 강조하였다. 이는 (나)의 '만성적 우울증으로 발전할 수 있는 청소년 우울증'에 활용되어, '만성적 우울증'이라는 글자를 강조함으로써 청소년 우울증의 위험성을 부각하는 역할을 하고 있다.

5-5. ①

정답 설명

⊙의 '카페정보'에서 '△△누리'의 공개 여부가 '비공개'임을 알 수 있다. 이는 해당 온라인 공간이 〈보기〉에서 언급한 '온라인 공간에서는 특정 사용자만을 정보 교환의 대상으로 삼는 폐쇄성이 나타나기도 한다.'라는 특징을 지님을 보여 준다. 또한 [화면 1] 온라인 카페 홈 화면 상단의 '△△고등학교 동아리 모임'을 통해 공개하는 대상이 '△△고등학교 동아리'와 관련된 '1,429명'임을 알 수 있다. 따라서 '△△누리'가 불특정(특별히 정하지 않은) 다수에게 공개된 공간이라는 선지의 진술은 적절하지 않다.

오답 설명

② ⓒ에서는 '△△누리'가 '케미스트리', 'U-Teen', '꿈을 꾸는 사람', '환경동아리'와 같은 각 동아리가 활동하는 공간임을 보여 주고 있다. 이를 통해 '△△누리'는 각자의 목적에 따라 공간을 분할하여 특정한 주제의 정보를 나눌 수 있음을 알 수 있다. 이는 〈보기〉에서 '(온라인) 공간은 더욱 세부적으로 분할되기도 하며, 각 공간의 특징은 그 공간의 사용자와 목적에 따라 다르게 나타난다.'라고 설명한 내용과 관련된다.

③ ⓒ에서는 [활동 후기]의 두 개 글이 모두 수정되었음을 확인할 수 있는데, 이때 '김◎◎'가 글쓴이에게 '다시 수정해 주세요~'와 같이 수정을 요구하고 있는 것에서 글의 수정이 글을 작성한 주체에 의해 직접 이루어짐을 알 수 있다.

④ ⓔ에서는 사용자가 글의 작성 시기와 작성자의 이름을 기준으로 게시글을 검색할 수 있음을 알 수 있다. 즉, 사용자는 다양한 검색 조건을 통해 게시판에 공유된 정보를 자신이 원하는 대로 선별할 수 있는 것이다. 이는 〈보기〉에서 '정보의 분류가 용이하다.'라고 설명한 내용과 관련된다.

⑤ ⓜ에서는 '기사 전문 링크'를 통해 기사의 전문을 읽을 수 있는 외부 공간으로 이동할 수 있는 경로가 제시되고 있다. 이는 〈보기〉에서 '하이퍼링크를 활용하면 다른 온라인 공간으로 쉽게 연결될 수 있어 정보를 빠르게 확장할 수 있'다고 설명한 내용과 관련된다.

5-6. ④

정답 설명

'양◉◉'의 댓글 내용 중 '다른 뉴스를 보니'에서 '양◉◉'이 기사를 이해하기 위해 다른 보도의 내용을 참고했음을 알 수 있다. 그러나 '양◉◉'은 본문의 기사에서 언급되지 않은 정보를 다른 보도의 내용을 통해 보충하고 있을 뿐, 본문의 기사가 편향적 관점을 지니고 있음을 비판하고 있지는 않다.

오답 설명

① '정○○'은 '기사에 나온 스웨덴의 환경운동가에 대해 궁금해서 찾아보니'에서 본문의 기사에서 언급한 인물인 '스웨덴의 17세 환경운동가'에 대해 추가적인 조사를 수행했음을 밝히고 있다. 이 결과를 댓글을 통해 다른 사용자에게 공유하고 있으므로 선지의 내용은 적절하다.

② '송◁◁'은 '어른이 아니라 청소년이 주도하는 시위라는 게 정말 뜻깊은 것 같아.'에서 본문의 기사에서 언급된 시위의 의의를 언급하며, '우리 환경동아리도 금요일 시위에 참여하면 어떨까?'와 같이 새로운 활동을 제안하고 있으므로 선지의 내용은 적절하다.

③ '김■■'은 '기사의 제목과 달리 기사 내용에서는 시위의 이유를 알려주지 않고 있음'을 언급하며 이를 '아쉽다.'라고 평가하고 있다. 이는 기사 내용에서

보완되어야 할 점을 언급하며 기사를 비판적으로 수용하고 있는 것이므로 선지의 내용은 적절하다.

⑤ '김◎◎'는 '기사에서 화물차 적재함을 끄는 청소년들의 사진을 보니 왠지 감동인걸.'에서 기사를 읽고 느낀 감상을 밝히며, '이런 기사가 더 많이 나온다면 환경 보호를 실천하는 청소년들이 늘어날 것 같아.'라며 본문의 기사가 지니는 효용을 긍정적으로 평가하고 있으므로 선지의 내용은 적절하다.

Part 06

매체 실전문제 6회

6-1. ②

정답 설명

기사는 해당 분야 전문가인 '한□□ 연구위원'과 '김○○ 교수'의 입장을 큰따옴표로 직접 인용해서 제시하여 기사의 신뢰도를 높이고 있다.

오답 설명

① 해당 기사는 시각 자료, 문자 자료 등의 복합 양식으로 구성되어 있다. 이는 하나의 통일된 주제와 관련하여 주제에 대한 수용자의 이해를 높일 수 있다. 즉, 복합 양식의 구성은 주제에 대한 수용자의 관심을 집중시키는 것이지, 분산시키는 것이 아니다.

③ 기사에서는 '최초 작성' 시간과 '수정' 시간을 모두 확인할 수 있다. 그러나 수용자는 '수정' 시간을 확인할 수 있을 뿐, 스스로 기사 내용을 복원할 수는 없다.

④ 해당 기사는 'SNS에 공유' 버튼을 통해 다른 SNS로 공유될 수 있다. 이때 공유를 하는 기사를 무단으로 가져가는 것이 아니기 때문에 저작권 침해의 문제는 발생하지 않는다.

⑤ 해당 기사에는 수용자가 '좋아요', '싫어요'와 같이 기사에 대한 반응을 제시할 수 있다. 그러나 수용자가 기사에 자신의 의견을 추가하여 수정할 수는 없다.

6-2. ④

정답 설명

기사의 "이는 지역 화폐의 발행으로 국가 전체적인 소비 증가 효과를 기대하기는 어렵다는 뜻이다."라는 내용은 기자의 주관적 생각이 아니라 한□□ 연구위원의 발언에 대한 해석이다. 따라서 이를 기자의 주관적 감상의 반영으로 보는 것은 적절하지 않다.

오답 설명

① [A]의 '최근 지자체에서 경쟁적으로 지역 화폐의 발행량을 늘리고 있는 것과 관련'에서 기사에서 다루고 있는 사건이 최근의 일임을 알 수 있다. 따라서 해당 기사의 주제는 시의성(당시 상황이나 사회 요구에 알맞은 성질)을 지니고 있다고 볼 수 있다.

② [A]의 "이는 최근 지자체에서 경쟁적으로 지역 화폐의 발행량을 늘리고 있는 것과 관련하여 더 면밀한 학술적 검토가 시급하다는 요구에 의한 것이었다."에서 학술대회가 개최된 이유를 언급하고 있다. 이는 현재 해당 주제에 대한 신속한 논의의 필요성을 보여 주면서 해당 주제의 알릴 가치를 드러내고 있는 것이므로 적절하다.

③ [A]에서는 전문가의 발화를 포함하여 그래프, 도표 등의 시각적 자료를 활용하여 기사의 내용을 뒷받침하고 있다.

⑤ [A]에서는 '조세정책연구원', '한국은행'과 같이 자료를 발행한 기관의 명칭을 제시하고 있으며, 발화자들의 소속 기관인 '☆☆대 경제학과', '한국조세재정연구원' 역시 명확히 밝히고 있다.

6-3. ③

정답 설명

학생은 메모에서 셋째 장면(#3)에 학술대회에서 지역 화폐를 다루게 된 이유를 최근 상황과 연결하여 알려 준다고 하였다. 그런데 #3에 제시된 '2016년에 비해 2020년 지역 화폐의 발행량은 무려 70배 이상 증가'를 지역 화폐의 부작용을 보여 주는 자료라고 보기는 어려우므로 해당 선지는 적절하지 않다.

오답 설명

① 학생은 메모에서 첫째 장면(#1)에 기사의 제목에 사용된 표현의 어조를 반영하여 제목을 구성한다고 하였다. '지역 화폐, 그럴듯하게 보이지만 실속은 0점?'이라는 제목은 "지역 화폐는 '빛 좋은 개살구'에 불과하다?"라는 표현을 해석한 것으로, 지역 화폐의 실질적 효과에 대한 의문의 어조를 반영하고 있으므로 적절하다.

② 학생은 메모에서 둘째 장면(#2)에 지역 화폐를 잘 모르는 학생들을 위해 지역 화폐 개념에 관해 설명한다고 하였다. '특정 지역에서 자체적으로 발행하여 그 지역 내부에서만 소비되는 화폐'라는 내용은 기사에서 설명한 지역 화폐의 개념이므로 적절하다.

④ 학생은 메모에서 넷째 장면(#4)에 지역별로 지역 화폐의 환수율이 다름을 한눈에 비교할 수 있도록 보여 준다고 하였다. #4에 제시된 그래프는 기사의 표를 막대그래프 형식으로 나타냄으로써 지역 화폐의 환수율이 지역마다 다르다는 사실을 효과적으로 보여 주고 있으므로 적절하다.

⑤ 학생은 메모에서 다섯째 장면(#5)에 관련 기사를 참고하여 지역 화폐에 대한 다양한 관점을 제시한다고 하였다. #5에 제시된 '지역 화폐로 인해 부가 가치가 상당하다는 의견'은 관련 기사 중에서 '지역 화폐로 인한 부가 가치 8천억에 이르러…'의 내용을 참고하여 다양한 관점을 제시한 것이므로 적절하다.

6-4. ①

정답 설명

(가)에서는 뉴스의 흐름에 따라 적절하게 시민과의 인터뷰와 전문가의 발언을 일부 제시하고 있다. 이를 통해 뉴스의 제작자가 자신이 의도한 바를 효과적으로 드러내기 위해 주체적으로 정보를 선별하여 제시하고 있음을 알 수 있다.

오답 설명

② (나)에서 '소비자 만족도 1위'라는 문구를 제시하고 있기는 하지만 광고라는 매체의 특성상 소비자가 주체적으로 정보의 전달 여부를 결정하고 있다고 보기는 어렵다.

③ 'A라는 점에서 B를 알 수 있다.'라는 선지 구성은 인과 관계를 잘 따져야 한다. 평가원이 난도를 높일 때는 선지에서 인과 관계를 집요하게 요구하기 때문이다. (가)에서는 잘못된 선택 기준을 지닌 시민과의 인터뷰와 올바른 선택 기준을 제시하는 전문가와의 인터뷰를 제시하고 있다. 그러나 이는 정보의 긴급성과는 상관이 없다.

④ (나)에서는 '소비자 만족도 1위'와 같은 정보를 제시하고 있지만, 구체적인 수치 자료나 자료의 출처를 제시하고 있지는 않다. 따라서 이를 통해 타당성 있는 정보로 구성되었다고 보기 어렵다.

⑤ (가)에서는 '카페 사장'의 직업을 지닌 소비자 1명의 인터뷰만을 제시하고 있으므로 소비자의 직업에 따라 제품 선택 기준을 분류하고 있다고 보기는 어렵다.

6-5. ④

정답 설명

@에서 사용된 '-는지'는 막연한 의문이 있는 채로 그것을 뒤 절의 사실이나 판단과 관련시키는 데 쓰는 연결 어미이다. 여기서 발화자인 교수가 앞 절에 제시된 사실의 실현 가능성에 대해 의문을 제기하고 있다고 보기는 어려우므로 적절하지 않다.

오답 설명

① ㉠에서는 보조사 '뿐'과 보조사 '만', 보조사 '도'를 사용하여 일상의 여러 장소에서 손 소독제가 사용되고 있음을 강조하고 있다.
② ㉡에서는 손 소독제의 종류가 다양해진 상황을 '홍수'에 비유하고 있다.
③ ㉢에서는 과거 어느 때에 직접 경험하여 알게 된 사실을 현재의 말하는 장면에 그대로 옮겨 와서 전달한다는 뜻을 나타내는 선어말 어미인 '-더-'를 사용하여 자신이 직접 경험한 과거 사실을 전달하고 있다.
⑤ ㉤에서 기자는 질문의 방식을 활용하여 뉴스 시청자들에게 손 소독제의 구매 이전에 의약품 안전나라 누리집에서 손 소독제에 대한 정보를 검색해 볼 것을 촉구하고 있다.

6-6. ③

정답 설명

'자료'에서 "으악! 바이러스 살려!"라는 말을 하는 대상은 손 소독제로 제거되는 바이러스이므로, 해당 이미지가 제품(손 소독제)의 의인화라는 선지의 진술은 적절하지 않다. 또한 수용자에게 말을 걸고 있지도 않다.

오답 설명

① (나)에서는 '두 마리 토끼'라는 관용적 표현을 활용하여 제품의 품질과 디자인이 모두 뛰어난 수준임을 드러내고 있다. 관용적 표현이란 '둘 이상의 단어가 고정적으로 결합하여 새로운 의미를 만들어 낸 경우, 그 단어 구성을 이르는 말'을 가리킨다.
② (나)에서는 '○○ 손 소독제'라는 제품명을 광고의 하단 부분에 따로 제시하여 제품명이 더 잘 보이도록 함으로써 주목도를 높이고 있다. 한편 '자료'에서는 손 소독제의 이름이 광고 하단이 아닌 손 소독제 병에 작게 기재되어 있다.
④ '자료'에서는 해당 제품이 "'의약외품'으로 표기된 "진짜" 손 소독제"임을 나타내고 있다. 이는 제품의 안전성을 드러내는 것으로 적절하다.
⑤ (나)에서는 '소비자 만족도 1위!'라는 문구를 통해, '자료'에서는 '인기에 힘입어'라는 문구를 통해 이전에 해당 제품에 대한 소비자의 반응이 긍정적이었음을 암시하고 있다. 이는 수용자들의 소비 욕구를 자극하기 위한 전략으로 적절하다.

7-1. ②

정답 설명

㉡에는 해당 누리집의 '추천 검색어'가 제시되어 있다. 그러나 ㉡에서 해당 단어들이 추천 검색어로 선정된 이유를 알 수는 없다. 즉, ㉡의 추천 검색어의 기준이 다른 사용자들의 검색 빈도인지는 알 수 없으며, 각 검색어를 입력한 이유 또한 파악할 수 없으므로 해당 선지의 내용은 적절하지 않다.

오답 설명

① ㉠에서는 지역의 날씨 정보를 제공하고 있다. (가)가 □□군의 누리집이라는 점을 고려할 때, ㉠의 날씨 정보는 □□군의 정보임을 알 수 있다. 이는 해당 누리집이 □□군에 관한 정보를 제공하는 곳이라는 점에서, 그러한 누리집의 특성을 반영한 것으로 볼 수 있다.
③ ㉢에서는 □□군 누리집이 제공하는 서비스들을 분야별로 구분하여 제시하고 있다. 즉, 사용자는 ㉢을 통해 □□군 누리집이 제공하는 정보가 무엇인지를 한눈에 파악할 수 있을 것이다.
④ ㉣은 사용자가 검색을 통해 얻은 결과 내에서 다시 한번 특정 내용을 검색할 수 있도록 하는 기능이다. 즉, 사용자는 ㉣을 통해 자신이 얻고자 하는 정보를 더 정확하게 선별할 수 있을 것이다.
⑤ ㉤에서는 누리집 사용자가 특정 검색 결과에 대한 만족도를 평가할 수 있는 문항을 제시하고 있다. 따라서 사용자는 ㉤을 통해 정보의 제공자가 특정 정보를 보완할 수 있도록 영향력을 행사할 수 있을 것이다.

7-2. ⑤

정답 설명

(나)의 하단에는 '알뜰교통카드'와 관련한 다른 기사들의 목록이 제시되어 있다. 해당 기사들은 본 기사의 주제와 유사성을 가진 기사들이 선별된 것이므로 수용자는 이를 통해 추가적인 검색을 수행하지 않고도 간편하게 정보를 확장할 수 있을 것이다.

오답 설명

① (나)의 상단에서 '◇◇일보'가 제공하는 기사들이 '종합', '사회', '문화', '경제', '세계' 등으로 구분되어 있음을 알 수 있다. 하지만 이를 통해 수용자가 해당 매체에 대한 다른 수용자들의 의견을 확인할 수는 없다.
② (나)의 '입력 20XX-XX-XX 13:00 | 최종수정 20XX-XX-XX 15:20'에서 기사의 입력 시각과 수정 시각을 제시하고 있음을 알 수 있다. 그러나 수용자가 이를 통해 해당 기사의 수정 내용을 순서대로 확인할 수는 없다.
③ (나)의 기사가 사진이나 영상 없이 텍스트로만 구성되어 있는 것은 맞지만, 이를 통해 수용자가 기사의 관점을 바로 파악할 수 있는 것은 아니다.
④ (나)의 기사 하단에서는 '이 기사를 추천합니다.', '이 기사를 추천하지 않습니다.'를 통해, 수용자가 기사에 관한 선호도를 표시할 수 있도록 하고 있다. 그러나 이를 통해 해당 기사가 사건을 균형적으로 전달하고 있는지는 알 수 없다.

7-3. ⑤

정답 설명

ⓒ의 '대체로'는 '전체로 보아서. 또는 일반적으로.'라는 의미의 부사이다. ⓒ에서 '대체로'는 '알뜰교통카드를 이미 사용 중인 타지역 주민들'의 일반적인 반응을 제시하기 위해 사용되었다. 즉, ⓒ의 '대체로'가 '□□군 주민들'의 보편적인 인식을 드러내기 위해 사용된 것이 아니므로 적절하지 않다.

오답 설명

① ⓐ의 '나'는 둘 이상의 사물을 같은 자격으로 이어 주는 접속 조사로, 나열되는 사물 중 하나만이 선택됨을 나타낸다. ⓐ에서 '나'는 알뜰교통카드를 통해 마일리지를 적립할 수 있는 조건인 도보와 자전거를 나열하기 위해 사용되었다.

② ⓐ의 '를'은 동작이 미친 직접적 대상을 나타내는 목적격 조사이다. ⓐ에서 '를'이라는 목적격 조사는 알뜰교통카드 마일리지 제도에 참여한 사람들에게 제공되는 것이 '250원~450원의 마일리지'임을 드러내기 위해 사용되었다.

③ ⓑ의 '이'는 바로 앞에서 이야기한 대상을 가리키는 지시 대명사이다. ⓑ에서 '이'는 앞서 언급한 '알뜰교통카드 마일리지 제도'이므로 '이'를 사용하여 글의 화제가 반복되는 것을 방지하였음을 알 수 있다.

④ ⓒ의 '까지'는 이미 어떤 것이 포함되고 그 위에 더함의 뜻을 나타내는 보조사이다. ⓒ에서 '까지'는 알뜰교통카드 마일리지 제도가 교통비 할인이라는 혜택을 줄 뿐만 아니라, 운동을 장려하므로 제도 참여자의 건강에도 도움이 된다는 사실을 강조하기 위해 사용되었다.

7-4. ④

정답 설명

'학생 4'는 "이미 알뜰교통카드를 이용해 본 사람의 의견을 듣고 나서 제도에 대한 기대가 커졌"다며, 보도에서 해당 제도에 실제 참여해 본 사람의 인터뷰 내용을 언급한 것을 긍정적으로 평가하였다. 또한 "금전적 보상보다도 건강을 위해 나도 참여해 보려고 해."라고 말하며, 해당 제도에 참여할 의사를 밝혔다. '학생 4'가 해당 제도를 통해 건강을 증진할 수 있다고 생각하였다는 점에서, 제도의 효용성을 긍정적으로 판단하였다고 볼 여지는 있으나, 보도에서 다양한 양식의 자료를 활용한 방식에 주목하고 있다고 볼 수는 없다.

오답 설명

① '학생 1'은 "기사에서 도보와 자전거에 따라 적립되는 마일리지의 차이를 알려 주지 않아서" 아쉽다고 말하며, 보도에 제도의 세부적인 내용이 제시되지 않았음을 지적하였다. 이를 바탕으로, '학생 1'이 보도 내용의 충분성을 부정적으로 판단하였음을 알 수 있다.

② '학생 2'는 "분리수거를 하면 지역 화폐를 제공하는 제도가 최근 인기가 많았잖아."라고 말하며, 기존에 시행되었던 다른 제도에 주목하고 있다. 이를 바탕으로 "알뜰교통카드 마일리지 제도 역시 대중교통 활성화에 큰 도움이 될 것 같"다며, 알뜰교통카드 마일리지 제도의 실효성을 긍정적으로 판단하고 있다.

③ '학생 3'은 "마일리지를 적립하기 위해 꼭 스마트폰을 이용해야 하는 건 불편하다고 생각해."라며, 제도를 실행하는 구체적인 방법에 주목하였다. 또한 "스마트폰이 익숙하지 않은 사람은 제도에 참여하기가 어려울 거야."라며, 해당 제도의 실천 용이성을 부정적으로 판단하고 있다.

⑤ '학생 5'는 "알뜰교통카드 마일리지 제도에 대한 참여를 유도하는 기사잖아."

라며, 보도의 목적이 제도 참여를 촉구하려는 것임에 주목하였다. 또한 "사용자가 실제로 교통비를 얼마나 아낄 수 있는지 알려줬다면 더 좋았을 거라고 봐."라며, 보도 내용의 구체성을 부정적으로 판단하였다.

7-5. ④

정답 설명

ⓔ은 '표현의 자유'가 무슨 뜻인지 확인하기 위해 '민호'가 검색한 내용이다. "메신저 안에서 검색할 수 있으니까 편하다."라는 '민호'의 말을 통해, 해당 대화방 내에서 단어의 의미 검색이 가능하며, 이를 다른 대화 참여자에게 공유할 수 있음을 알 수 있다. 이때, ⓔ에서는 해당 검색 내용의 일부를 제시하고 있으므로, 다른 대화 참여자들은 ⓔ을 통해 '민호'가 검색한 내용 중 일부를 먼저 볼 수 있을 것이다.

오답 설명

① ㉠은 특정 대화 참여자의 발언에 대해 다른 대화 참여자들이 공감하였다는 표시를 나타낸다. 그러나 ㉠에서 공감을 표시한 사람이 누구인지는 확인할 수 없다.

② ㉡에서 '민호'는, "이번 토론 주제가 '1인 미디어를 규제해야 한다.'였지? 우리는 반대 입장을 준비하기로 했고."라는 '예지'의 발언에 대해 긍정의 반응을 표하기 위해 이모티콘을 활용하였다. 그러나 ㉡의 이모티콘은 그림과 문자가 결합한 형태이며 청각적 요소가 활용되어 있다는 근거는 찾을 수 없으므로 선지의 내용은 적절하지 않다.

③ ㉢에서 '성민'은 "1인 미디어의 정의와 현재 규제에 관해 정리한 기사를 찾았는데, 공유할게."라고 말하며, '1인 미디어 규제, 어떻게 볼 것인가?'라는 기사를 공유하였다. 이어지는 '예지'의 "좋은 칼럼이다!"라는 반응을 통해서도, ㉢은 기사 칼럼임을 알 수 있다. 즉, '성민'이 하이퍼링크를 활용해 정보를 공유한 것은 맞지만, 이때 공유한 정보는 동영상이 아니므로 선지의 내용은 적절하지 않다.

⑤ ㉣을 통해, '민호'가 "그럼 토론 시간에 보자! 안녕!"이라고 말한 뒤, 대화방을 나갔음을 확인할 수 있다. 그러나 '민호'가 대화방을 나간 후에도 '성민'은 대화방에 "앗, 민호 벌써 나갔네? 예지도 수고했어! 그럼 토론 준비 잘하자!"라는 대화를 입력했으며, 이에 다른 대화 참여자가 공감을 표시하였음을 확인할 수 있다. 즉, 한 명의 대화 참여자가 대화방을 나가더라도 다른 대화 참여자들은 해당 대화방을 사용할 수 있으므로 선지의 내용은 적절하지 않다.

7-6. ③

정답 설명

'예지'의 "현재 1인 미디어가 지나치게 자극적인 내용을 생산하는 것은 사실이야."라는 발화를 통해 '예지'가 1인 미디어가 생산하는 내용을 부정적으로 인식하고 있음을 알 수 있다. 앞서 '예지'는, "1인 미디어 규제에 반대하는 이유로 가장 많이 꼽히는 건 표현의 자유 침해"라는 '성민'의 말에, "표현의 자유는 민주주의 사회의 구성원에게 보장되는 기본권"이라며 "강력한 근거가 될 수 있겠"다고 말하였다. 이를 고려할 때, '예지'가 "무슨 방법이 없을까?"라고 말한 것은, 1인 미디어를 규제하는 대신 1인 미디어의 부작용을 줄일 수 있는 방법에 관해 고민해야 함을 언급한 것으로 볼 수 있다. 즉, '예지'는 1인 미디어 규제를 실천할 방법이 아닌, 1인 미디어 규제를 시행하지 않으면서도 1인 미디어의 자극적인 내용을 줄일 수 있는 방법이 필요함을 언급한 것이다. 또한 (나)의 참여자들은 '1인 미디어를 규제해야 한다.'라는 토론 주제에 대한 반대 입장을 준비하고 있으므로, '예지'가 1인 미디어 규제를 실천할 방법이 필요함을 주장하고 있다고 볼 수는 없다.

오답 설명

① '예지'는 "1인 미디어 규제에 반대하는 이유로 가장 많이 꼽히는 건 표현의 자유 침해야."라고 주장한 '성민'의 의견에, "표현의 자유는 민주주의 사회의 구성원에게 보장되는 기본권이잖아."라고 말하며 표현의 자유에 대한 자신의 이해를 밝히고 있다. 또한 해당 문제가 1인 미디어 규제를 반대하는 "강력한 근거가 될 수 있겠어."라고 말한 것을 통해, '예지'가 1인 미디어 규제가 생산자의 기본권을 침해한다는 데 동의하고 있음을 알 수 있다.

② '민호'는 "최근 들어 미디어 산업의 중요성이 더욱 커졌잖아."라고 말하며, 미디어 산업의 중요성을 언급하고 있다. 또한 "아무래도 규제가 시행되면 새로운 콘텐츠 생산 자체를 위축시킬 수 있으니까."라고 말하며, 1인 미디어를 규제할 때 발생할 수 있는 부정적인 영향에 대한 우려를 표하고 있다.

④ '성민'은 "나는 소비자인 우리가 콘텐츠의 폭력적이거나 자극적인 면을 정화하기 위해 노력해야 한다고 봐."라고 말하며, 폭력적인 콘텐츠에 대한 부정적 인식을 드러냄과 동시에, 1인 미디어를 소비하는 소비자의 태도가 중요함을 주장하고 있다.

⑤ '민호'는 "소비자인 우리가 콘텐츠의 폭력적이거나 자극적인 면을 정화하기 위해 노력해야 한다고 봐."라고 주장한 '성민'의 의견에 "동의해."라며 동의의 뜻을 밝혔다. 이어서 "사회에 긍정적인 영향을 주는 건전한 콘텐츠에 관심을 기울이고 그러한 콘텐츠들을 소비한다면 폭력적이고 자극적인 콘텐츠는 사라지게 될 거야."라고 말하며, 1인 미디어 소비자가 할 수 있는 노력을 구체적으로 제시하였다.

Part 08

매체 실전문제 8회

8-1. ②

정답 설명

(나)는 2, 3문단에서 1인 1악기 사업과 관련하여 발생한 문제 상황의 원인을 규명하고 있다. 따라서 문제와 문제 상황의 원인으로 분석한 내용이 논리적으로 타당한지 확인하는 것은 (나)를 수용할 때 유의할 점으로 적절하다.

오답 설명

① (가)의 3문단에서 1인 1악기 사업에 참여한 학생들에게 어떠한 긍정적인 효과가 있었는지를 제시하고 있기는 하나, 이를 수치 자료를 활용하여 드러내고 있지는 않다.

③ (나)에서 1인 1악기 사업에 대한 교사들의 비판 내용을 확인할 수는 있으나, 특정 전문가의 발언을 인용하고 있는 부분은 찾아볼 수 없다.

④ (가)와 (나)는 모두 '1인 1악기 사업'에 관한 내용을 전달하고 있을 뿐, 수용자에게 특정 행동을 금지하려는 목적을 지니고 있지 않다.

⑤ (가)와 (나) 모두 1인 1악기 사업에 관련한 의견 대립의 양상을 제시하고 있지 않다. (나)의 경우, 1인 1악기 사업에 대한 비판점을 제시하고 있을 뿐, 해당 사업과 관련한 의견 대립은 나타나지 않는다.

8-2. ③

정답 설명

(나)는 기사가 최초로 작성된 시각과 최종 수정된 시각을 표시하고 있다. 이를 통해 수정 전 내용을 확인할 수는 없으며, 기사가 수정된 이유 또한 알 수 없다.

오답 설명

① (나)는 표제를 더 굵고 큰 글씨로 표기하고 있다. 이를 통해 독자들은 자연스럽게 표제에 더욱 주목하게 된다. 따라서 문자의 크기와 굵기를 조정함으로써 중심 화제에 대한 독자의 주목을 유도한다는 해당 선지의 설명은 적절하다.

② (나)는 '저작권자 ⓒ ○○일보 무단 재배포 금지'라는 문구를 통해 저작권자를 명시하고 있다. 이를 통해 해당 기사가 허락 없이 다른 곳에 배포될 수 없음을 밝히고 있으므로 해당 선지의 설명은 적절하다.

④ (나)는 ○○시와 관련된 다른 기사로 이동할 수 있는 하이퍼링크를 기사 하단 '눌러서 아래 기사로 이동하기' 란에 제시하고 있다. 이를 통해, 독자는 ○○시에 관한 다른 기사에 쉽게 접근할 수 있으므로 해당 선지의 설명은 적절하다.

⑤ (나)는 해당 기사를 작성한 박성찰 기자의 이름, 메일 주소를 기사 하단에 게재하였다. 이를 통해 독자들은 기사 작성자에게 기사에 대한 자신의 의견을 보낼 수 있으며, 작성자 역시 그에 대한 답변을 할 수 있을 것이다. 따라서 기사 작성자의 메일 주소를 게재함으로써 작성자와 독자 사이의 쌍방향 소통이 이루어질 수 있다는 해당 선지의 설명은 적절하다.

8-3. ②

정답 설명

'-ㄹ'은 앞말이 관형어 구실을 하게 하고 추측, 예정, 의지, 가능성 등 확정된 현실이 아님을 나타내는 어미이다. ⓒ의 '늘릴'에 활용된 관형사형 어미 '-ㄹ'이 특정 상황이 실현되어야 한다는 작성자의 생각을 드러내고 있는 것은 아니므로 적절하지 않은 설명이다.

오답 설명

① '이'는 바로 앞에서 이야기한 대상을 가리키는 지시 대명사이며, ㉠에서 '이'는 앞 문장에서 제시한 "'악동(악기 동무) 활동' 운영"을 가리킨다. 즉, ㉠은 지시 대명사를 활용하여 '악동 활동' 운영이 '학생들이 하나 이상의 악기를 다룰 수 있는 환경을 조성하는 것을 목적'으로 한다는 설명을 덧붙이고 있다.

③ '바람 잘 날 없다.'는 '근심과 걱정이 끊일 날이 없다.'라는 의미의 관용적 표현이다. ⓒ은 제목에서 이를 활용하여 "'1인 1악기' 사업"이라는 해당 기사의 중심 화제를 수식하고 있으며, 기사가 이에 대한 비판적 관점을 보일 것임을 암시하고 있다.

④ '-기에'는 원인이나 근거를 나타내는 연결 어미이다. ⓔ에서는 이를 활용하여 '문화 예술 전문가의 방문은 극히 제한되어 있다'는 내용과 '그 외의 시간에는 교사가 실습 교육을 진행해야' 한다는 내용의 인과 관계를 제시하고 있다.

⑤ '불과하다'는 '그 수량에 지나지 아니한 상태이다.'라는 의미이다. ⓜ에서는 이를 활용하여 '악기 납품을 신청한 32개 업체 중' '전문 업체'의 수가 적정 수준에 미치지 못하는 상태임을 드러내고 있다.

8-4. ④

정답 설명

'익명 3'은 자신이 다니는 학교의 상황을, '익명 4'는 얼마 전 1인 1악기 교육 사업에 대한 사설을 읽었던 경험을 떠올리고 있다. 두 경험은 모두 기사에서 다룬 '1인 1악기 교육 사업'과 연관된 주관적 경험이라고 할 수 있으므로 해당 선지의 설명은 적절하다.

오답 설명

① '익명 1'은 현재 시행 중인 정규 교육 과정에 단소와 리코더가 포함되어 있다는 점에서, 악기를 단소나 리코더로 변경해 달라는 교사들의 요구에 대한 의문을 제기하고 있다. 그러나 '익명 4'는 이에 대한 의문을 제기하고 있지는 않다.

② '익명 2'는 ○○시에서 악기 납품 업체에게 제시한 자격 요건을 기사가 언급하지 않았다는 점에 아쉬움을 표하며 기사 내용에서 보완되어야 할 점을 언급하고 있다. 그러나 '익명 3'이 기사에서 보완되어야 할 구체적인 내용을 파악하며 기사를 읽었다고 보기는 어렵다.

③ '익명 2'와 '익명 4' 모두 1인 1악기 교육 사업에 관한 정보의 신뢰성을 판단하고 있지 않다.

⑤ '익명 5'는 기사가 교사의 의견만을 언급한 것에 아쉬움을 표하고 있으므로 교육 사업을 바라보는 다양한 시각이 기사에 제시되지 않았다는 점에 아쉬움을 표한 것으로 볼 수 있다. 그러나 '익명 4'는 기사에 다양한 시각이 제시되었는지 점검하며 글을 읽었다고 보기 어렵다.

8-5. ④

정답 설명

박 기자는 '장면 4'에서 감정적 허기와 신체적 허기를 구분할 수 있는 표를 제시하고 감정적 허기의 특징을 언급하고 있다. 또한 '장면 5'에서 "지금 음식을

먹는 것"이 감정적 허기인지 신체적 허기인지 스스로 점검해 보자고 하였다. 따라서 박 기자가 두 허기를 점검하기 어렵다는 점을 언급했다고 보기는 어렵다.

오답 설명

① 진행자는 '장면 1'에서 "여름이 다가오면서 다이어트를 준비하는 분들이 많으실 겁니다. 그런데 살이 찌는 것이 '감정적 허기' 때문일 수도 있다는 사실, 알고 계신가요?"에서 '감정적 허기'를 방송의 주제로 삼게 된 배경(여름이 다가오며 다이어트를 준비하는 사람들이 많아짐.)을 제시함으로써 수용자들의 관심을 유도하고 있다.

② 박 기자는 '장면 2'에서 "감정적 허기란 스트레스나 불안으로 인해 발생한 가짜 식욕을 말하는데요."에서 감정적 허기의 정의를, "감정적 허기를 느낄 때마다 음식을 섭취하게 되면 체중이 증가함은 물론 위장의 기능에도 악영향을 미칠 수 있어 유의해야 합니다."에서 감정적 허기의 부정적 영향에 대해 언급하고 있다.

③ 전문가는 '장면 3'에서 "그런데 이 포만 중추가 불안, 분노, 외로움, 슬픔 등의 부정적 감정으로부터 자극을 받으면 가짜 식욕이 발생할 수 있습니다."에서 감정적 허기가 발생하는 신체적 원리를, "특히 청소년의 경우 신체적으로 큰 변화를 겪는 시기일 뿐만 아니라, 학업과 미래에 대한 스트레스가 커 감정적 허기에 더욱 민감할 수 있습니다."에서 청소년이 감정적 허기에 더 민감한 이유를 밝히고 있다.

⑤ 박 기자는 '장면 5'에서 "202×년 섭식 장애로 치료 받은 10대 청소년 환자는 총 1,300여 명으로 작년보다 1.3배가량 늘었습니다."에서 섭식 장애로 치료를 받은 청소년의 수를 작년과 비교하고 있다. 또한, "10대들은 섭식 장애를 다이어트의 일종으로 여기는 경우가 많아 발병 자체를 모르는 경우가 부지기수"라는 점을 제시하며 특히 청소년들에게 문제 상황이 심각함을 드러내고 있다.

8-6. ④

정답 설명

(나)에서는 '장면 4'에 사용된 도표를 제시하여 감정적 허기의 특징을 수용자가 한눈에 파악할 수 있도록 전달하고 있다.

오답 설명

① '장면 1'에서 '감정적 허기'와 다이어트의 관련성이 언급된 것은 맞으나, (나)는 효과적인 다이어트 방식을 알려 주고 있지 않다.

② '장면 2'의 "감정적 허기란 스트레스나 불안으로 인해 발생한 가짜 식욕을 말하는데요."라는 설명과, "감정적 허기를 느낄 때마다 음식을 섭취하게 되면 체중이 증가함은 물론 위장의 기능에도 악영향을 미칠 수 있어 유의해야 합니다."라는 내용을 통해, '가짜 식욕'이 야기할 수 있는 문제점이 언급되어 있음을 알 수 있다. 그러나 (나)에서 이를 드러내는 사례를 활용하고 있지는 않다.

③ '장면 3'에서는 "특히 청소년의 경우 신체적으로 큰 변화를 겪는 시기일 뿐만 아니라, 학업과 미래에 대한 스트레스가 커 감정적 허기에 더욱 민감할 수 있습니다."라는 설명을 통해 청소년기의 특징을 제시함으로써 청소년이 감정적 허기에 더욱 민감함을 알리고 있다. 그러나 (나)에서 이런 청소년기의 특징을 언급하고 있지는 않다.

⑤ '장면 5'에서는 '감정적 허기'를 다스리는 방법을 언급하고 있지 않으며, (나) 또한 섭식 장애를 치료할 수 있는 방안을 제시하며 글을 마무리하고 있지 않다.

Part 09

매체 실전문제 9회

9-1. ②

정답 설명

(가)에서는 제시된 자료의 출처가 '도로교통공단', '정책 연구회'임을 명확히 밝히고 있지만, (나)에서는 제시된 자료의 출처를 명확히 밝히고 있지 않다. 따라서 신뢰할 수 있는 정보인지 확인하는 것은 적절한 수용 태도이다.

오답 설명

① (가)는 신문의 기사로, 작성자의 주관을 최대한 배제하는 글의 형식을 취하고 있다. (가)에서 작성자의 주관이 드러난 부분은 찾기 어려우므로 해당 선지는 적절하지 않다.

③ (나)가 청소년을 대상으로 하는 교통 정책에 대한 우려를 표하는 전문가의 의견을 제시하고 있는 것은 사실이나, 이는 (가)에서도 제시된 의견이다. 또한 예상되는 반론에 대해 재반박하는 내용을 (나)에서 찾아볼 수 없다.

④ (가)와 (나) 모두 특정 정책에 대한 대립되는 의견을 다루고 있지 않다. (가)의 '예산 마련에 우려를 표하는 견해'와 (나)의 '재원 마련'에 대한 '우려'는 청소년 교통 정책에 대한 개선이 필요하다는 의견일 뿐, 정책에 반대하는 의견은 아니다.

⑤ (가)와 (나)는 청소년을 대상으로 한 교통 정책에 대해 다양한 관점을 제시하고 있다. 그러나 (가)와 (나) 모두 각 관점을 균형적으로 반영한 새로운 대안을 제시하고 있지는 않다.

9-2. ⑤

정답 설명

(가)의 4문단에서 '일부의 정책 전문가들'은 도시 인구의 급증과 버스 수요의 증가 가능성을 언급하며, 이를 고려한 대책이 필요함을 지적하고 있다. 그런데 (나)의 '카드 4'에서는 이 두 가지 이유 중 인구의 급증만을 이미지로 보여 주고 있으므로 선지의 설명은 적절하지 않다.

오답 설명

① (가)의 2문단에서는 연령별 대중교통 이용 비율에 대한 조사 결과를 제시하고 있다. 이는 (나)의 '카드 1'에서 원그래프로 시각화하여 제시되고 있으므로 적절하다.

② (가)의 2문단에서는 연령별 대중교통 이용 비율에 대한 조사 결과로 대중교통을 이용하는 사람 중에서 청소년의 비율이 37.1%임을 밝히고 있다. 이는 (나)의 '카드 1'에서 '대중교통의 이용객 중 약 37%가 8세부터 19세의 청소년이라는 사실 알고 계신가요?'라는 질문의 형태로 제시되고 있으므로 적절하다.

③ (가)의 2문단에서 청소년이 경제적으로 취약한 계층이라는 사실이 드러나고 있다. 이는 (나)의 '카드 2'에서 돈에 대해 걱정하는 청소년의 이미지로 제시되고 있으므로 적절하다.

④ (가)의 1문단에서 ○○시가 '청소년 교통비 지원 사업'을 통해 청소년에게 교통비를 연 12만 원까지 지역 화폐로 환급해 주는 정책을 시행하고 있음을 제시하고 있다. 이는 (나)의 '카드 3'에서 정책 시행 주체인 ○○시의 이미지와 대상자인 청소년의 이미지 사이에 화살표를 활용하여 제시되고 있으므로 적절하다.

9-3. ③

정답 설명

ⓒ의 '합의가 이루어진'에서 '-어지다'라는 피동 표현을 사용하고 있기는 하지만 이것이 정책에 대한 사회적 합의 강요에 의한 것임을 보여 주는 것은 아니다. 오히려 ⓒ에서는 청소년을 대상으로 한 교통 정책에 대한 사회적 합의가 자연스럽게 이루어진 것임을 드러내고 있다.

오답 설명

① ㉠에서는 관형사형 어미 '-는'을 사용하여 '청소년 교통비 지원 사업'의 내용이 '8세부터 19세 이하 청소년의 교통비를 연 12만 원까지 지역 화폐로 환급하는' 것임을 제시하고 있다.

② ㉡의 지시 대명사 '이'가 가리키는 것은 앞 문장의 '청소년을 위한 교통 정책은 이미 다양한 지역에서 시행되고 있다'는 사실이다. ㉡의 내용은 이러한 교통 정책이 다양한 지역에서 시행되는 이유를 언급한 것이므로 적절하다.

④ ㉣에서는 간접 인용을 나타내는 조사 '고'를 사용하여 정책 연구회가 발표한 자료의 구체적인 내용을 밝히고 있으므로 적절하다.

⑤ ㉤의 접속 부사 '그러나'를 통해 청소년을 대상으로 한 교통 정책의 긍정적인 면을 조명한 이전 문단의 내용과 달리 해당 문단에서는 청소년을 대상으로 한 교통 정책에 대한 우려를 언급할 것임을 보여 주고 있으므로 적절하다.

9-4. ②

정답 설명

(나)에는 ○○시의 정책이 지역 경제 활성화에 도움이 된다는 내용이 언급되어 있지 않다. 한편 '카드 A'에서는 지역 화폐가 지역 경제 활성화를 위한 것임을 언급하고 있다. 따라서 이를 활용하면 ○○시의 정책이 지역 경제 활성화에 도움이 될 수 있다는 가능성을 보여 줄 수 있으므로 적절하다.

오답 설명

① (나)의 '카드 3'에서 ○○시의 정책의 내용이 구체적으로 언급되고 있으므로 적절하지 않다.

③ (나)의 '카드 4'에서 ○○시의 정책에 대한 전문가의 평가가 언급되고 있으므로 적절하지 않다.

④ (나)에서 ○○시의 정책이 청소년에게 미치는 영향에 대해 언급하지 않은 것은 맞으나 '카드 B'는 청소년에게 환급한 교통비가 어떻게 사용되었는지를 보여 주고 있을 뿐, '카드 B'가 청소년의 지출이 전보다 증가했음을 드러낸다고 보기는 어렵다.

⑤ (나)의 '카드 2'에서 '청소년은 경제적 취약 계층이기에 청소년을 위한 교통 정책의 필요가 대두되었'다는 내용이 제시되었으므로 적절하지 않다.

9-5. ⑤

정답 설명

(나)의 게시글의 수용자가 익명으로 댓글을 작성한 것은 맞으나, 댓글에서 인터넷 윤리가 지켜지지 않고 있는 부분은 찾아볼 수 없다.

오답 설명

① (가)에서 재현이 "발표회를 더 널리 알리기 위해 학교 누리집에 포스터를 올

리는 건 어떨까?"라고 말한 것을 통해 게시글을 작성한 목적이 발표회를 홍
보하기 위한 것임을 확인할 수 있다.

② (가)에서 재현이 "다들 댓글 읽어 봤어? 포스터를 보고 발표회에 오겠다는
의견들이 많더라."라고 말한 것과 승연이 "좋아요 수를 보니 뿌듯하더라. 그
리고 발표회에 개인 자격으로 참가할 수는 없냐는 의견도 있더라고."라고 말
한 것에서 확인할 수 있다.

③ (나)의 댓글 부분을 통해 게시글의 수용자끼리 상호 작용하고 있음을 확인할
수 있다. 또한 '개인 자격으로도 참가할 수 있으면 좋겠'다는 한 수용자의
말에 "그러게요. 저도 참가하고 싶은데…"라고 다른 수용자가 대답한 것에서
수용자끼리 서로의 의견에 공감을 표출하고 있음을 확인할 수 있다.

④ (나)의 댓글 부분을 통해 게시글의 수용자가 '개인 자격으로도 참가할 수 있
으면 좋겠'다고 이야기하자, 작성자가 "다음 발표회 때에는 꼭 고려해 보도
록 하겠습니다!"라고 말한 것을 통해 확인할 수 있다.

9-6. ⑤

정답 설명

(나)에서는 "참석자 대상 경품 이벤트도 있으니 꼭 들러 주세요!"와 같이 참석자
를 대상으로 하는 이벤트가 있음을 알리는 정보를 제시하고 있다. 그러나 이는
(가)에서는 언급되지 않은 내용이므로, 이를 반영하였다는 선지의 진술은 적절하
지 않다.

오답 설명

① (가)에서 재현이 "일단 발표회가 열리는 장소, 시간을 명확히 제시해야겠지?
포스터 하단에 잘 보이게 적어 두자."라고 말한 부분이 (나)에 반영되어, 포
스터 하단에 발표회 장소와 시간이 크고 굵은 글씨로 제시되어 있다.

② (가)에서 승연이 "장소는 약도를 같이 제시해서 찾아오기 쉽게 해 주자."라고
말한 내용과 나연이 "약도보다는 지도 어플로 이어지는 큐알 코드를 활용하
는 게 어때?"라고 말한 내용이 (나)에 반영되어, 포스터의 우측 하단에 지도
어플리케이션과 연결되는 큐알 코드가 제시되어 있다.

③ (가)에서 재현이 "또 이번 발표회 주제가 두 명이 짝을 이뤄 추는 재즈 댄스
임을 이미지로 드러내면 좋겠어."라고 말한 내용이 (나)에 반영되어, 포스터
전면에 남녀가 손을 맞잡고 춤을 추는 이미지가 제시되어 있다.

④ (가)에서 나연이 "그리고 발표회에 다른 학교의 댄스 동아리도 참여한다는
걸 강조하는 게 좋겠어."라고 말한 내용이 (나)에 반영되어, 포스터에 "△△
고등학교 2팀과 ○○고등학교 1팀도 참가합니다."라는 문구를 통해 참가하
는 고등학교의 이름이 제시되어 있다.

10-1. ④

정답 설명

[화면 3]에서는 환경부 관계자의 전화 인터뷰 내용 중 주요 부분을 요약하여 자
막으로 제시하고 있다. 이는 음성을 원활하게 들을 수 없는 시청자를 배려하여
시청자가 방송의 내용을 이해하는 데에 도움을 주는 것이므로 해당 선지의 내용
은 적절하다.

오답 설명

① [화면 1]에서는 발화자인 '최○○ 기자'의 이름을 자막으로 제시하고 있을
뿐, '최○○ 기자'의 소속을 표기하고 있지 않다.

② [화면 1]에서는 진행자와 기자의 모습을 한 화면에 좌우로 배치하여 보여 주
고 있으나, "오늘은 스튜디오에서 최○○ 기자와 함께 인사드립니다."라는
진행자의 발화를 통해 두 인물이 같은 장소에 있음을 알 수 있다.

③ [화면 2]에서는 우측 상단의 화면으로 '자원순환보증금' 앱을 통해 일회용 컵
을 반납하는 방법을 제시하고 있다. 그러나 통화를 활용하여 일회용 컵을 반
납하는 방법을 설명하고 있지는 않다.

⑤ [화면 1]~[화면 3]의 하단에는 서울, 부산, 울산의 날씨 정보가 노출되고 있
다. 그러나 이는 주요 지역의 날씨 정보를 보여 주는 것이지, 개별 시청자의
위치를 반영한 시청자 맞춤형 정보를 제공하고 있는 것이 아니다.

10-2. ②

정답 설명

ⓛ의 '그런데'는 '화제를 앞의 내용과 관련시키면서 다른 방향으로 이끌어 나갈
때 쓰는 접속 부사'이다. ⓛ에서 '그런데'를 사용하여 뉴스의 주제인 '일회용 컵
보증금제'가 다른 주제로 전환되지 않았으므로, 해당 선지의 내용은 적절하지 않
다.

오답 설명

① ㉠의 '그'는 '앞에서 이미 이야기한 대상을 가리킬 때 쓰는 지시 관형사'이다.
㉠에서 '그 컵'은 판매자가 보증금 300원을 반영한 가격으로 판매한 음료를
담은 일회용 컵을 가리킨다.

③ ㉢의 '-면'은 '뒤의 사실이 실현되기 위한 단순한 근거 따위를 나타내거나 수
시로 반복되는 상황에서 그 조건을 말할 때 쓰는 연결 어미'이다. ㉢에서 '-
면'은 '자원순환보증금' 앱에서 바코드가 표시되기 위해서는 바코드 아이콘을
누르는 행위가 필요함을 나타내기 위해 사용되었다.

④ ㉣의 '으로'는 '변화의 방향을 나타내는 부사격 조사'이다. ㉣에서 '으로'는 무
인 회수기의 설치 범위가 현재 △△시 한 곳에서 전국으로 확대될 것임을
나타내기 위해 사용되었다.

⑤ ㉤의 '도'는 '이미 어떤 것이 포함되고 그 위에 더함의 뜻을 나타내는 보조사'
이다. ㉤에서 '도'는 발화자인 진행자 역시 일회용 컵 보증금제에 참여할 것
임을 나타내기 위해 사용되었다.

10-3. ②

정답 설명

'학생 2'는 "'일회용 컵 보증금제'에 적극적으로 참여한다면 재활용 수준을 높이

는 데 도움이 될 거야."라며 (가)에서 언급한 제도의 실효성(실제로 효과를 나타내는 성질) 측면을 긍정적으로 평가하였다. 그러나 (가)에서 스마트폰 이용 현황에 관해 제시한 부분은 확인할 수 없으므로 선지의 내용은 적절하지 않다. '학생 2'가 "스마트폰 사용 인구가 훨씬 많은 건 사실이잖아."라고 한 것은 스마트폰 이용 현황에 관한 '학생 2'의 배경지식이라고 보는 것이 적절하다.

오답 설명

① '학생 1'은 "보증금을 돌려받으려면 스마트폰 앱이 필요한데, 스마트폰에 익숙하지 않은 사람들도 있으니까 말이야."라며 제도의 구체적인 시행 방식에 주목하였다. 이는 (가)에서 보증금을 돌려받기 위해서는 "스마트폰에 '자원순환보증금' 앱을 설치해야" 한다고 언급한 내용과 관련이 있다. 이를 바탕으로, '학생 1'은 "실제로 잘 운영될 수 있을지 걱정이 되더라."라며 (가)에서 언급한 제도의 실천 용이성 측면을 부정적으로 판단하였다.

③ '학생 3'은 "'일회용 컵 보증금제'는 상품 가격의 상승으로 매출에 타격을 입을 수 있는 판매자들을 고려하지 않은 제도인 것 같아."라며 제도가 판매자에게 부담이 될 수 있다는 점에 주목하였다. 이는 (가)에서 "판매자는 정부가 정한 보증금 300원을 반영한 가격으로 일회용 컵에 담긴 음료를 판매"한다고 언급한 내용과 관련이 있다. 이를 바탕으로, '학생 3'은 "소비자의 입장만을 다루고 있어 아쉬웠어."라며 (가)의 보도의 균형성 측면을 부정적으로 판단하였다.

④ '학생 4'는 "제도가 시행되는 시점에 맞춰서 필요한 정보를 알려 주어서 좋았어."라며 제도의 시행 시기에 주목하였다. 이는 (가)에서 "환경부에서 실시하는 '일회용 컵 보증금제'가 다음 주부터 △△시에서 본격적으로 시행될 예정입니다."라고 언급한 내용과 관련이 있다. 이를 바탕으로, '학생 4'는 (가)의 시의성(그 당시 사정이나 사회적 요구에 들어맞는 성질) 측면을 긍정적으로 판단하였다.

⑤ '학생 5'는 "'일회용 컵 보증금제'가 미래 세대에게 어떤 도움을 줄 수 있는지 알려 주지 않더라고."라며 (가)에서 제도의 기대 효과를 상세하게 설명하지 않은 점에 주목하였다. 이는 (가)에서 관계자가 "미래 세대를 위해 이번 제도가 잘 정착될 수 있도록 도와주시기를 바랍니다."라고 언급한 내용과 관련이 있다. 이를 바탕으로, '학생 5'는 "그런 점을 보완했다면 더 좋았을 것 같아."라며 (가)의 내용의 충분성 측면을 부정적으로 판단하였다.

10-4. ①

정답 설명

'카드 1'에서는 제도에 참여하는 주체인 '판매자'와 '소비자'를 구분하고, 이러한 역할에 달라지는 참여 방식을 제시하였다. 이는 (가)의 "판매자는 정부가 정한 보증금 300원을 반영한 가격으로 일회용 컵에 담긴 음료를 판매하고, 소비자는 그 컵을 반납함으로써 보증금을 돌려받는 제도인데요."를 반영한 것이다. 즉 해당 내용은 '일회용 컵 보증금제'에 판매자와 소비자가 각각 참여하는 방식을 제시한 것으로, 제도의 가치를 구분하여 제시한 것이 아니다.

오답 설명

② '카드 1'에서는 '일회용 컵 회수와 재활용 활성화'라는 글자를 진하게 표시하고, 밑줄을 추가하였다. 이는 (가)의 "제도 시행을 통해 일회용 컵 회수와 재활용이 활성화될 것으로 기대됩니다."에서 제시한 일회용 컵 보증금제의 시행 목적을 부각하기 위함이라 볼 수 있다.

③ '카드 2'에서는 '자원순환보증금' 앱을 소개하면서 해당 앱을 내려받을 수 있는 QR 코드를 제시하고 있다. 이는 (가)의 "소비자들은 어떻게 보증금을 돌려받을 수 있을까요? 먼저 스마트폰에 '자원순환보증금' 앱을 설치해야 합니

다."를 반영한 것이다.

④ '카드 3'에서는 앞서 '카드 2'에서 소개한 '자원순환보증금' 앱을 활용해 일회용 컵을 반납하는 방법을 순서대로 제시하면서, 이를 '❶, ❷'의 기호를 이용해 항목화하고 있다. 이는 (가)의 "지도 아이콘을 누르면 사용자 주변의 반환 장소가 검색되고요, 반환 장소에서 바코드 아이콘을 누르면 사용자의 정보가 포함된 반환 바코드가 표시됩니다. 표시된 바코드를 반환 장소에 있는 무인 회수기의 스캐너에 인식시키면 일회용 컵 반납이 시작되지요."를 반영한 것이다.

⑤ '카드 4'에서는 일회용 컵 보증금제가 '미래 세대를 위한 작은 실천'임을 언급하며 아이들의 이미지를 활용하고 있다. 이는 (가)의 "지금 당장은 불편하게 느껴지시겠지만, 미래 세대를 위해 이번 제도가 잘 정착될 수 있도록 도와주시기를 바랍니다."를 반영한 것이다.

10-5. ④

정답 설명

"채팅 올라오는 속도가 현저히 떨어지고 있는데, 많이들 지루하신가요? (발랄한 음악을 튼다.) 이렇게 하시면 됩니다!"에서 진행자는 배경 음악을 활용하고 있다. 시청자가 지루하게 느낄 수 있는 부분에 음악을 활용할 경우, 시청자들이 내용에 흥미를 유지하여 방송에 머물 수 있게 되므로, 음악 활용은 접속자의 이탈을 막기 위한 것으로 볼 수 있다.

오답 설명

① "이제 실을 묶어야 하는데, 멀리서 찍으면 잘 안 보이니까 카메라 위치를 바꿔서 제 손만 보여 드릴게요. 잠시만요. (카메라의 방향을 바꾼다.)"에서 진행자는 방송 도중에 직접 카메라의 각도를 조정하고 있다. 따라서 카메라를 각도별로 미리 여러 대 준비해 두었다고 볼 수 없다.

② 진행자는 "오늘 영상이 재밌으셨다면 구독 부탁드립니다. 새로운 영상이 올라가면 알림을 받으실 수 있고, 실시간 방송에서 구독자 채팅에도 참여하실 수 있어요."라고 하였다. 이는 아직 구독하지 않은 사람들을 대상으로 한 발화로 볼 수 있으며, 구독자 외의 시청자도 방송을 시청하는 것은 가능함을 알 수 있다.

③ 진행자는 방송 화면의 오른쪽 하단에 '유료 광고 포함'이라는 자막을 제시하고 있다. 광고가 포함되었다는 사실을 알렸으므로 선지의 내용은 적절하지 않다.

⑤ "어려워하시는 분들이 많으니 천천히 다시 보여 드릴게요. 이번에는 잘 보고 따라해 보세요. (영상이 0.8배속으로 다시 재생된다.)"에서 진행자는 영상을 직접 0.8배속으로 조정하여 다시 재생하고 있다. 수용자가 동영상의 속도를 직접 조정할 수 있는 기능은 제시되지 않았다.

10-6. ⑤

정답 설명

[T]에서 진행자는 '저 지금 접속했는데! 벌써 다 만든 건가요!'라는 '에이스'의 채팅을 읽은 후, "중간에 접속하신 분들은 현재 실시간 방송이 끝난 후, 제 계정에 바로 올라가는 무편집 영상을 시청해 주세요."라고 말하였다. 이를 통해, 시청자가 시공간의 제약 없이 정보를 얻을 수 있음을 알 수 있다. 그러나 해당 방송에서 진행자가 즉각적으로 올라오는 시청자의 채팅에 반응하는 모습을 보여 주는 양방향 소통은 실시간 방송 중에만 가능한 것이므로, "실시간 방송이 끝난 후" 계정에 올라온 다시 보기 기능을 이용하는 시청자는 진행자와 양방향으로 소통할 수 없다.

오답 설명

① [A]에서 '송송이'는 "오늘 만들 '방패연'에 관해 다들 잘 알고 계신가요?"라는 진행자의 질문에, '방패연은 우리나라에만 있다고 알고 있어요!'라고 대답하였다. 이에 진행자는 "송송이님, 제가 원하는 대답이에요."라고 답하였는데, 이는 '송송이'의 답변이 진행자의 의도에 맞는 것이었음을 보여 준다. 즉, 시청자가 진행자의 질문에 실시간으로 답함으로써 진행자가 의도한 대로 방송이 전개될 수 있음을 알 수 있다.

② [B]에서 '치즈'는 '뚝딱샘님 SNS 보고 준비물 준비 완료!'라고 채팅을 하였으며, 이에 진행자는 "제 SNS를 통해 방송 하루 전에 미리 준비물을 확인하실 수 있답니다."라고 말하였다. 즉, 진행자는 SNS와 같은 다른 매체를 통해 방송에 필요한 준비물을 미리 공지함으로써, 방송에 대한 시청자의 참여도를 높이고 있음을 알 수 있다.

③ [C]에서 '도끼'가 작성한 채팅은 '규칙 위반으로 자동 삭제'되었다. 또한 진행자는 "채팅창에 비속어와 같은 부적절한 표현을 쓰면 자동으로 내용이 삭제됩니다. 많은 분들께서 함께하고 계시니까 대화 예절을 지켜주세요!"라고 말하였다. 즉, 해당 방송 매체는 채팅창에 작성된 부적절한 표현을 제재함으로써, 시청자가 채팅에서 대화 예절을 지키도록 유도하고 있음을 알 수 있다.

④ [D]에서 '낙동강'은 진행자에게 '너무 어려워요!! 다시 보여 주세요!'라고 요청하였으며, 이에 진행자는 "시간 관계상 바로 다음으로 넘어가려고 했는데, 어려워하시는 분들이 많으니 천천히 다시 보여 드릴게요."라고 답하였다. 즉, 시청자는 자신이 원하는 바를 직접 밝힘으로써 진행자가 방송의 순서를 조정하는 데 개입하고 있음을 알 수 있다.

Part_11　매체 실전문제 11회

11-1. ①

정답 설명

'⤳SNS에 공유하기'를 통해 누리 소통망[SNS]에 기사를 공유할 수 있으므로, 기사에 제시된 정보가 신속하게 전파될 수 있다.

오답 설명

② '👍좋아요(27)'를 통해 기사에 대한 각 수용자의 선호를 확인할 수 있으나 이를 바탕으로 수용자가 정보를 직접 편집할 수 있는 것은 아니다.

③ '☞ 관련 기사(아래를 눌러 바로 가기)'를 통해 기사와 연관된 다른 기사를 열람할 수 있으나, 이를 바탕으로 다른 수용자들의 의견을 구체적으로 확인할 수 있는 것은 아니다.

④ '202X.07.XX. 09:40 최초 작성 / 202X.07.XX. 17:35 수정'에서 기사의 최초 작성 시간과 수정 시간이 명시되어 있음을 확인할 수 있으나, 이를 통해 다른 수용자가 기사를 열람한 시간의 간격을 확인할 수는 없다.

⑤ 기사가 문자 및 사진 자료, '셔틀봇 이용법'에 관한 영상 등 복합 양식으로 구성되어 있는 것은 맞지만, 이것이 기사 내용의 유통 시간에 영향을 미치는 것은 아니다.

11-2. ⑤

정답 설명

영상의 섬네일에 '셔틀봇'과 기존 앱의 이미지가 함께 제시되어 있는 것은 맞지만, 이는 두 수단 간의 차이를 부각하는 것이 아니라 '셔틀봇'이 기존 앱과 연계되어 있다는 점을 부각하기 위한 것이다.

오답 설명

① '국토 교통부 제공'이나 '△△군 제공'을 명시하여 각 자료의 출처를 밝힘으로써 정보의 신뢰성을 확보하고 있다.

② '국토 교통부'로부터 '셔틀봇'이 자율주행 자동차 레벨3 임시운행 허가를 받았다는 내용을 확인할 수 있으며, 이 자율주행단계에 관한 정확한 정보 전달을 위해 '국토교통부'의 자료를 제시하고 있다.

③ '자율주행단계'가 높아질수록 운전자의 관여도가 낮아진다는 사실을 부각하기 위해, 단계별 정보를 왜곡하지 않는 선에서 운전자와 자동차의 이미지를 활용하고 있다.

④ 자율주행차량에 대한 긍정적 전망을 조명할 때 기자는 자신의 주관을 배제하고 정보에 객관성을 부여하기 위해 '군 관계자'의 진술을 언급하고 있다.

11-3. ⑤

정답 설명

학생의 메모 중 '셔틀봇'의 기대 효과와 전망을 '한 화면'에 제시한다는 계획과는 달리, 장면 구상 내용에서는 화면이 '전환'된다고 하였으므로 이는 메모를 제대로 반영하지 않은 것으로 볼 수 있다.

오답 설명

① 제목과 관련된 이미지를 함께 배치하여 '셔틀봇'을 '자율주행 시대의 선봉장'으로 빗댄 것으로 보아 '첫째 슬라이드'에 관한 학생의 메모가 반영되었음을

알 수 있다.

② 검색창 이미지를 배경으로 합성어인 '셔틀봇'의 이름을 풀이하면서 개념을 제
시한 것으로 보아 '둘째 슬라이드'에 관한 메모가 반영되었음을 알 수 있다.

③ 나열된 자율주행단계의 내용 중에서도, '셔틀봇'이 '국토 교통부'로부터 허가를
받고 핵심 기술 일부가 적용된 것이라는 사실을 설명선으로 이은 데서 '셋째
슬라이드'에 관한 메모가 반영되었음을 알 수 있다.

④ '셔틀봇'의 이용 방법을 운행 과정과 함께 순차적으로 제시하기 위해 시계 방
향을 나타낸 화살표를 활용한 데서 '넷째 슬라이드'에 관한 메모가 반영되었
음을 알 수 있다.

11-4. ②

정답 설명

(가)는 "여러분들도 생명을 살리는 가까운 길에 동행하는 건 어떨까요?"라고 하
며 수용자가 헌혈에 참여하기를 권유하고 헌혈 참여 방법에 대한 구체적인 정보
를 제시하고 있으므로 적절하다.

오답 설명

① (가)는 헌혈에 동참하자는 의도를 담고 있으나, 이는 뉴스 제작자가 수용자의
정보 전달 여부를 결정할 수 있는 것과 관련이 없다.

③ (나)는 헌혈을 할 수 있는 사람들을 대상으로 하는 인쇄 광고이다. (나)에 드
러난 문제는 수혈을 필요로 하는 환자에 비해 헌혈자가 부족한 상황이라고
볼 수 있으며, 문제의 당사자는 '수혈이 필요한 생명', '헌혈로 살리는 생명'
이라고 할 수 있다. 그러나 광고에서 수용자의 특성을 고려한 부분은 찾을
수 없으며, (나)는 문제의 당사자가 겪은 경험을 재구성하고 있지도 않다.

④ (가)는 시민 '문△△'와 관계자 '한◇◇'의 인터뷰 영상을 제시하고 있으나 이
를 통해 문제의 해결 방안인 헌혈이 지닌 장단점을 보여 주고 있는 것은 아
니다.

⑤ (나)는 문제의 심각성을 '2초에 1명,~헌혈로 살리는 생명의 수'라는 표현을
통해 드러내고 있을 뿐, 심각성을 다각적으로 분석하고 있지는 않다.

11-5. ③

정답 설명

ⓒ의 '사실'은 말하는 이의 태도를 표현하는 양태 부사이다. '그리고', '그러나' 등
과 같은 접속 부사는 사용되고 있지 않으므로 적절하지 않다.

오답 설명

① ㉠에서 '하죠?'라는 의문형 표현을 통해 '헌혈 문화의 장' 즉, '생명나눔행사'
라는 뉴스의 화제를 소개하면서 시청자의 관심을 끌고 있다.

② ㉡에서 '지난 29일'이라는 구체적 시기를 밝히고 있으며, 이는 정보의 신뢰
성을 높이는 효과가 있다.

④ ㉣에서 "헌혈 참여는 어떻게 할 수 있을까요?"라는 질문에 이어 그 답을 제
시하면서, 시청자에게 부가적인 정보를 제시하고 있다.

⑤ ㉤에서 '헌혈'을 '생명을 살리는 가까운 길'에 빗대어 시청자들의 실천을 유도
하고 있다.

11-6. ③

정답 설명

'자료'와 (나)는 모두 '당신'으로 수용자를 언급하였다. 따라서 (나)가 수용자를 언

급하지 않았다는 설명은 적절하지 않다.

오답 설명

① (나)는 '2초에 1명', '1번에 3명'과 같이 구체적인 수치를 밝힘으로써, 수혈이
필요한 환자의 수가 많으므로 헌혈의 중요성이 크다는 점을 인식할 필요가
있음을 강조하고 있다.

② '자료'는 '고혈압을 막아줍니다', '건강검진이 됩니다'라는 구절을 통해 헌혈의
이점을 진술함으로써, 수용자가 헌혈을 하도록 유도하고 있다.

④ (나)는 '수혈이 필요한 생명의 수', '헌혈로 살리는 생명의 수'에서 명사로 문
장을 종결하고 있다. 이는 수용자의 헌혈 참여가 필요한 상황을 부각하고 있
는 것으로 볼 수 있다.

⑤ (나)는 '사랑을 나누'는 것을 하트를 매개로 두 명이 혈액을 공유하는 이미지
로 나타내었으며, '자료'는 '헌혈'이 일종의 '약속'임을 두 사람이 손가락을 거
는 모습과 혈액팩의 이미지로 나타내어 수용자의 관심을 불러일으키고 있다.

Part 12

매체 실전문제 12회

12-1. ⑤

정답 설명

(나)는 문자, 사진과 같은 다양한 형식으로 정보를 제공하고 있다. 따라서 각 정보의 내용과 정보 전달 형식이 유기적으로 구성되어 있는지 확인해야 한다.

오답 설명

① (가)에서 강연자는 '작성된 내용을 다른 사람이 수정하기 전에 서로 의논할 수는 없나요?'라는 학생의 질문을 받은 후, 이에 대한 답을 하고 있다. 그러나 이를 예상되는 반론에 대한 반박이라고 보기는 어렵다.

② (가)에서 강연자는 자신이 개발한 과제 공유 프로그램의 기능에 관해 설명하고 있다. 강연에 제시된 정보 중에 출처가 필요한 유형의 정보는 나타나지 않는다.

③ (나)는 강연에 관한 설명과 작성자의 간단한 감상이 제시되고 있다. (나)는 신문 기사이므로 작성자의 주장이 나열되고 있다고 보기는 어렵다.

④ (나)는 한 면에 다양한 기사를 제공하고 있다. 그러나 각 기사의 주제는 '진로 특강', '공기청정기 설치', '학생회장 선거 후보자 등록'으로 모두 다르므로, 각 기사에서 같은 관점이 유지되고 있는지 확인해야 한다는 내용은 적절하지 않다.

12-2. ③

정답 설명

강연자는 학생들이 작성한 질문 중 특정 질문을 선택해서 대답하고 있다. "화면으로 질문들을 같이 볼까요?~좋은 질문입니다."와 같은 강연자의 발화를 고려해 볼 때, 학생들이 작성한 질문을 프로그램이 무작위로 선택하고 있다고 보기는 어렵다.

오답 설명

① "인터넷을 이용해 실시간 강의를 진행하는 건 처음이라 떨리네요."를 통해, 강연자의 강연이 인터넷 매체를 통해 강연에 참여한 학생들에게 전달되고 있음을 알 수 있다.

② "(화면에 과제 공유 프로그램이 나타나고, 접속 중인 학생 목록이 뜬다.) 다들 잘 들어오신 것 같네요."를 통해, 강연자가 청중과 공유하는 화면을 통해 청중의 참여 여부를 확인하고 있음을 알 수 있다.

④ "'작성된 내용을 다른 사람이 수정하기 전에 서로 의논할 수는 없나요?' 좋은 질문입니다."를 통해, 강연자가 실시간으로 전달된 청중의 반응을 확인하여 이를 강연 내용에 반영하고 있음을 알 수 있다.

⑤ 강연자는 '작성된 내용을 다른 사람이 수정하기 전에 서로 의논할 수는 없나요?'라는 학생의 질문에 "이 말풍선 버튼을 클릭하면 기존 텍스트에 개별적으로 댓글을 달 수 있어요. 이 기능을 사용해 먼저 수정 의견을 남기는 게 좋겠죠."라고 답한 후에, "'문서 기록 보기' 기능으로 언제, 누가, 어떻게 수정했는지 확인할 수 있으니 만약 다른 사람이 쓴 내용을 실수로 지웠다면 이 기능을 사용해서 복구하면 됩니다."라며 '문서 기록 보기'라는 다른 기능에 관한 설명을 덧붙이고 있다.

12-3. ③

정답 설명

학생 2는 조별 과제를 할 때 과제 공유 프로그램을 활용하면 더 빨리 과제를 끝낼 수 있을 것이라고 말하고 있으며, 학생 5는 과제 공유 프로그램의 기능 중에서도 '검색'이 정보를 손쉽게 얻을 수 있어 좋다고 말하고 있다. 따라서 학생 2와 5는 과제 공유 프로그램이 과제 수행에 효율적이라는 점을 긍정적으로 평가하고 있다고 볼 수 있다.

오답 설명

① 강연이 충분한 내용을 담지 못해 아쉽다고 말한 것은 학생 1뿐이다. 학생 2는 강연을 듣고 과제 공유 프로그램의 활용에 대한 긍정적 반응을 보이고 있다.

② 학생 1이 추가적인 조사 계획을 밝힌 것은 맞지만, 학생 1은 강연 내용이 충분하지 못한 것에 대한 아쉬움을 말하고 있을 뿐, 강연의 소통 방식에 한계가 있었음을 말하고 있지는 않다. 또한, 학생 4는 강연에서 사용된 소통 방식을 긍정적으로 평가하고 있다.

④ 학생 3이 인터넷에서 찾은 내용을 과제 공유 프로그램에 대한 사전 지식으로 볼 근거는 없다. 또한, 학생 4는 강연에서 사용된 소통 방식을 긍정적으로 평가하고 있을 뿐이다.

⑤ 학생 5는 '검색' 기능의 작동 방식에 관해 언급하며 그 유용성을 긍정적으로 평가하고 있을 뿐, 이를 발전시킬 수 있는 방안을 생각한 것은 아니다. 또한 학생 3은 과제 공유 프로그램의 구체적인 작동 방식에 관해 언급하고 있지 않다.

12-4. ④

정답 설명

ⓔ의 '질의응답 시간도'에서 사용된 보조사 '도'는 '이미 어떤 것이 포함되고 그 위에 더함'의 뜻을 나타낸다. 이때 문맥상 과제 공유 프로그램을 활용해서 질의응답의 시간을 가진 것을 예외적인 상황이라고 보기는 어려우므로 선지의 설명은 적절하지 않다.

오답 설명

① ⓐ의 서술어는 '바란다', '소망한다' 등일 것으로 추측해 볼 수 있으며, ⓐ에서는 생략되어 있다. 이때 '되길'의 'ㄹ'은 목적격 조사로 아직 일어나지 않은 일에 대한 기대를 드러낸다.

② ⓑ에서 사용된 부사 '미리'는 '어떤 일이 생기기 전에. 또는 어떤 일을 하기에 앞서'라는 뜻으로, 학생들이 과제 공유 프로그램에 먼저 접속한 후, 강연자를 기다리고 있었음을 드러낸다. 즉, 두 개의 행위 간에 시간 차이가 존재함을 드러낸다.

③ ⓒ의 '높다는 장점'에서 '-는'은 앞말이 관형어 구실을 하게 하는 관형사형 어미로, 여기서는 과제 공유 프로그램이 지닌 속성 중 장점에 해당하는 내용, 즉, '여러 참여자가 한 문서를 동시에 수정할 수 있어, 업무 효율이 높다'는 점을 구체적으로 나타내고 있다.

⑤ ⓓ의 '높여'는 '높이어'의 준말로, 여기에 사용된 연결 어미 '-어'는 앞 절의 내용 '협업 효율'의 상승이 뒤 절의 내용 '시대의 발전에 기여'하는 것의 원인이 됨을 드러낸다.

12-5. ④

정답 설명

'주익'은 영상을 제작하여 학교 누리집에 올리고 학부모님들께는 단체 문자를 통해 동영상 링크를 보내 홍보할 것을 제안하고 있다. 이때 단체 문자는 다수의 수신자에게 동일 내용을 동시에 전달할 수 있도록 하는 매체에 해당하므로 해당 선지는 적절하다.

오답 설명

① 온라인 채팅방은 시·공간적 제약이 없는 매체이다. 따라서 '지나'가 현재 대화를 나누고 있는 매체의 시공간적 제약을 보완하기 위해 하이퍼링크를 사용하고 있다고 보기는 어렵다.

② '현규'가 "학교 누리집에만 홍보물을 올리면 다른 학교 학생들은 물론 우리 학교 친구들의 참여도 저조할 것 같아."와 같이 말한 것은 학교 누리집이라는 특정 매체의 파급력이 약함을 지적한 것이다. 그러나 이어지는 발화에서 '현규'가 누리집에 올린 홍보 영상으로 연결되는 QR 코드를 포스터에 삽입하자 말하고 있다는 점을 고려하면, '현규'가 해당 매체 활용을 배제할 것을 주장하고 있다고 보기는 어렵다.

③ "근데 친구들 얼굴도 다 나올 텐데 우리가 마음대로 사진을 써도 괜찮을까?"에서 활용하려는 자료, 즉 토론 예선 대회의 사진을 사용하는 것에 대해 우려를 표하고 있는 것은 '주익'이다. '현규'는 사용 여부에 대한 동의를 받았음을 이야기하고 있으므로 이에 대해 부정적으로 전망하고 있다고 보기 어렵다.

⑤ '주익'은 (가)에서 다른 대화 참여자들에게 대화 주제를 전달하며 대화를 시작하고 있다. 그러나 이때 '주익'이 즉각적 소통이 필요함을 밝히거나, 대화 매체를 온라인 채팅방으로 정하게 된 이유를 밝히고 있지는 않다.

12-6. ⑤

정답 설명

(가)에서 '지나'는 "토론 대회 주제, 날짜, 장소, 토론 대회에 초대한다는 문구를 넣자."라며 홍보물에 들어가야 할 내용들을 언급하고 있다. 이는 (나)에서 '논제 : 부유세를 도입해야 한다', '일시 : 2022년 ◇월 ◇일 오후 7시', '장소 : △△고등학교 강당'으로 제시되어 있다. 그러나 토론 대회 일시와 장소는 동일한 형태의 문구로 같은 공간에 배치되어 있는 반면, 토론 대회 주제는 그보다 큰 글씨로 포스터 상단 중앙에 배치되어 있다. 따라서 이 정보들이 동일한 형태의 문구로 같은 공간에 배치되어 있다는 선지의 설명은 적절하지 않다.

오답 설명

① (가)에서 '현규'가 "글씨만 있는 것보다는 토론 대회와 관련한 사진이 있으면 많은 관심을 유도할 수 있을 거야. 토론 예선 대회 사진을 넣는 건 어때?"라고 말한 것을 통해 토론 예선 대회 사진의 삽입이 관심 유도를 위한 것임을 알 수 있다. 이를 반영하여 (나)에는 '제11회 △△고등학교 토론 대회'가 열리기 전에 치러진 '예선 대회'의 사진이 제시되었다.

② (가)에서 '주익'이 "그래, 주소를 표기하면 주소창에 다시 입력해야 하니까 QR 코드를 삽입하는 게 접근하기 훨씬 쉽겠다."라고 말한 것을 통해 QR 코드가 정보에 대한 접근성을 높일 수 있음을 알 수 있다. 이를 반영하여 (나)에는 QR 코드가 삽입되었다.

③ (가)에서 '지나'가 "토론 대회 주제, 날짜, 장소, 토론 대회에 초대한다는 문구를 넣자. 아무래도 홍보물의 목적은 토론 대회 참여 권유에 있으니까."라

고 말한 것을 통해 홍보물 제작의 목적이 토론 대회 참여 권유에 있음을 알 수 있다. 이를 반영하여 (나)에는 '여러분과 함께~초대합니다.'라는 문구가 제시되었다.

④ (가)에서 '현규'가 "그리고 포스터에 정보가 너무 많으면 복잡하니까 토론 대회를 통해 다양한 의견을 나눌 수 있다는 내용은 이미지로 보여 주자."라고 말한 것을 통해 정보를 압축하여 포스터를 간결하게 만들고자 했음을 알 수 있다. 이를 반영하여 (나)에는 책상에 모인 사람들이 다양한 생각을 떠올리고 있는 이미지가 제시되었다.

Part 13

매체 실전문제 13회

13-1. ②

정답 설명

'⌂ SNS에 공유 '를 통해 해당 기사를 누리 소통망[SNS]에 공유할 수 있음을 알 수 있다. 이를 통해 기사가 전파되면 기사 내용이 공동체에 미치는 영향력이 더욱 확대될 수 있을 것이다.

오답 설명

① 수용자는 '⊟ 스크랩 '을 통해 해당 기사를 지정한 플랫폼에 보관할 수 있을 뿐, 기사 내용을 직접 수정할 수는 없다.

③ '👍 좋아요(185) '를 통해 기사에 대한 수용자들의 선호를 확인할 수 있지만, 수용자들의 선호도와 기사에 제시된 정보의 공정성은 상관이 없다.

④ 수용자가 언제 검색하느냐에 따라 노출되는 기사의 내용이 달라질 수는 있다. 하지만 기사가 한정된 시간 동안 제공됨을 알 수는 없으므로 적절하지 않다.

⑤ 하이퍼링크 기능을 통해 해당 기사와 연관된 '관련 기사'를 확인할 수는 있으나 그것이 다른 언론사의 기사라고 단정 지을 수 없다. 또한 이를 통해 각 언론사의 전문 분야를 서로 비교한다는 것은 적절하지 않다.

13-2. ④

정답 설명

[D]에 제시된 기사들은 모두 UAM을 '세계적 추세'라고 언급하거나, UAM 산업을 육성하는 △△군이 미래에 주목받을 지역임을 언급함으로써 본문의 기사와 동일하게 UAM 산업에 대한 긍정적 인식을 강화하고 있다. 따라서 상반된 관점의 기사를 제시해 견해의 균형을 맞추고 있다는 선지의 진술은 적절하지 않다.

오답 설명

① [A]에서 '선도하다'는 앞장서서 이끈다는 의미이다. 따라서 발전, 즉 미래에 대한 긍정적인 전망을 암시하는 말이므로 기사의 화제를 독자가 긍정적으로 인식하도록 유도한다고 볼 수 있다.

② [B]에서 '글로벌 UAM 시장 전망'을 나타내는 그래프는 구체적인 수치를 명시하여 UAM 시장의 성장 규모에 대한 정보를 제시하고 있으므로 적절하다.

③ [C]에서 언급한 '일자리 창출', '교통 혁신'은 주민들의 필요와 부합하는 UAM 산업 육성 방침의 효과에 해당한다. 실제로 댓글의 '익명1'과 '익명2'의 발언을 통해 해당 기사의 내용이 주민들의 필요와 부합하는 내용임을 확인할 수 있다.

⑤ [T]에서 '익명1'은 UAM의 상용화에 따른 교통 혼잡 문제 완화를 기대하고, '익명2'는 UAM의 고용 효과를 기대하고 있다. 이는 기사 본문의 "UAM의 상용화에 따른~결과가 나왔다."와 같이 해당 수용자들이 UAM에 대해 긍정적 인식을 지니고 있음을 보여 주고 있으므로 기사 작성자가 의도한 방향대로 여론이 조성되었음을 알 수 있다.

13-3. ③

정답 설명

학생의 메모에서 #3은 '△△군이 협약을 체결하는 현장을 생생하게 보여 주는 영상 재생'으로 구상되었는데, #3의 '장면 스케치'에서는 협약식 사진을 통해 당

시 현장을 표현한다고 하였으므로 적절하지 않다.

오답 설명

① 1문단의 "'플라잉 카(Flying Car)' 혹은 '에어 택시(Air Taxi)'로 불리는 UAM"에서 UAM의 별칭 중 하나가 플라잉 카임을 알 수 있다. 메모에서 학생은 이러한 별칭을 활용한 제목을 설정할 것이라고 구상했으므로 해당 선지는 적절하다.

② UAM 시장의 성장을 보다 극적으로 연출하기 위해 그래프의 일부만을 활용하고 있으므로 적절하다.

④ 버티포트가 확대 설치되면서 기대되는 효과가 이전과 달라짐을 초기와 후기로 나누어 시각적 이미지와 함께 드러내고 있으므로 적절하다.

⑤ 기존 교통수단과 비교했을 때 UAM이 시간 및 비용을 절감할 수 있음을 시각적 이미지로 제시하여 UAM의 이동 효율성을 효과적으로 강조하고 있으므로 적절하다.

13-4. ③

정답 설명

(나)의 '그동안 미세먼지 때문에 환기하기를 꺼리던 당신을 위해'는 환기하기를 원하는 소비자층을 명시적으로 겨냥한 것이며, 이를 통해 (나)가 수용자의 수요를 고려하였음을 알 수 있다.

오답 설명

① (가)에서 '시민 인터뷰'를 다루고는 있으나, 이것이 수용자의 주체적 정보 구성을 의미하는 것은 아니다.

② (가)의 "세계 보건 기구는 이를 '1급 발암 물질'로 규정하기도 했습니다."로 보아, 공신력 있는 기관이 규정한 바를 밝혔음을 알 수 있지만, 이는 시의성 (그 당시의 사정이나 사회적 요구에 들어맞는 성질)이 아닌 신뢰성을 높이는 정보로 이해할 수 있다.

④ (가)는 [장면 2]에서 인체 이미지를 제시하여 인체 부위별 질병을 제시하고 있으나, 이를 정보의 공정성과 직결하기는 어렵다.

⑤ (나)는 제품의 작동 원리를 설명하고 있지 않을 뿐만 아니라, 정보의 양도 (나)보다 (가)가 더 많다.

13-5. ⑤

정답 설명

ⓜ의 "미세먼지 저감을 위한 환경적 실천이 필요합니다."를 시청자들에게 전하려는 시사점으로 볼 수는 있으나, 피동 표현이 사용된 부분을 찾을 수 없다.

오답 설명

① ㉠에서 '-면서'는 두 가지 이상의 사태가 동시에 진행됨을 나타내는 연결 어미로, '미세먼지'라는 뉴스 내용을 구성하게 된 사회적 배경인 기승을 부리는 때늦은 황사를 제시하고 있다.

② ㉡은 '미세먼지'로 문장을 종결함으로써 미세먼지의 파급력에 관한 사안을 강조하고 있다.

③ ㉢에서 '한편'은 어떤 일에 대하여, 앞에서 말한 측면과 다른 측면을 말할 때 쓰는 부사로, 호흡기 질환에 주목한 기존의 내용에서 후각 소실에 대한 내용으로 자연스럽게 전환하기 위해 사용되었다.

④ ㉣에서 '건강의 사각지대'는 현재와 같이 계속해서 미세먼지가 심각할 경우

질병이 초래될 상황을 비유적으로 표현한 것으로, 시청자들에게 미세먼지에 대한 경각심을 일깨우고 있다.

13-6. ④

정답 설명

'자료'에 표기된 '특허청 선정 올해의 발명품'은 공신력 있는 기관에 의해 제품의 가치를 인정받은 지표로 볼 수 있다. 그러나 해당 제품이 몇 년간 지속적으로 '올해의 발명품'에 선정되었다는 정보는 '자료'에 제시되어 있지 않다.

오답 설명

① (나)에서 '활짝'은 창문을 연다는 의미와 미소를 짓는다는 의미를 내포하고 있는 다의어이고, '몰아내다'는 걱정에서 벗어난다는 의미와 미세먼지를 나가게 한다는 의미를 내포하고 있는 다의어이다. 이는 소비자로 하여금 제품과 관련하여 긍정적인 반응을 보이도록 유도하기 위한 광고 전략으로 적절하다.
② '자료'는 제품에 대한 객관적인 정보를 중심으로 구성됨으로써 구매 욕구를 자극하고 있는 반면, (나)는 제품을 통해 소비자가 '걱정' 없이 환기할 수 있음을 강조하고 있다. 이는 소비자의 감성에 호소하는 전략을 사용한 것으로 볼 수 있다.
③ '자료'는 (나)와 달리 'DIY제품'이라는 구체적 특징을 명시함으로써 창문 크기에 맞춰 자유롭게 설치할 수 있다는 제품의 장점을 부각하고 있다.
⑤ (나)는 소비자가 마스크를 쓴 모습과 맨얼굴로 웃는 모습을 제시함으로써, 제품을 사용하면 소비자가 깨끗한 공기를 즐길 수 있다는 효용(보람 있게 쓰거나 쓰임)을 강조하고 있다. 한편, '자료'는 나뭇잎의 이미지를 활용함으로써 실내 공기가 숲속처럼 깨끗하다는 의미를 전달하여 제품의 성능을 시각적으로 나타내고 있다.

Part_14 매체 실전문제 14회

14-1. ②

정답 설명

(나)의 '카드 4'를 통해 학생이 △△학교에도 마음풀을 조성할 것을 제안하고 있음을 알 수 있다. 즉, (나)의 목적은 독자를 설득하여 △△학교에 마음풀을 조성하는 것이므로, '카드 1'부터 '카드 3'까지의 내용이 해당 주장의 설득력을 강화하는 근거인지 확인하는 것은 적절한 수용 태도이다.

오답 설명

① (가)는 2문단에서 전문가들의 발언을 인용하고 있지만, 특정 전문가의 발언을 인용한 것은 아니며 소속 기관을 명시하고 있지도 않다.
③ (가)와 (나)는 모두 청소년 스마트폰 과의존 문제를 다루고 있으며, 이는 모두 현재 진행 중인 문제 상황이다.
④ 문자, 그림, 사진, 도표 등 다양한 형태의 시각 자료를 활용하고 있는 것은 (가)가 아닌 (나)이다.
⑤ (나)에서 주제, 즉 '청소년 스마트폰 과의존 문제'에 관한 통념을 제시하고 이를 반박하는 내용은 나타나지 않는다.

14-2. ④

정답 설명

(가)는 '긍정적 효과가 확인된 만큼, □□시는 더 많은 학교에 마음풀을 조성할 계획이라고 밝혔다.'에서 마음풀과 관련한 □□시의 계획을 언급하고 있다. 그러나 (나)의 '카드 4'에서는 □□시의 계획에 관한 언급을 찾아볼 수 없다. 따라서 해당 선지는 적절하지 않다.

오답 설명

① (가)는 '초등학교 5학년인 김◇◇ 군'의 사례를 통해 청소년 스마트폰 과의존 문제를 제시하고 있다. (나)의 '카드 1'에 제시된 그림은 카드 뉴스의 주제인 '청소년 스마트폰 과의존 문제'와 연결지어 해석해 볼 때, 스마트폰 과의존에 빠진 청소년을 물에 빠진 사람에 비유하여 표현한 것으로 볼 수 있다. 따라서 해당 선지는 적절하다.
② (가)는 '여성 가족부가 전국 청소년들을 대상으로 조사한 자료'를 제시하며 '스마트폰 과의존' 상태에 있는 학생의 수치가 3년 연속 증가 추세를 보이고 있음을 언급하고 있다. (나)의 '카드 2'는 이러한 증가 추이를 나타내는 그래프를 제시하고 있다. 따라서 해당 선지는 적절하다.
③ (가)는 "마음풀이라는 이름은 학생들이 '풀'을 보면서 '마음'을 '풀' 수 있는 공간이라는 뜻을 담고 있다."라는 설명을 통해 '마음풀'이라는 단어의 의미를 제시하고 있다. (나)의 '카드 3'은 이를 반영하여, '마음풀'이라는 이름에 담긴 이중적 의미를 이미지를 활용하여 드러내고 있다. 따라서 해당 선지는 적절하다.
⑤ (가)는 청소년 스마트폰 과의존을 문제 상황으로 언급하고 있으며, 이를 해결하기 위해 조성하는 '마음풀'이라는 공간이 학생들의 정서적 안정, 자존감 향상, 스마트폰 과의존 현상의 완화와 같은 긍정적 효과를 지님을 언급하였다. (나)의 '카드 4'는 이를 반영하여, 마음풀의 실제 모습을 담은 사진 위에 웃는 표정의 그림 문자를 제시함으로써 마음풀이 긍정적 효과를 지님을 강조하고 있다. 따라서 해당 선지는 적절하다.

14-3. ④

> 정답 설명

ⓔ의 '나'는 둘 이상의 사물을 같은 자격으로 이어 주는 접속 조사이다. 즉, ⓔ에서 '나'로 이어진 두 대상, '인지 능력 저하'와 '주의력 결핍'은 서로 같은 자격을 가지므로, 둘 중 하나가 일어날 가능성이 더 크다고 판단하는 것은 적절하지 않다.

> 오답 설명

① ㉠의 '-아라'는 명령하는 뜻을 나타내는 종결 어미로, 글의 중심 화제인 '청소년 스마트폰 과의존'에 대한 독자의 주목을 끌기 위해 사용되었다고 볼 수 있다.

② ㉡의 'SNS에 올라온 사진'에서 '-ㄴ'은 사건이나 행위가 과거 또는 말하는 이가 상정한 기준 시점보다 과거에 일어남을 나타내는 관형사형 어미이다. 즉, SNS에 사진이 올라온 사건이 그 사진을 보는 행위보다 먼저 일어났음을 드러낸다고 볼 수 있다.

③ ㉢의 '보다'는 비교의 의미를 나타내는 부사격 조사로, 스마트폰 과의존 상태에 있는 학생들의 2019년과 2021년의 수치를 비교하고 있다고 볼 수 있다.

⑤ ㉤에서 '이'는 스마트폰 과의존의 위험성에 관해 설명한 앞 문단의 내용을 지칭하고 있는 지시 대명사이다. 즉, ㉤은 앞서 제시된 문제를 해결하기 위해 □□시가 '마음풀' 조성 사업을 지원하고 있음을 설명하고 있으므로, 앞서 제시된 현상이 사업 지원의 원인이 됨을 밝히고 있다고 볼 수 있다.

14-4. ①

> 정답 설명

(나)는 우리 학교 학생들의 구체적인 스마트폰 이용 실태는 언급하지 않고 있으며, (가)에 따르면 스마트폰 과의존은 '하루 4시간 이상 스마트폰을 사용하며 스마트폰이 없으면 불안을 느끼는' 현상이다. 이를 종합하면 '카드 A'는 우리 학교 학생들의 절반 이상이 스마트폰 과의존 상태에 있는 학생들과 비슷한 수준으로 스마트폰을 사용한다는 사실을 보여 준다고 할 수 있다. 따라서 해당 선지는 적절하다.

> 오답 설명

② (나)는 우리 학교 학생들의 '마음풀'에 대한 견해는 언급하지 않았다. 그러나 '카드 A'를 학교 학생들이 '마음풀' 조성에 대해 찬성하는 견해를 보여 주는 자료로 보기는 어렵다.

③ (나)는 스마트폰 과의존이 청소년에게 미치는 영향을 '카드 1'에서 제시하고 있다. 또한 '카드 A'를 스마트폰 과의존이 다양한 측면에서 부정적 영향을 끼침을 보여 주는 자료로 보기는 어렵다.

④ (나)의 '카드 2'는 "일상에서 스마트폰을 이용하는 행위를 다른 행위보다 중요하게 여기는 '스마트폰 과의존' 상태"와 같이, 스마트폰 과의존의 정의를 언급하고 있다. 또한 '카드 B'를 자신이 스마트폰 과의존인지 스스로 점검할 수 있는 방법을 제시하고 있는 자료로 보기는 어렵다.

⑤ (나)는 스마트폰 과의존에서 벗어날 수 있는 방안으로 '마음풀' 조성을 제시하고 있으며, '카드 B'는 우리 학교 학생들이 실생활에서 실천할 수 있는 스마트폰 과의존 해결 방안을 제시하고 있다. 따라서 선지의 전반부 진술은 적절하지 않다.

14-5. ⑤

> 정답 설명

(나)에서 소제목을 활용하고 있는 화면은 찾아볼 수 없다. 한편 (가)는 각 문단의 내용을 간추린 소제목을 활용하고 있다.

> 오답 설명

① (가)는 도표, 그림과 같은 다양한 형태의 자료를 활용하여 독자의 이해를 돕고 있다.

② (가)는 하단에서 블로그 글을 쓸 때 참고한 자료들을 하이퍼링크로 제시하여 글의 내용과 관련된 추가 정보를 얻을 수 있도록 하고 있다.

③ (나)의 '화면 설명'을 통해 이미지나 문자의 노출 시점이 각기 다르게 설정되고 있음을 알 수 있다. 이를 통해 (나)는 글의 내용에 대한 독자의 집중도를 높이고 있다.

④ (나)는 화면과 함께 내레이션을 활용함으로써 정보를 전달하고 있다. 즉, 화면에 제시된 내용에 설명을 덧붙임으로써 전달되는 정보의 양을 늘리고 있다.

14-6. ③

> 정답 설명

#2에서 일반 팩과 멸균 팩의 재질이 서로 다름을 도표와 문자를 이용하여 나타내고 있다. 그러나 재질의 차이를 보여 주는 그림은 사용되고 있지 않으므로 해당 선지는 적절하지 않다.

> 오답 설명

① #2에 제시된 도표는 (가)에 제시되었던 도표 내용의 일부에 해당한다. 이를 통해 전달하고자 하는 정보를 요약적으로 보여 줄 수 있으므로 해당 선지의 설명은 적절하다.

② #4에서는 동영상을 활용하여 (가)에 제시된 종이팩 분리배출 방법을 전달하고 있다. 이를 통해 정보를 효과적으로 전달할 수 있으므로 해당 선지의 설명은 적절하다.

④ #1에서는 멸균 팩과 일반 팩의 형태 차이를 이미지를 통해 드러냄으로써 (가)에서 문자로만 제시한 멸균 팩과 일반 팩의 다른 점을 명시하고 있다. 또한 이와 함께 질문과 대답의 방식을 활용하여, 도입부에서 수용자의 호기심을 자극하고 있으므로 해당 선지의 설명은 적절하다.

⑤ #3에서 (가)에서 제시한 '종이팩 분리배출 강화에 따라 올해부터는 종이팩도 일반 팩과 멸균 팩으로 각각 분리 배출해야'한다는 사실 외에도 일반 팩과 멸균 팩의 분리배출을 위해 사용되는 마크를 제시하고 있다. 이는 (가)에는 제시되지 않은 정보이므로, 이를 통해 정보를 보강하고 있다는 해당 선지의 설명은 적절하다.

Part 15

매체 실전문제 15회

15-1. ③

정답 설명

전문가는 "미술품 물납제란 정확히 무엇인가요?", "미술품 물납제를 찬성하는 쪽의 견해는 무엇인가요?"라는 진행자의 질문에 "미술품 물납제는~적용될 수 있습니다.", "ㄱ미술관의 사례에서 볼 수 있듯이~문제를 근거로 들고 있습니다."와 같이 주관적 의견을 덧붙이지 않고 객관적 사실을 토대로 답변을 하고 있으므로 적절하지 않다.

오답 설명

① 진행자는 "2020년 ㄱ미술관이 상속세 납부를 위해 금동보살입상과 금동여래입상을 경매에 내놓았던 것을 기억하시나요?", "미술품 물납제가 최근 국회 본회의를 통과해, 시행된다고 합니다."에서 주제와 관련한 최근의 사건을 언급하며 주제의 시의성(당시의 상황이나 사정과 딱 들어맞는 성질)을 드러내고 있으므로 적절하다.

② 진행자는 미술품 물납제와 관련하여 긍정적 견해를 다루고 있는 ◇◇신문의 기사 내용 중 일부만을 발췌하여 언급하고, 우리나라의 미술품 물납의 조건을 비판하고 있는 □□신문의 내용은 간략히 요약하여 전달하고 있다. 이를 통해 진행자가 전달하려는 정보의 양을 조절하여 언급함으로써 주어진 시간 안에 시청자들에게 다양한 정보를 전달하고자 함을 알 수 있으므로 적절하다.

④ 진행자는 "오늘은 이와 관련한 기사들을 살펴보도록 하겠습니다.", "먼저 ◇◇신문입니다." 등의 언급을 통해 방송의 진행 방향을 간략히 제시하고 있다. 시청자는 이를 통해 자연스럽게 방송의 흐름을 따라갈 수 있으므로 적절하다.

⑤ 진행자는 "미술품 물납제가 생소한 시청자들도 많을 텐데요. 미술품 물납제란 정확히 무엇인가요?"에서 시청자들의 배경지식 수준을 고려하여 전문가에게 질문을 던지고 있다. 이를 통해 방송의 주제인 미술품 물납제에 대한 시청자의 이해를 높일 수 있으므로 적절하다.

15-2. ②

정답 설명

'이라고'는 앞말이 직접 인용되는 말임을 나타내는 인용격 조사이다. ⓒ은 이를 활용하여, '한국 박물관 협회 최◎◎ 기획 지원 실장'의 말을 직접 인용하고 있으므로 해당 선지의 설명은 적절하지 않다.

오답 설명

① '-던'은 과거의 사실을 나타내면서 뒤에 오는 명사를 수식하는 기능을 하는 관형사형 어미이다. ⓐ은 이를 활용하여, 'ㄱ미술관이 상속세 납부를 위해 금동보살입상과 금동여래입상을 경매에 내놓았던' 것이 과거의 사건임을 드러내고 있으므로, 해당 선지의 설명은 적절하다.

③ '꾸준히'는 '한결같이 부지런하고 끈기가 있는 태도로'라는 의미의 부사이다. ⓒ은 이를 활용하여, '미술품 물납제 도입'에 관한 미술계의 요구가 과거부터 지속되어 왔음을 드러내므로 해당 선지의 설명은 적절하다.

④ '란'은 어떤 대상을 특별히 집어서 화제로 삼을 때에 쓰는 보조사이다. ⓓ은 이를 활용하여, 진행자가 전문가에게 던지는 질문의 중심 화제가 '미술품 물납제'임을 드러내고 있으므로 해당 선지의 설명은 적절하다.

⑤ '만'은 다른 것으로부터 제한하여 어느 것을 한정함을 나타내는 보조사이다. ⓔ은 이를 활용하여, 미술품 물납제가 적용되는 요건이 '문화 체육 관광부 장관이 요청하는 미술품에 한해, 상속세나 증여세가 2천만 원 초과일 때에'로 한정됨을 드러내고 있으므로 해당 선지의 설명은 적절하다.

15-3. ③

정답 설명

시청자 2는 '저번에 다른 뉴스를 보니까 ㄱ미술관이 경매에 내놓은 문화재는 결국 입찰되지 못했다고 하더라고요.'에서, 시청자 3은 '우리나라는 외국에 비해 문화재와 미술품의 가치를 평가하는 감정 시스템이 미흡한 편이래요.'에서 방송 프로그램에서는 언급하지 않은 정보를 제시하고 있다. 따라서 시청자 2와 3 모두 자신이 알고 있던, 방송 프로그램에서 언급되지 않은 정보와 방송 내용을 연결 지어 이해하고 있다고 볼 수 있다.

오답 설명

① 시청자 1은 '미술품 물납제는 생소한 개념이라 새로 알게 되어 좋았어요.'에서 방송을 통해 새롭게 알게 된 사실에 대한 주관적 감상을 밝히고 있으나, 시청자 2는 방송을 통해 새롭게 알게 된 사실을 언급하고 있지 않으며 자신의 주관적 감상 역시 밝히고 있지 않다.

② 시청자 3은 미술품 물납제를 시행하기 전에 보완되어야 할 점을 언급하고 있을 뿐, 방송 프로그램의 관점과 반대되는 의견을 제시하지 않았다. 또한 시청자 1 역시 방송 프로그램의 관점과 반대되는 의견을 보이고 있지 않으며, 반론을 펼치고 있지 않다.

④ 시청자 4는 '방송이 여러 기사를 다룬다는 해당 방송 프로그램의 특성을 언급하며 아쉬움을 표하고 있을 뿐, 시청자의 참여가 이루어질 수 있는 방안을 제시하고 있지는 않다. 또한 시청자 2는 방송 프로그램의 매체적 특성과 시청자 참여 방안 모두를 언급하고 있지 않다.

⑤ 시청자 3은 '우리나라는 외국에 비해 문화재와 미술품의 가치를 평가하는 감정 시스템이 미흡한 편이래요.'에서 우리나라와 외국의 사례를 비교하고 있다. 그러나 우리나라의 문제 상황이 나타난 원인을 언급하고 있지는 않다. 한편 시청자 4는 우리나라와 외국의 사례를 비교하고 있지 않으며, 우리나라의 문제 상황이 나타난 원인을 설명하고 있지 않다.

15-4. ③

정답 설명

방송에서 언급된 '○○신문'의 기사가 사회 면에 실린 것을 확인할 수 있다. 이는 기사의 주제에 따라 배치되는 면이 달라짐을 보여 준다고 할 수 있으므로, 해당 선지의 설명은 적절하다.

오답 설명

① 본문에서는 한 면에 다양한 기사가 배치된 모습을 확인할 수 없으므로 해당 선지의 설명은 적절하지 않다.

② '○○신문'의 오른쪽 상단에서 날짜가 기재된 것을 확인할 수 있는데, 이를 통해 수용자가 오류를 즉각적으로 수정할 수 있다고 볼 수는 없으므로 해당 선지의 설명은 적절하지 않다.

④ '○○신문'에서는 기사 내용과 관련된 그림을 글과 함께 제시하고 있다. 그러나 청각적 매체를 활용한 부분은 확인할 수 없으므로 해당 선지의 설명은 적절하지 않다.

⑤ '○○신문'이 표제와 내용의 글씨 모양을 다르게 한 것은 확인할 수 있다. 그

러나 수용자는 상대적으로 굵게 제시된 표제를 내용보다 먼저 읽게 될 것이므로 해당 선지의 설명은 적절하지 않다.

15-5. ①

정답 설명

(가)에는 글의 작성 시각은 기재되어 있으나 수정 시각은 기재되어 있지 않으므로 적절하지 않은 설명이다.

오답 설명

② (가)의 '(사진을 누르면 원본 크기로 커집니다.)'라는 문구에서 사진의 크기가 원본보다 작아지게 설정되었음을 유추할 수 있다. 이는 이미지를 본문과 어울리게 배치하기 위한 것이므로 적절한 설명이다.

③ (가)에서는 '비치코밍'이라는 글자의 굵기와 글씨체를 다르게 하여 글의 중심 화제를 명확히 제시하고 있으므로 적절한 설명이다.

④ (가)에서는 '☺', '💢'와 같은 그림 문자를 활용하여 해당 내용에 대한 글쓴이의 감정을 표현하고 있으므로 적절한 설명이다.

⑤ (가)의 '이 영상'에서 하이퍼링크를 활용하여, '해양 쓰레기'라는 주제와 관련된 '업사이클링' 자료를 제공하는 외부 페이지를 연결함으로써 정보를 풍부하게 구성하고 있으므로 적절한 설명이다.

15-6. ⑤

정답 설명

'카드 4'는 '아름다운 해안 풍경을 지키는 일'에서 비치코밍의 기대 효과를 제시하며 이를 실천하는 사람들의 이미지를 활용하고 있다. 그러나 (가)에서 비치코밍의 기대 효과가 설명된 부분은 확인할 수 없으므로 적절하지 않은 설명이다.

오답 설명

① '카드 1'에 사용된 이미지는 해안가에 쓰레기가 널려 있는 모습을 보여 준다. 이러한 이미지의 활용은 (가)의 '정부가 발표한 자료에 따르면, 지난 3년에 걸쳐 연평균 약 11만 4,000톤의 해양 쓰레기가 수거되었다고 합니다.'에서 언급된 문제 상황을 한눈에 파악할 수 있도록 하므로 적절한 설명이다.

② '카드 2'는 원그래프를 통해 해양 쓰레기를 구성하는 물질을 자세히 제시하고 있다. 이는 (가)의 '이 중에서 플라스틱의 비율은 무려 63%인데요!'에서 언급한 내용을 보강하여 제시한 것이므로 적절한 설명이다.

③ '카드 2'는 '플라스틱은 자연에서 분해되는 데 100년이라는 시간이 걸'린다는 사실을 들어 문제의 심각성을 드러내고 있다. 이는 (가)의 '플라스틱은 잘 썩지도 않는 거 아시죠?'에서 설명한 플라스틱의 특성을 구체적 숫자로 보여 준 것이므로 적절한 설명이다.

④ '카드 3'은 '해변'과 '빗질'을 드러내는 이미지 사이에 연산 기호 '+'를 병렬하여 비치코밍의 어원을 설명하고 있다. 이는 (가)의 '비치코밍이란 해변(beach)을 빗질(combing)하듯이 조개껍데기, 유리 조각 등의 표류물이나 해안가에 널린 쓰레기를 주워 모으는 것을 말합니다.'에서 언급한 내용이므로 적절한 설명이다.

16-1. ④

정답 설명

전문가는 '주민 등록 통계 기준'에 따른 자료를 제시하면서도 그 자료의 출처는 언급하고 있지 않다. 따라서 전문가가 자료의 출처를 언급함으로써 발언 내용의 신뢰성을 높이고 있다는 선지의 진술은 적절하지 않다.

오답 설명

① 진행자는 "고향세라는 게 정확히 어떤 건가요?", "우리나라도 현재 재정이 어려운 자치 단체가 많습니까?", "만약 자치 단체의 인구가 계속 감소하면 어떤 문제가 생기나요?" 등과 같은 질문을 던지고 있다. 이를 통해 전문가와의 대화가 원활히 진행될 수 있도록 돕고 있으므로 선지의 진술은 적절하다.

② 진행자는 "오늘은 올해부터 시행된 '고향세'에 대해 알아보려고 합니다."에서 방송 프로그램의 주제가 '고향세'임을 알리고 있다. 이를 통해 시청자는 해당 방송의 내용을 짐작할 수 있으므로 선지의 진술은 적절하다.

③ 진행자는 "언제나처럼 실시간 댓글을 함께 보면서 진행하니, 의견이 있으신 분들은 저희 방송국 홈페이지에 들어오셔서 참가해 주세요."에서 시청자가 방송에 참여할 수 있는 방법을 제시하고 있다. 이를 통해 시청자의 직접적 참여를 요청하고 있으므로 선지의 진술은 적절하다.

⑤ 전문가는 방송 프로그램에서 진행자와 시청자 모두에게 '하십시오체'를 사용하여 격식을 차리고 있다. 이를 통해 공적 말하기의 특성이 드러나고 있으므로 선지의 설명은 적절하다.

16-2. ③

정답 설명

ⓒ에는 관형사형 전성 어미 '-은'이 쓰이지 않았다. ⓒ의 '지역은'에 쓰인 '은'은 관형사형 전성 어미가 아니라 보조사이다.

오답 설명

① ㉠의 '-라'는 앞 절의 내용이 뒤 절의 내용과 대조적임을 나타내는 연결 어미이다. ㉠은 '-라'를 활용하여, '세금'과 '기부금'이 대조적인 대상이며 고향세는 기부금의 일종임을 드러내고 있다.

② ㉡의 '으로써'는 어떤 일의 수단이나 도구를 나타내는 격 조사이다. ㉡은 '으로써'를 활용하여, '기부를 유인'하는 수단으로 정부가 '연말 정산 시 세액 공제 등의 혜택을 제공'한다는 내용을 전달하고 있다.

④ ㉣의 '만약'은 '혹시 있을지도 모르는 뜻밖의 경우에'라는 뜻의 부사이다. ㉣은 '만약'을 활용하여, '자치 단체의 인구가 계속 감소'하는 상황, 즉 아직 발생하지 않은 상황을 가정하고 있다.

⑤ ㉤의 '까지'는 이미 어떤 것이 포함되고 그 위에 더함의 뜻을 나타내는 보조사이다. ㉤에서는 이를 활용하여 '해당 지역에 적극적인 관심을 갖게 되는 부가적인 효과', 즉 부수적 효과 또한 기대할 수 있다고 언급하였으므로 적절하다.

16-3. ⑤

정답 설명

'방송 프로그램'은 '고향세'에 대한 긍정적 견해를 드러내고 있는 반면, '신문 기사'는 '고향세'가 지역 간 재정 격차를 심화할 것이라는 비판적 견해를 중심으로 내용을 전달하고 있다. 따라서 이 두 매체를 함께 수용하는 것은 '고향세'에 대한 균형적인 관점을 형성하는 데 도움이 될 것이다.

① '신문 기사'는 '방송 프로그램'과 달리 '고향세의 대상을 재정이 열악한 자치 단체로 한정하자는 주장도 있다.'에서 고향세의 한계를 보완할 수 있는 구체적인 방안을 제시하고 있으므로 적절하지 않다.

② '신문 기사'는 '방송 프로그램'과 달리 '이들은 2008년부터 고향세 제도를 시행하고 있는 일본의 상황을 들어, 고향세가 자치 단체의 재정력과는 상관없이 기부된다고 주장한다.'에서 고향세와 관련한 다른 나라의 사례를 언급하고 있으므로 적절하지 않다.

③ '방송 프로그램'의 전문가의 말에 따르면, 고향세는 '최근 인구가 감소하는 추세로 인한 지방 자치 단체의 재정적 어려움을 해결하고자 도입'되었다. '신문 기사' 역시, '고향세는 최근 인구가 감소하는 추세로 인한 지역 자치 단체의 재정적 어려움을 덜고자 도입된 것'이라는 설명을 통해 고향세 도입 배경을 밝히고 있다. 따라서 '방송 프로그램'과 '신문 기사' 모두 고향세 도입 배경을 언급함으로써 정보의 시의성(당시의 상황이나 사정과 꼭 들어맞는 성질)을 강조하고 있으므로 적절하지 않다.

④ '방송 프로그램'과 '신문 기사' 모두 다양한 분야의 전문가의 말을 인용하고 있는 부분은 찾을 수 없다.

16-4. ①

'실시간 댓글'의 '공감해요!' 개수는 해당 댓글이 다른 사용자들에게 얼마나 많은 공감을 받았는지를 보여 준다. 그러나 공감을 많이 얻은 순서대로 댓글들을 정렬할 수 있는지에 대해서는 알 수 없다.

② '실시간 댓글'에서 '숑숑이'의 댓글에 '살구빛'과 '야옹이'가 답변을 단 것을 통해 시청자들 간 쌍방향 의사소통이 이루어지고 있음을 확인할 수 있다.

③ '실시간 댓글'에서는 지방 소멸의 심각성에 우려를 표하는 '숑숑이', '살구빛', '야옹이'의 의견과 지방 소멸을 자연스러운 것으로 여기는 '탄산음료'의 의견을 모두 확인할 수 있다. 이를 통해 방송 프로그램에서 다루고 있는 주제인 '고향세'와 '지방 소멸'을 바라보는 다양한 관점의 견해를 확인할 수 있다.

④ '실시간 댓글' 중 '신문읽자'의 댓글이 이용자의 신고 수 누적으로 숨겨진 것을 통해, 댓글에 부적절한 내용이 포함되어 있다고 판단되면 신고를 통해 그 내용을 숨길 수 있음을 확인할 수 있다.

⑤ 진행자의 "언제나처럼 실시간 댓글을 함께 보면서 진행하니, 의견이 있으신 분들은 저희 방송국 홈페이지에 들어오셔서 참가해 주세요."를 통해, 방송국 홈페이지의 '실시간 댓글'에서 방송 프로그램의 내용에 대해 시청자들이 즉각적인 반응을 남길 수 있음을 확인할 수 있다.

16-5. ①

(가)는 '수면을 방해', '생태계를 교란'의 글자를 크고 굵게 표시하여 빛 공해가 야기하는 피해를 부각하고 있다.

② (가)는 빛 공해로 인해 잠을 이루지 못하는 사람을 그림을 통해 제시하고 있을 뿐, 시민의 인터뷰 동영상을 삽입하지는 않았으므로 해당 선지의 설명은 적절하지 않다.

③ (가)는 '밤에 이동하는 철새가 빌딩의 불빛으로 인해 길을 잃거나, 가로수가 장시간 빛을 받아 단풍이 늦어지고 그 수명이 짧아지기도 합니다.'에서 빛 공해로 인해 생태계가 교란되는 상황의 예시를 제시하고 있다. 또한 □□시 시민들을 대상으로 한 조사 결과를 제시하여 □□시 시민들이 빛 공해로 불편을 겪고 있음을 보여 주고 있다. 그러나 이를 통해 빛 공해가 특정 지역의 현상임을 밝히고 있다고 보기는 어려우므로 해당 선지의 설명은 적절하지 않다.

④ (가)는 도시의 야경을 이미지로 제시하고 있다. 그러나 도시의 야경이 변화한 과정을 보여 주고 있지는 않으므로 해당 선지의 설명은 적절하지 않다.

⑤ (가)는 '(기사) □□시, 빛 공해 발생률 30% 이하로 줄인다', '(사설) 빛 공해의 문제점에 관해 아시나요?'라는 자료를 하이퍼링크로 제시하고 있으며, 이는 모두 빛 공해의 문제점을 지적한 것이다. 또한 학생의 블로그 내용 역시 빛 공해의 문제들을 지적하고 있다. 따라서 빛 공해와 관련하여 대립하는 의견을 비교할 수 있도록 자료를 제시하고 있다는 해당 선지의 설명은 적절하지 않다.

16-6. ③

#2에서는 빛 공해로 인한 피해 민원의 증가를 강조하기 위해, '그래프의 선이 왼쪽에서부터 시작하여 오른쪽으로 뻗어 나가는' 효과를 부여하고 있으나, (가)에서 빛 공해 피해 민원의 증가 양상을 제시하지는 않았으므로 적절하지 않다.

① (가)에서는 '인공조명의 부적절한 사용으로 인해 조명 영역 바깥으로 노출된 빛이 인간의 생활을 방해하거나 환경에 피해를 주는 상태'라는 설명을 통해, 빛 공해의 정의를 제시하고 있다. #1의 화면에서는 이것이 '인공조명의 부적절한 사용으로 생기는 피해'와 같이 간략하게 제시되고 있으므로, 해당 선지의 설명은 적절하다.

② (가)에서는 '현대 사회에 들어 생활 방식이 변화하면서 야간 유동인구가 증가함에 따라 발생하게 되었습니다.'라는 설명을 통해, 빛 공해의 발생 배경을 언급하고 있다. 이것이 (나)에서는 #2의 내레이션만을 통해 언급되고 있으므로, 해당 선지의 설명은 적절하다.

④ (가)에서는 '빛 공해는 멜라토닌 호르몬의 생성을 억제하여 수면을 방해하는 등 사람들에게 피해를 줄 뿐만 아니라'라는 설명을 통해, 빛 공해가 인체에 미치는 영향을 제시하고 있다. #3의 화면에서는 이것을 누워있는 사람의 이미지와 '잠이 안 와!'라는 문구를 보여 주는 말풍선을 통해 드러내고 있으므로, 해당 선지의 설명은 적절하다.

⑤ (가)에서는 "□□시 시민들의 56%가 '조명으로 인해 불편을 느낀다'고 답했습니다."라는 설명을 통해, 수치 자료를 제시하고 있다. #4의 화면에서는 이것을 경고음과 함께 제시함으로써 문제의 심각성을 부각하고 있으므로, 해당 선지의 설명은 적절하다.

Part 17

매체 실전문제 17회

17-1. ①

정답 설명

(가)는 신문 기사이므로 작성자가 주관을 배제한 채 객관성을 바탕으로 정보를 전달해야 하는 매체이다. 따라서 (가)가 객관적 자료를 근거로 활용하고 있는지 확인하는 것은 (가)를 수용할 때 유의할 점으로 적절하다.

오답 설명

② (나)는 학생이 만든 카드 뉴스로, '카드 1'부터 '카드 4'까지의 순서에 따라 내용을 전개하고 있다. (나)가 ○○구의 청소년 쉼터가 운영을 중단하게 되었다는 문제 상황을 밝히고 이에 대한 수용자들의 관심을 촉구한다는 점에서, (나)의 정보가 응집성 있게 구성되어 있는지 확인하는 것은 적절한 수용 태도이다. 그러나 (나)가 정해진 순서 없이 내용을 나열하고 있는 것은 아니므로 해당 선지의 설명은 적절하지 않다.

③ (가)는 기사의 하단에서 '박□□ 기자'라는 작성자의 이름을 밝히고 있으며, (나)는 작성자의 이름을 명확히 밝히고 있지 않으므로 해당 선지의 설명은 적절하지 않다.

④ (가)와 (나)는 모두 청소년 쉼터의 폐쇄에 대한 부정적인 입장을 드러내고 있을 뿐, 해당 사안에 대한 여러 관점을 제시하고 있지는 않으므로 해당 선지의 설명은 적절하지 않다.

⑤ (나)는 오직 글을 통해 정보를 전달하는 (가)와 달리 그림, 원 그래프 등의 시각 자료를 활용하여 내용을 제시하고 있다. 그러나 (나)가 영상을 활용하고 있지는 않으므로 해당 선지의 설명은 적절하지 않다. 참고로, 다양한 시각 자료를 활용할 경우 이를 수용하는 과정에서 내용의 왜곡이 있는지 확인해야 한다.

17-2. ⑤

정답 설명

'카드 4'는 '가정에서 보호 받지 못한 청소년들이 좌절하지 않고 앞으로 나아갈 수 있도록'이라는 설명을 통해 청소년 쉼터의 긍정적 효과를 드러내고 있다. 그러나 (가)에는 이러한 내용이 제시되어 있지 않으므로 해당 선지의 설명은 적절하지 않다.

오답 설명

① '카드 1'의 그림은 청소년 쉼터의 폐쇄로 갈 곳이 없어진 청소년의 모습을 보여 준다. 이는 (가)의 표제가 드러내는 문제 상황인 '거리에 내몰린 청소년들'을 형상화한 것으로 적절하다.

② '카드 2'의 말풍선은 '청소년쉼터 = 혐오시설!'이라는 문구를 통해 청소년 쉼터의 부지를 찾지 못한 이유를 보여 주고 있다. 이는 (가)의 "쉼터 폐쇄의 핵심 원인인 '장소 문제'의 이면에는 청소년 쉼터에 대한 지역 사회의 부정적인 시선과 지역 자치 단체의 소극적인 태도가 자리하고 있다."와 '하지만 아직도 가출 청소년을 비행 청소년과 동일시하는 사람들이 많다. 이에 임대인 대부분이 청소년 쉼터 입주에 난색을 표하는 것이다.'에 제시된 내용이다. 따라서 해당 선지의 설명은 적절하다.

③ '카드 3'은 (가)에서 '청소년 가출의 40.1%가 가정 폭력이나 학대로 인한 생존형 가출이다.'와 같이 간략히 소개한 자료의 세부적인 항목을 포함하여 원 그래프를 제시하고 있다. 따라서 해당 선지의 설명은 적절하다.

④ '카드 4'는 '쉼터 관계자는 "○○구에는 이제 임시 쉼터밖에 남지 않는다."라고 우려를 표했습니다.'라는 내용을 제시하고 있다. 이는 (가)의 '○○구 청소년 쉼터의 소장은 "이용 인원이 적다고 해서 쉼터의 필요성이 사라지는 것은 아니"라며 "○○구에는 이제 임시 쉼터밖에 남지 않는다."라고 우려를 표했다.'에서 일부만을 선별적으로 제시하여 수용자의 관심을 촉구하고 있는 것이므로 적절하다.

17-3. ②

정답 설명

'-고'는 '두 가지 이상의 사실을 대등하게 벌여 놓는 연결 어미'이다. ⓒ에서 앞 절의 내용이 뒤 절보다 과거의 일임을 드러내는 것은 '-았-'이라는 선어말 어미를 사용했기 때문이다. 따라서 해당 선지의 설명은 적절하지 않다.

오답 설명

① '-리-'는 '피동의 뜻을 더하는 접미사'이다. ⊙은 '내몰다'를 '내몰리다'로 표현함으로써 청소년들이 처한 상황이 해당 청소년들의 의지로 발생한 것이 아님을 드러낸다.

③ '하지만'은 '서로 일치하지 아니하거나 상반되는 사실을 나타내는 두 문장을 이어 줄 때 쓰는 접속 부사'이다. ⓒ은 '하지만'을 사용하여, 앞서 설명한 자료의 청소년 가출의 40% 이상이 생존형 가출이라는 내용과 반대되는 내용 즉, 가출 청소년을 비행 청소년과 동일시하는 사람이 많다는 내용이 이어지고 있음을 보여 준다.

④ '또한'은 '그 위에 더. 또는 거기에다 더'라는 의미의 부사이다. ⓔ은 '또한'을 사용하여 앞 문단에서 지적한 청소년 쉼터의 폐쇄 원인에 더해 또 다른 원인을 제시할 것임을 드러내고 있다.

⑤ ⓜ은 현재 시제 선어말 어미 '-는-'을 사용한 '않는다'라는 현재형 시제 표현을 통해, ○○구의 청소년 쉼터가 운영을 종료한 이후 임시 쉼터밖에 남지 않을 것임을 제시하고 있다.

17-4. ②

정답 설명

(나)는 ○○구 청소년 쉼터가 폐쇄를 결정하게 된 과정과 그 과정에서 발견된 통념에 대한 반박을 주된 내용으로 한다. 그러나 ○○구 청소년 쉼터가 수행하는 역할을 언급하고 있지는 않다. '카드 A'는 일반적인 청소년 쉼터의 역할을 제시하고 있으므로 '카드 A'를 활용하여 (나)의 내용을 보강하고자 하는 것은 적절하다.

오답 설명

① (나)가 청소년 쉼터의 전국 현황을 언급하지 않은 것은 사실이다. 그러나 '카드 A' 역시 청소년 쉼터의 전국 현황을 보여 주고 있지는 않으므로, 이를 활용하여 우리나라 청소년 쉼터의 수가 감소하고 있음을 제시하기는 어렵다.

③ (나)가 가출 청소년들이 매년 증가하고 있다는 내용을 언급하지 않은 것은 사실이다. 그러나 '카드 B' 역시 연간 가출 청소년의 증가 추세를 보여 주는 통계를 제시하고 있지는 않다.

④ (나)에서 ○○구 청소년 쉼터의 설립 연도를 구체적으로 언급하지 않은 것은 사실이다. 그러나 '카드 B'가 ○○구 청소년 쉼터의 역사를 보여 주고 있지는 않으므로, 이를 활용하여 ○○구 청소년 쉼터의 역사를 제시하기는 어렵다.

⑤ (나)가 청소년 가출과 청소년 범죄율 사이의 관계를 언급하지 않은 것은 사실이다. 그러나 '카드 B'에 제시된 도표 역시, 3년 동안 ○○구 청소년 쉼터

에 입소한 청소년의 수를 보여 주는 것이지 가출 청소년이 저지른 범죄 사건 수를 제시하고 있는 것은 아니다.

17-5. ⑤

정답 설명

(나)는 '한국 도서관 기준 특별 위원회 위원인 강▽▽ 교수는 "고등학교로 갈수록 도서관을 위한 대규모 공간이 필요한데, 공간이 절대적으로 부족한 측면도 있다."라면서 고등학교가 초·중학교에 비해 학생 1명당 권장 도서 수 미달 비율이 높은 이유를 설명했습니다.'에서 전문가의 의견을 인용하였다. 이는 작성자의 주관적 견해를 바탕으로 한 설명이 아니므로, 해당 선지의 설명은 적절하지 않다.

오답 설명

① (가)는 '49.5%'라는 수치의 글자 크기를 조정함으로써 고등학교 도서관의 장서 부족이 심각함을 강조하고 있다.
② (가)는 '"세계 책의 날"이라고?', '학교마다 도서관 장서 수가 엄청 차이난다고?', '학교 1명당 장서 수 권고 기준, 무용지물?', '장서 수 확보가 왜 중요할까요?'와 같이 질문의 형태로 문단별 소제목을 제시함으로써, 각 문단의 내용을 집약적으로 드러내 독자의 주의를 끌고 있다.
③ (나)의 '먼저 제가 아래에 첨부한 영상을 봐 주세요. 영상에서 말하고 있듯이 도서관 장서 수와 학교 학생들의 독서 실태는 깊은 관련성이 있습니다.'를 통해, 해당 첨부 파일이 학교 도서관의 장서 수가 학생들의 독서 실태에 영향을 미친다는 내용을 담고 있음을 추측할 수 있다. 따라서 해당 선지의 설명은 적절하다.
④ (나)의 댓글에는 학교 도서관의 자료 구입비를 확대해 달라는 본문의 내용에 대해 '동의합니다.'라는 의견을 보이는 댓글도 있지만, '도서 구입보다는 노후한 체육 시설부터 고쳐' 달라는 의견의 댓글도 있다. 따라서 해당 선지의 설명은 적절하다.

17-6. ①

정답 설명

(나)는 글을 올린 날이 '세계 책의 날'임을 언급하고는 있지만, 세계 책의 날의 유래에 관해서는 설명하고 있지 않다. 반면 (가)는 '유네스코는 세계 책의 날이 스페인 카탈루냐 지역에서 책을 구매한 사람에게 꽃을 선물하던 세인트 조지의 날과 셰익스피어의 사망 날짜에서 유래되었다고 설명했습니다.'에서 세계 책의 날의 유래를 밝히고 있다.

오답 설명

② (나)의 '우리 학교의 도서관은 인근 학교 도서관에 비해 넓은 면적을 자랑하기에'는, (가)에서 밝힌 것처럼 '교내 도서관 장서 보충과 충분한 자료 구입비의 확보'를 건의하려는 글의 목적을 달성하기 위해 학교의 특성을 제시한 것이다.
③ (나)의 '학생 1명당 자료 구입비가 1만 5천 원 미만인 학교에서 학생 1명이 1년에 대출하는 도서 수는 16.7권인 것에 비해, 자료 구입비가 20만 원 이상인 학교에서는 40.6권입니다.'는, (가)의 '1명당 자료 구입비가 많은 학교에서 학생들의 도서 대출도 많은 것으로 나타났습니다.'를 보강하여 구체적인 수치를 추가한 것이다.
④ (나)의 '한국 도서관 기준 특별 위원회 위원인 강▽▽ 교수'는, (가)에서 인용

된 발화의 주체인 전문가의 소속과 이름을 밝힘으로써 전문가의 발언에 신뢰감을 부여하고 있는 것이다.
⑤ (나)의 '저희 학교 도서관의 장서 수는 1만 권으로 전국에서 하위 20%에 속하는데요.'는, (가)의 '우리 학교 도서관의 장서 수를 확인한 결과, 부끄럽게도 보유 장서가 1만 권으로 다른 학교들보다 적은 편에 속했습니다.'에서 제시한 우리 학교 장서 보유 실태를 전국의 다른 고등학교와 비교할 수 있는 구체적 비율로 제시함으로써 문제 상황을 더욱 부각하고 있는 것이다.

Part_18 매체 실전문제 18회

18-1. ④

정답 설명

해당 기사는 팩트체크 전문 사이트에서 도움을 받을 수 있다는 기사 내용과 관련된 정보 즉, 전문 사이트의 주소를 하이퍼링크로 제공하고 있으며, 수용자는 이를 통해 기사 내용과 연계된 추가적인 자료를 얻을 수 있다.

오답 설명

① 기사가 문자, 그림, 동영상을 활용하고 있는 것은 맞지만, 동영상이 사용되었다는 점에서 수용자는 시각과 청각을 결합한 자료도 접할 수 있다.

② ' ⟳ SNS에 공유하기 '를 통해 수용자는 해당 기사를 누리소통망(SNS)에 공유할 수 있을 뿐, 즉각적으로 오류를 수정할 수 있다고 보기는 어렵다.

③ ' 이 기사 추천하기 | 47 '과 같은 부분에서 기사에 대한 수용자들의 선호를 확인할 수는 있지만, 이를 통해 기사에서 제시한 정보가 접근성이 높다고 해석하기는 어렵다.

⑤ '입력 : 202X.07.XX. 10:00'에 기사가 작성된 시간이 명시되어 있지만, 이를 통해 기사가 게재된 이후 수용자들이 해당 기사를 얼마나 열람했는지에 대한 횟수를 파악할 수 있다고 보기는 어렵다.

18-2. ④

정답 설명

기사는 '인포데믹이라는 재앙에서 살아남도록 도와줄 것이다.'에서 인포데믹을 '재앙'에 빗댄 표현을 사용하고 있으며, 이는 인포데믹에 대한 기자의 부정적인 관점을 함의한 것이다. 〈보기〉에서도 보도문의 본문에서는 보도 주체의 관점이 투영된 언어를 사용한다는 내용을 확인할 수 있다. 그러나 이는 인포데믹에 대처할 방법이 없다는 사실을 드러내는 것이 아니라 인포데믹의 파급력 및 악영향이 크다는 사실을 강조하는 것으로 보는 것이 적절하다.

오답 설명

① 〈보기〉에 따르면 보도문의 본문에서 활용되는 자료들은 보도 내용과 관련한 독자의 이해를 도울 수 있다. 해당 기사의 [동영상]은 '현직 언론인들이 팩트체크에 관해 알기 쉽고 재미있게 설명한 영상'이므로, 이는 독자의 이해를 돕기 위한 자료로 볼 수 있다.

② 〈보기〉에 따르면 보도문의 본문에서는 보도 내용과의 연관성을 고려한 이미지 자료를 활용할 수 있다. 해당 기사의 [이미지1]은 보도에서 다룰 중심 개념인 '인포데믹'과의 연관성을 바탕으로 구성된 것으로 볼 수 있다.

③ 〈보기〉에 따르면 보도문의 본문에서는 독자의 이해를 돕기 위한 다양한 자료를 활용해야 한다. 해당 기사의 [표]와 [이미지2]는 팩트체크의 기준 및 방법을 줄글 대신 도식화된 형태로 제시함으로써 정보의 가독성을 높이고 있다. 이는 독자가 관련 정보를 쉽게 이해할 수 있도록 돕는 것으로 볼 수 있다.

⑤ 〈보기〉에 따르면 보도문의 제목은 정보의 양과 간결성을 고려하여 만들어진다. 해당 기사의 표제는 "겁난다", '치이는 중과 같은 부정적인 어감의 단어를 활용하고 있는데, 이를 통해 '가짜 뉴스'에 관한 보도 맥락을 반영하여 화제에 대한 부정적 인식을 드러내고 있다고 볼 수 있다.

18-3. ④

정답 설명

넷째 슬라이드에서 기사에 언급되었던 팩트체크의 7가지 기준을 제시하며 그 출처로 '한국언론정보학회'를 명시하고는 있지만, 그 기준을 가나다순으로 정렬하지는 않았으므로 메모의 내용이 적절히 반영되었다고 보기는 어렵다. 한글로 된 데이터를 가나다순으로 정렬하면 'ㄱ'부터 'ㅎ' 순서로 정렬해야 한다.

오답 설명

① 기사의 제목에서 따온 '가짜 뉴스', '겁'을 포함한 카드 뉴스 제목이 기사의 정보를 찾아보는 행위를 형상화한 그림 상단에 제시되어 있음을 확인할 수 있다.

② 인포데믹의 어원을 정보와 감염병으로 나누어 설명하고 있으며, 그 아래에 제시된 개념 정의 중 어원으로부터 이끌어 낼 수 있는 의미 내용인 '허위 정보'와 '급속도로 확산'을 진하게 표시하였음을 확인할 수 있다.

③ 기사에 제시된 팩트체크의 4가지 방법을 순차적으로 제시하고 있음을 확인할 수 있다.

⑤ 기사에 제시된 팩트체크 전문 사이트 두 곳의 이름과 주소를 한 화면에서 모두 보여 주고 있으며, '이용해보는 건 어때요?'라는 문구로 이용을 권장하며 마무리하고 있음을 확인할 수 있다.

18-4. ②

정답 설명

(가)는 정부 기관인 '식품의약품안전처(식약처)'가 '당류에 대한 문제의식을 환기하고 당류 저감 레시피를 알리기 위해 대중 매체를 적극 활용'하는 대책을 발표했다고 전하며 당류 저감 대책의 내용을 밝히고 있으므로, 신뢰성을 갖춘 정보로 구성되어 있다고 할 수 있다.

오답 설명

① (가)는 식품의약품안전처에서 실시한 '우리 국민의 기간당 총 당류 섭취량'을 조사한 결과를 다루고 있으나, 이러한 통계 자료를 뉴스 정보로 구성한 주체는 뉴스 제작자로서의 기자이다. 수용자의 선택에 따라 뉴스의 정보가 구성되어 있다고 보기는 어렵다.

③ (나)의 '1일 총 섭취 열량의 10%'라는 문구를 구체적인 수치로 허용할 수는 있지만, 이는 정보의 시의성(그 당시의 사정이나 사회적 요구에 들어맞는 성질)이 아니라, 정보의 정확성과 연관되는 것이다.

④ (가)는 [장면3]에서 소비자와의 인터뷰 영상을 활용하고 있지만, 그 내용은 '대체 감미료의 사용 후기'가 아닌 '당류 섭취량에 대한 소비자의 인식'의 실태다.

⑤ (나)는 당류 섭취량을 진단하는 기준에 관한 상세한 정보를 제공하고 있지 않으며, (가)에 비해 많은 양의 정보를 제공하고 있다고 보기도 어렵다.

18-5. ③

정답 설명

ⓒ에서 사용된 '아울러'는 내용을 요약하는 것이 아닌 앞서 언급된 사실에 내용을 첨가하는 기능을 하는 접속 표현이다.

오답 설명

① ㉠의 '들어보신 적 있나요?'에서 의문형 어미 '-나'를 통해 당류 줄이기의 수단인 대체 감미료에 대해 시청자의 이목을 집중시키고 있다.

② ㉡은 '이'라는 지시 대명사를 사용하여, 앞에서 언급한 "정부의 '당류 줄이기' 선전전"을 가리키고 있다. 또한, 해당 내용이 설탕이 몸에 나쁘다는 사실을 알면서도 소비자들의 당류 섭취는 계속 증가하는 현실에 정부가 주목한 것에서 비롯되었다는 점을 밝히고 있다.

④ ㉣에서 식약처의 계획에 관한 질문과 함께 구체적인 답이 제시되면서 뉴스의 핵심 정보를 자연스럽게 이끌어 내고 있다.

⑤ ㉤은 '과유불급'이라는 사자성어를 활용하여 당류를 과다 사용하지 않고 '덜어내'라고 하며 시청자의 행동 변화를 촉구하고 있다.

18-6. ②

정답 설명

'자료'는 (나)와 달리 음향 효과를 전후로, 남자와 여자의 내레이션을 교차시키고 있는데, 이는 과거와 현재를 대비하는 것이 아니라 과도한 당류 섭취를 경계해야 함을 부각하는 것이다.

오답 설명

① (나)는 '자료'와 달리 '달면 삼키고 쓰면 뱉어라?'에서 기존의 속담을 활용함으로써 당 섭취량을 줄여야 한다는 광고 메시지를 강조하고 있다.

③ (나)는 '자료'와 달리 광고 하단에 설탕을 내미는 손과 막는 손의 이미지를 삽입하여, 과도한 당 섭취를 줄이자는 광고 메시지를 상징적으로 나타내고 있다.

④ '자료'는 (나)와 달리 '설탕 가루가 떨어지는 소리'를 연속적으로 제시하고 있으므로, 음향 효과를 통해 중심 소재를 암시하고 있다고 볼 수 있다.

⑤ (나)는 '과잉 당류 섭취, 건강을 망치는 지름길입니다.'에서 비유적 표현을 사용하고 있으며, '자료'는 '과도한 당류 섭취, 경계해야 합니다.'를 반복하고 있다. (나)와 '자료' 모두 이를 통해 과도한 당류 섭취에 대한 수용자의 경각심을 고취하고 있다고 볼 수 있다.

19-1. ④

정답 설명

수용자는 게시글의 하단에 제시된 '#에그인헬 #양식 #간단한레시피 #에그인헬레시피 #달걀요리 #토마토소스요리'와 같은 해시태그를 통해 관련된 글을 쉽게 찾아 볼 수 있어 정보를 추가적으로 얻을 수 있으므로 적절한 설명이다.

오답 설명

① 'SNS에 공유하기'를 통해 수용자가 게시글을 누리 소통망(SNS)에 공유할 수 있음은 확인할 수 있다. 그러나 수용자가 누리 소통망(SNS)에 글을 공유한다고 해서 수용자의 요구대로 글이 수정되는 것은 아니므로, 해당 선지의 설명은 적절하지 않다.

② '202X.07.XX 13:50'을 통해 게시글이 작성된 시각을 확인할 수는 있으나, 이는 게시글이 업로드된 시각을 보여 주는 것일 뿐 게시글 작성에 소요된 시간을 드러내는 것은 아니므로, 해당 선지의 설명은 적절하지 않다.

③ '좋아요27'을 통해 해당 수용자들이 게시글을 긍정적으로 받아들였다고 판단할 수 있으며, 이는 게시글에 대한 수용자의 선호를 드러낸다고 할 수 있다. 그러나 이를 통해 게시글에 제시된 정보에 오류가 있는지의 여부를 판단할 수는 없으므로, 해당 선지의 설명은 적절하지 않다.

⑤ '2) 요리 과정'을 통해 게시글이 문자와 사진 등을 함께 활용하고 있음을 알 수 있지만, 이것이 다른 수용자에게 전송하기 쉬운 형태로 게시글을 저장할 수 있다는 사실을 의미하지는 않으므로, 해당 선지의 설명은 적절하지 않다.

19-2. ⑤

정답 설명

〈보기〉에서 말하는 저작권 침해는 타인의 글 혹은 사진 등의 저작물을 허락 없이 사용하거나 가공하여 활용하는 것을 가리킨다. 블로그 글의 '직접 요리하면서 찍은 사진'이라는 문구를 통해, [A]에 나열된 시각 자료의 저작권은 작성자 자신에게 있음을 알 수 있다. 또한 작성자가 '무단 도용을 금합니다.'라고 한 것은 다른 사람의 저작권을 침해하지 않으려는 것이 아니라 자신의 저작권을 침해받지 않겠다는 의사를 밝힌 것이므로 선지의 설명은 적절하지 않다.

오답 설명

① 작성자는 'TIP'에서 'OK'와 같은 간결한 언어를 사용하여 '대략 3~4분이면' 달걀을 반숙으로 익힐 수 있음을 전달하고 있다. 이는 〈보기〉에서 효과적인 정보 전달을 위해 간결한 언어를 써야 한다고 언급한 내용에 해당하는 것이므로 적절하다.

② 요리 과정을 줄글로만 설명하는 것보다 (1)부터 (5)까지 번호를 붙여 제시하면, 수용자가 요리 과정을 순차적으로 이해하는 데 도움이 된다. 이는 〈보기〉에서 블로그에 글을 올릴 때는 자신의 글을 많은 사람이 이해할 수 있도록 주의를 기울여야 한다고 언급한 내용에 해당하는 것이므로 적절하다.

③ 'TIP'에서 달걀 반숙에 관한 정보가 문자로만 제시될 경우 수용자가 지루함을 느낄 수도 있는데, 이를 해소하기 위해 작성자는 블로그 글에서 달걀을 형상화한 이미지를 함께 제시하고 있다. 이는 〈보기〉에서 효과적인 정보 전달을 위해서는 문자의 나열만으로 생길 수 있는 지루함을 해소하는 것이 필요하다고 언급한 내용에 해당하는 것이므로 적절하다.

④ [A]에서 요리 과정의 내용을 시각 자료와 함께 제시하여 수용자는 요리 과정을 쉽게 이해할 수 있을 것이다. 이는 〈보기〉에서 효과적인 정보 전달을 위해서는 이미지 자료 등을 활용하여 정보의 이해를 돕는 것이 필요하다고 언급한 내용에 해당하는 것이므로 적절하다.

19-3. ⑤

정답 설명

학생은 #5에 대한 메모에서 요리가 완성되기 전후를 복합 감각을 활용하여 표현할 것이라고 하였다. 장면 스케치 및 장면 구상 내용에서 '주재료'의 사진이 '완성된 요리' 사진으로 전환되고 있음을 확인할 수 있다. 하지만 효과음과 같은 청각적 표현 등이 제시되어 있지 않고 시각적 표현으로만 이를 나타내고 있으므로, 메모의 내용이 반영되었다고 보기 어렵다.

오답 설명

① 게시글 제목의 '간단'과 '근사', '에그 인 헬'을 활용하여 영상의 제목을 구성하였으므로, #1에 대한 메모가 적절히 반영되었다고 볼 수 있다.
② 주재료와 부재료로 나뉘어 항목화된 요리 재료의 모습을 사진으로 제시하여 한 화면에 구체적으로 보여 주고 있으므로, #2에 대한 메모가 적절히 반영되었다고 볼 수 있다.
③ 삽입된 요리 과정을 촬영한 영상의 하단에 각 과정을 확인할 수 있는 타임라인으로 표시하고 있으므로, #3에 대한 메모가 적절히 반영되었다고 볼 수 있다.
④ 요리 과정 (4)에서 달걀을 반숙으로 만들기 위해 참고할 수 있는 정보 즉, 'TIP'의 내용을 직접 촬영한 영상을 활용하여 제시하고 있으므로, #4에 대한 메모가 적절히 반영되었다고 볼 수 있다.

19-4. ②

정답 설명

'시의성'은 '당시의 상황이나 사정에 딱 들어맞는 성질'을 의미한다. (가)는 '배달 문화'의 발달이 플라스틱 사용량의 급증과 관련 있음을 언급하고, 이러한 시기에 수용자가 마땅히 알아야 하는 플라스틱 재활용에 대한 정보를 제공하고 있으므로 선지의 내용은 적절하다.

오답 설명

① (가)가 진행자와 기자라는 전문 직업인에 의해 미리 선별된 자료를 바탕으로 제작되는 것은 맞지만, 이것이 정보 구성의 주체가 수용자와 실시간으로 상호 작용하여 정보를 구성함을 의미하는 것은 아니다.
③ (나)는 사회 문제에 대한 통념을 제시하고 있지 않으며, 수용자의 배경지식을 고려한 정보로 구성되어 있다고 보기도 어렵다.
④ (가)와 (나)는 모두 '통계청'과 'OECD'에서 발표한 자료를 활용하고 있다. (가)의 경우 다른 국가들의 수치를 함께 제시하고 있는 반면, (나)는 한국의 수치만을 밝히고 있다는 점에서 차이를 보이지만 모두 같은 기관(통계청, OECD)에서 발표한 자료이므로 이것이 (가)가 (나)에 비해 전문적인 정보를 전달하고 있음을 의미한다고 보기는 어렵다.
⑤ (나)가 플라스틱 재활용이 잘 되지 않는다는 사회 문제에 대한 해결 방안 중 하나인 플라스틱 올바르게 버리기에 대한 내용을 세분화하여 제시하고 있는 것은 맞지만, (나)에 제시된 정보는 모두 (가)에 제시된 정보이므로 (나)가 (가)에 비해 많은 양의 정보를 제공한다고 보기는 어렵다.

19-5. ④

정답 설명

ⓔ의 '부탁드립니다.'는 가정에서부터 올바른 분리배출 방법을 숙지하고 생활 속에서 체득할 수 있도록 노력해 달라는 권유의 의미를 지니고 있다. 하지만 이는 청유형 어미('-ㅂ시다')가 사용된 것이 아닌, 평서형 어미('-ㅂ니다')가 사용된 문장이므로 적절하지 않다.

오답 설명

① ㉠의 '시키시나요?'에서 '-나'라는 의문형 어미를 사용하여 시청자를 향해 질문을 던짐으로써, 이어질 보도 내용에 관한 시청자의 관심을 유발하고 있다.
② ㉡에서 '즉'이라는 접속 표현을 사용함으로써 부적절한 플라스틱 배출 사례가 '재활용에 대한 인식 부족의 방증'임을 집약하여 전달하고 있다.
③ ㉢에서 '사실'이라는 명사로 문장을 종결하여 실제 플라스틱 재활용률이 낮다는 정보를 부각하여 제시하고 있다.
⑤ ㉣에서 플라스틱 쓰레기는 증가하지만 플라스틱 재활용률은 제자리에 머물러 있다는 두 현상의 대조를 통해 플라스틱 재활용에 대한 시청자들의 경각심을 불러일으키고 있으므로 적절하다.

19-6. ③

정답 설명

'자료'의 '올바른 플라스틱 재활용으로 환경문제를 최소화합시다.'라는 문구는 분리수거를 할 경우의 이점(환경문제를 최소화할 수 있음)을 근거로 독자에게 플라스틱 재활용을 이행할 동기를 강화하고 있는 것이다. '자료'에서 분리수거를 하지 않을 경우 나타나는 문제점을 구체적으로 언급하고 있지는 않으므로 선지의 진술은 적절하지 않다.

오답 설명

① (나)의 '우리가 어떤 노력을 해야 할까요?'에서 공익 광고를 접한 수용자를 '우리'로 포괄하여 메시지에 동조하도록 하고 있으므로, 이를 통해 메시지에 대한 수용자의 연대감을 형성한다는 선지의 진술은 적절하다.
② '자료'의 '약속해요, 플라스틱으로부터 지구를 지켜주기로'라는 문구는 '플라스틱으로부터 지구를 지켜주기로 약속해요'의 어순을 뒤바꾼 표현으로, 올바른 재활용품 배출을 장려하기 위해 사용된 것이라고 할 수 있다.
④ (나)는 플라스틱 소비량이 많은 데 반해, 실질적인 재활용률은 낮다는 문제를 제시한 다음, 재활용률을 높일 수 있는 방법을 제시하는 '문제-해결' 구조를 취하고 있다. 이러한 구조는 수용자가 올바른 재활용품 배출이라는 행동을 실천해야 함을 깨달을 수 있도록 하므로 선지의 진술은 적절하다.
⑤ (나)와 '자료'는 모두 내용물을 비우는 것부터 페트병을 압축해서 버리는 것까지의 구체적인 페트병 쓰레기 배출 방법을 명시함으로써, 실생활에서 실천 가능한 정보를 제시하고 있다.

Part 20

매체 실전문제 20회

20-1. ③

정답 설명

출연자는 프로그램 진행 도중 '실시간 댓글창'을 보면서 청취자의 반응을 확인하고 있다. 특히 '5714'의 댓글에 따라 '현지 박물관의 투어를 접할 수 있는 웹페이지'를 경험해 보자며 라디오 진행의 방향을 설정하고 있으므로, 청취자의 참여를 통해 프로그램 진행이 이루어 질 수 있음을 알 수 있다.

오답 설명

① 라디오 프로그램이 실시간으로 진행되고는 있으나, 이러한 사실 자체가 채널에 대한 청취자의 접근성을 높일 수 있다고 보기는 어렵다.

② '지난 회차 다시 듣기'를 통해 수용자가 라디오 프로그램을 해당 회차가 끝난 이후에도 청취할 수 있음을 알 수 있으며, 이는 라디오 프로그램이 데이터의 형식으로 보존되고 있음을 보여 준다. 하지만 이를 통해 청취자가 동시에 여러 개의 채널에 접속할 수 있는지의 여부를 확인할 수는 없다.

④ 해당 라디오 프로그램은 출연자를 소개할 때 '신○○ / 가이드'라는 자막을 활용하고, 스튜디오의 화면과 함께 음성을 내보내고 있다. 그러나 이러한 구성 방식을 통해 청취자가 자신에게 필요한 정보만을 선택적으로 화면에 표시할 수 있는지 여부를 확인할 수는 없다.

⑤ '실시간 댓글창'을 통해 라디오가 인터넷과 연계되어 진행되고 있음을 알 수 있다. 그러나 라디오가 인터넷과 연계되어 있다고 해서 청취자가 관련 자료를 검색하여 이를 즉각적으로 방송 내용에 추가할 수 있는 것은 아니다.

20-2. ④

정답 설명

도입부에 삽입된 배경 음악이 청취자가 특정 프로그램의 시작을 인식하도록 도울 수는 있으나 이는 청각 자극의 일종이다. 〈보기〉에서 라디오 청취자의 청각 자극을 보완하기 위해 출연진의 모습을 노출시키거나 자막, 영상 자료 등을 활용한다고 언급한 내용과 일치하지 않으므로, 해당 선지의 설명은 적절하지 않다.

오답 설명

① [화면 1]에서는 출연자의 등장과 함께 출연자에 관한 정보를 자막으로 제시하여 강조하고 있다. 이때, 화면의 음성과 자막의 문자가 결합되고 있으므로 적절하다.

② [화면 2]에서 출연자가 음성으로 전하고 있는 웹페이지에 관한 정보를 영상으로 제공하는 것은 해당 웹페이지에 대한 청취자의 이해를 돕는 것으로 볼 수 있다.

③ [화면 3]에서 실시간 댓글창을 보여 줌으로써 청취자는 출연자가 선택한 댓글의 내용을 구체적으로 확인할 수 있다.

⑤ 진행자와 출연자의 모습이 화면을 통해 제공되고 있다는 점에서, '손뼉을 치'는 출연자의 모습이 청취자들에게 제시된 것은 청취자의 주의를 집중시킬 수 있는 다양한 비언어적 표현의 활용으로 볼 수 있다.

20-3. ⑤

정답 설명

방송에서 언급된 '실시간 댓글창'의 사례는 현지의 박물관이나 미술관 등을 랜선

여행하는 방식을 소개해 달라는 것이다. 그러나 #5의 장면 스케치에는 단순히 '현지 가이드와 함께하는 여행지 체험'이라는 내용만 제시되어 있으므로, ⓜ에서 언급한 사례를 활용하고 있다고 보기는 어렵다.

오답 설명

① 방송 화면에 띄웠던 회차 제목인 '들어는 봤니, 랜선 여행?'을 인용하고, 방송 주제인 랜선 여행을 연상할 수 있는 이미지가 장면에 적절히 제시되고 있다.

② 장면 스케치에 '출연자'가 소개한 '랜선 여행'의 개념이 나와 있으며, 기존의 여행과 비교하여 '랜선 여행'의 개념을 제시하고 있으므로 적절하다.

③ ⓒ에 나타난 'Come hear'이라는 랜선 여행 웹페이지 이름의 중의성과 취지가 항목화되어 차례로 나타나 있으며, 웹페이지 이름의 중의성을 'here'과 'hear'로 나누어 설명하고 있으므로 적절하다.

④ ⓔ에서 인용한 랜선 여행 이용 반응 즉, '현지의 일상을 경험하는 듯한 느낌이 든다'는 것과 '팬데믹으로 생긴 우울감을 보상받는 것 같다'는 내용을, 이용자들이 휴대전화 메신저를 통해 나눈 대화처럼 제시하고 있음을 확인할 수 있으므로 적절하다.

20-4. ②

정답 설명

(가)는 공신력 있는 기관인 문화 체육 관광부의 설문 조사 결과를 제시했다는 점에서 신뢰할 수 있는 정보로 내용을 구성했음을 알 수 있다.

오답 설명

① (가)는 '아시테지 한국 협회'가 진행한 행사를 다루고 있으나, 이러한 사실이 일부 수용자들에 의해 뉴스의 정보가 선별될 수 있음을 보여 주는 것은 아니다.

③ (나)는 '아동청소년'이라는 주된 공연 관객층을 명시하고는 있으나, 이를 수용자의 배경지식을 고려한 정보로 포스터를 구성한 것이라고 볼 순 없다. 홍보 포스터에 제시된 정보는 특별히 아동청소년들의 배경지식을 고려하여 구성되어 있다기보다는, 모든 수용자가 이해하고 관심을 가질 수 있도록 구성된 것이다.

④ (가)는 온라인 공연 중 하나인 '기묘한 시골집'을 [장면 4]에서 보여 주고 있을 뿐, 다양한 오프라인 공연의 실황을 영상 자료로 제시하고 있지는 않다.

⑤ (가)는 아시테지 국제 여름 축제의 장·단점을 고르게 언급하고 있지는 않으므로 적절하지 않다.

20-5. ②

정답 설명

ⓛ에서 연결 어미 '-자'를 사용한 것은 맞지만, 앞 절의 내용은 뒤 절의 결과가 아니라 원인에 해당한다.

오답 설명

① ⓐ은 아동·청소년극이 마주한 상황을 '고된 보릿고개'라는 비유적 표현을 사용하여 나타내고 있으며, 이는 현재 아동·청소년극 업계가 겪고 있는 어려운 상황을 제시하는 것으로 볼 수 있다.

③ ⓒ은 '아시테지'가 팬데믹에 대처하는 방법을 묻고 답하는 방식을 통해, '아시테지 국제 여름 축제'가 온라인 공연을 대폭 늘릴 것이라는 뉴스의 핵심 정

보를 강조하고 있다고 볼 수 있다.

④ ⓔ은 '가족애', '토속 신앙', '신명 나는 음악'을 열거하여 연극 '기묘한 시골집'의 성격('가족애와 토속 신앙, 신명 나는 음악의 3박자가 어우러진 작품')을 구체적으로 제시하고 있다.

⑤ ⓜ "일상의 해방감, 이번 축제가 선사해 주기를 바랍니다."는 본디 "이번 축제가 일상의 해방감을 선사해 주기를 바랍니다."였을 것이나, 주어와 목적어의 순서를 바꾸어 아시테지 국제 여름 축제가 관객들에게 '해방감'을 선사해 주기를 바란다는 점을 부각하고 있다.

20-6. ②

정답 설명

'자료'는 '제17회 아시테지 국제 여름 축제.', '함께 즐기자, 아시테지!'와 같은 구절을 반복하여 수용자에게 해당 정보를 각인시키고 있을 뿐, 공연 기간을 반복적으로 언급하지 않았다.

오답 설명

① '자료'는 '예술 공연!', '7월 17일부터 8월 8일.'과 같은 구절에서 명사로 끝맺은 간결한 언어를 사용하여 정보를 제공하고 있다.

③ (나)는 통일된 글씨체 및 글씨 크기를 사용하지 않고, 축제의 이름이나 슬로건 등 정보마다 다른 글씨체와 글씨 크기를 적용하여, 수용자에게 전달하고자 하는 정보를 구분하여 드러내고 있다.

④ (나)는 좌측 하단에 QR 코드가 삽입되어 있다. 이는 수용자가 '아시테지 한국 협회 웹페이지'로 쉽게 이동할 수 있도록 돕는 것이다.

⑤ (나)는 'Off-line'에서 진행되는 공연 즉, '그림자극, 음악극, 마술, 인형극'을 상징하는 여러 시각적 이미지를, '자료'는 신나는 배경 음악을 사용하여 수용자의 관심을 이끌어내고 있다고 할 수 있다.

21-1. ⑤

정답 설명

(가)에서는 '출처표시', '상업적 이용금지', '변경금지'라는 문구와 함께 이를 나타내는 이미지를 제시하여 해당 글의 저작권 관련 사항을 밝히고 있다. 이때 함께 제시된 글은 "◇◇시의 저작물인 '공유 주차 제도 홍보 포스터 공모'는 출처표시-상업적 이용금지-변경금지 조건을 준수하여 이용할 수 있다"는 내용을 담고 있다. 해당 글에서 게시글을 배포할 때 저작권자의 허락이 필요하다는 내용은 제시되고 있지 않으므로, 선지의 내용은 적절하지 않다.

오답 설명

① (가)의 '거주자 우선 주차장(누르면 관련 정보로 이동합니다.)'에서 하이퍼링크 기능을 활용하여 누리집 이용자가 쉽게 관련 정보를 얻을 수 있도록 하고 있다. 이는 누리집 이용자가 정보 탐색 시간을 줄이는 데 도움이 될 것이므로, 선지의 내용은 적절하다.

② (가)에서는 '종합민원', '시민참여', '정보공개', '◇◇소식', '분야별 정보'와 같이, 게시물의 내용에 따라 게시판을 구분하고 있다. 이는 누리집 이용자가 목적에 맞춰 누리집을 이용할 수 있도록 편의를 증진한 것이므로, 선지의 내용은 적절하다.

③ (가)의 '댓글'에서 누리집 이용자인 '메리해피'는 "첨부파일이 hwp 양식이라 핸드폰에서 보기가 불편하네요.ㅠㅠ"라는 의견을 남겼으며, 이에 담당자는 "pdf 양식으로 변환 후 추가했습니다."라고 답하였다. 이는 담당자가 누리집 이용자의 반응에 따라 게시글의 내용을 수정한 것이므로, 선지의 내용은 적절하다.

④ (가)는 하단에 '이 페이지에서 제공하는 정보에 대하여 어느 정도 만족하셨습니까?'라는 항목을 제시하고, 누리집 이용자가 이를 평가할 수 있도록 하고 있다. 이는 정보에 대한 이용자의 평가를 수집하기 위한 것이므로, 선지의 내용은 적절하다.

21-2. ③

정답 설명

'해당'은 '무엇에 관계되는 바로 그것'이라는 의미의 명사로, ⓛ에서 '해당 주차 공간'은 거주자 우선 주차장을 배정받은 주민의 주차 공간을 의미한다. 즉, '해당'은 '주차 공간'이 가리키는 범위를 거주자 우선 주차장을 배정받은 주민의 주차 공간으로 한정하여 나타내므로 선지의 내용은 적절하다.

오답 설명

① ㉠에서 보조사 '는'은 부사격 조사 '에'와 결합하여 '홍보 포스터'를 강조하기 위해 사용되었다. 이때 문장의 주어는 '홍보 포스터에'가 아니라 '정의와 필요성이'이다. 따라서 ㉠에서 보조사 '는'을 사용하여 문장의 주어를 강조하고 있다는 선지의 내용은 적절하지 않다.

② ㉠에서 종결 어미 '-ㅂ니다'는 상대를 높이는 표현이다. 이때 높임의 대상은 (가)의 글을 읽는 시민이다. 따라서 ㉠에서 종결 어미 '-ㅂ니다'를 사용하여 공유 주차 제도를 시행하는 주체를 높이고 있다는 선지의 내용은 적절하지 않다.

④ ⓛ에서 부사격 조사 '로'는 '어떤 일의 방법이나 방식을 나타내는 격 조사'이다. 즉, 거주자 우선 주차장을 배정받은 주민이 해당 주차 공간을 다른 사람

에게 공유하는 방법 및 방식이 '유료'라는 것이다. 따라서 ⓒ에서 격 조사 '로'를 사용하여 주차 공간을 공유하는 이유를 설명하고 있다는 선지의 내용은 적절하지 않다.

⑤ ⓒ에서 연결 어미 '-여'를 사용하여 앞 절과 뒤 절을 이어 주고 있으며, 출처표시-상업적 이용금지-변경금지 조건을 준수한다면 해당 저작물을 이용하는 것이 가능하다는 의미를 나타내고 있다. 따라서 ⓒ에서 연결 어미 '-여'를 사용하여 앞 절이 뒤 절의 결과가 됨을 보여 준다는 선지의 설명은 적절하지 않다.

21-3. ⑤

정답 설명

'아연'은 '수호'가 '이미지(23-09-05.jpg)'를 공유하자, 이에 '♡'를 표시하였다. 이는 '아연 님이 이미지(23-09-05.jpg)를 좋아합니다.'를 통해서 확인할 수 있다. 즉, '아연'은 온라인 화상 회의 공간에서 자신의 선호도를 표현할 수 있는 기능을 활용하여, '수호'가 전송한 자료에 대해 긍정적 반응을 표출하였다고 할 수 있다.

오답 설명

① '수호'는 "참, 전에 내가 우리 학교 근처의 불법 주·정차 차량들을 찍은 사진이 있는데, 쓸 수 있을까?"라며, 다른 대화 참여자에게 해당 이미지(23-09-05.jpg)를 공유하고 있다. 이는 '수호'가 과거에 찍은 사진으로, 현재 '수호'가 보고 있는 사건을 실시간으로 전송한 것이라고 할 수 없다.

② '아연'은 '손 들기 기능이 새로 생겼네.'라고 새로 생긴 기능을 언급하였으나, 이를 화상 회의에서 활용할 것을 제안하지는 않았다. "손 들기를~참여자가 많으면 발언 순서를 정할 때 도움이 되겠다."라는 발화를 이러한 제안으로 볼 수는 있어도, 이는 '아연'이 아닌 '수호'의 발언이므로 적절하지 않다.

③ '하루'는 "거주자 우선 주차장이 뭔지 모르겠다."라는 '아연'의 말에, "공모전 공지에서 하이퍼링크로 연결된 문서에 설명이 있던데? 채팅으로 주소 공유할게."라며, 거주자 우선 주차장에 관한 정보가 담긴 웹 문서의 주소를 공유하고 있다. 그러나 이는 이미지 파일이 아니며, 채팅 기능을 활용하여 이미지를 전달하고 있는 사람은 '수호'뿐이다.

④ '하루'는 다음 화상 회의의 날짜를 정하기 위한 설문 조사를 공유하였을 뿐, 다음 화상 회의가 이루어질 채팅 공간을 공유하고 있지 않다.

21-4. ①

정답 설명

'수호'는 "최근 우리 시 공터 활용 방안으로 주차장과 청소년 문화 센터가 제안되었다면서? 주차 공간만 보장되면 청소년 문화 센터를 지지하는 의견이 힘을 얻을 수 있을 거야."라며, 공유 주차 제도가 청소년을 위한 공간 설립에 도움이 될 수 있음을 언급하고 있다. 이 내용은 포스터의 "공유 주차 제도, '청소년'에게 꼭 필요해요!"의 ❸번 항목에서 제시되고 있다. 따라서 주차장이 청소년 문화 센터보다 중요한 이유를 그림으로 제시했다고 보기는 어렵다.

오답 설명

② '아연'은 '수호'가 공유한 이미지를 본 후, "사진에 기호를 삽입하면 공유 주차 제도가 학교 주변의 불법 주정차를 줄일 수 있다는 점을 나타낼 수 있겠다."라고 말하였다. 이는 포스터의 "공유 주차 제도, '청소년'에게 꼭 필요해요!"의 ❶번 항목의 이미지에서 확인할 수 있다.

③ '수호'는 "포스터에 청소년 캐릭터가 등장해서 공유 주차 제도"에 대한 정의를 설명해 주는 내용을 제시하자고 제안하였다. 이는 포스터에서 청소년 캐릭터가 공유 주차 제도의 정의를 설명하는 부분에 반영되어 있다.

④ '하루'는 "포스터에 글자가 많으면 전달 효과가 떨어질 수 있어. 공유 주차 제도의 정의만 간단히 제시하고, 자세한 정보는 QR 코드를 통해 확인할 수 있도록 하자."에서, 공유 주차 제도에 관한 상세 정보를 확인할 수 있는 QR 코드를 활용할 것을 제안하고 있다. 이는 포스터의 '공유 주차 제도란?'이 가리키는 QR 코드에 반영되어 있다.

⑤ '수호'는 "우리 시의 표어인 '아이들의 행복한 도시'를 활용해 제목을 구성해 볼까?"라며, 시의 표어를 활용하여 포스터의 제목을 구성할 것을 제안하였다. 이는 포스터의 '아이들이 행복한, 공유 주차 제도!'라는 제목에 반영되어 있다.

21-5. ④

정답 설명

ⓔ에서는 사용자가 입력한 '영화 리뷰'와 연관된 검색어가 제시되고 있다. 이때 제시된 검색어는 '영화 추천', '더 스카이', '영화 리뷰'이며, 이는 모두 영화 분야와 관련된 내용이다. 즉, ⓔ을 통해 사용자가 상이한(서로 다른) 분야의 게시글을 쉽게 접할 수 있다고 볼 수 없다.

오답 설명

① ㉠에서는 인플루언서의 선정 기준이 '특정 분야에서 양질의 정보를 생산해 온 블로거'임을 밝히고 있으므로 이러한 기준에 따라 인플루언서에 선정된 사람의 게시글이 '우선 노출'됨을 알 수 있다.

② ㉡에서는 '상우'의 게시글인 '영화 리뷰 〈더 스카이〉 아름다운 풍경을 담은 영화'에 사용된 이미지를, 게시글을 읽기 전에 미리 볼 수 있도록 섬네일로 제시하고 있다.

③ ㉢에서는 사용자가 입력한 검색어인 '영화 리뷰'에 해당하는 '영화'와 '리뷰'에 각각 네모 테두리를 삽입하여 강조하고 있다. 이를 통해 사용자는 자신이 입력한 검색어를 쉽게 알아볼 수 있을 것이다.

⑤ ㉤에서는 사용자 '김□□'가 있는 지역의 날씨를 제시하고 있다. 이는 '위치 공유'라는 기능이 반영된 정보로, 사용자에 맞춰 개인화된 정보가 제공되고 있음을 보여 준다.

21-6. ②

정답 설명

'고전여인'은 "이 영화 기다리고 있었는데!"라며 영화에 대한 기대감을 표출하고 있으며, 해당 영화에 대한 '상우'의 반응이 긍정적이라는 점에 대해서도 기대감을 드러내고 있다. 그러나 "이 영화 기다리고 있었는데!", "더 기대되는데요?"라는 반응을 고려할 때, '고전여인'은 아직 영화를 보기 전이므로 '고전여인'이 '상우'의 감상이 자신과 일치한다는 점을 강조하고 있다고 볼 수는 없다. 또한 '고전여인'이 댓글에서 다른 사용자의 주목을 유도하고 있지도 않다.

오답 설명

① '영화좋아'는 "이 영화는 리뷰 내용이 모두 똑같네요."라며, 〈더 스카이〉라는 영화의 다른 리뷰 글을 '상우'의 글과 비교하여 그 내용이 유사하다는 점을 지적하고 있다. 또한 "영화사에서 리뷰를 관리하는 것 같아서 믿음이 안 가요. 재밌는 거 맞나요?"라며, 정보의 신뢰도에 의문을 제기하고 있다.

③ '빵순이'는 "인플루언서 님의 댓글 창을 이용해 홍보 한번 할게요!"에서 '상우'

가 인플루언서라는 점을 언급하면서, '제 블로그에 맛집 정보가 많으니 놀러 오세요~^^"라며 자신의 블로그를 홍보하고 있다. 이는 [화면 1]에 제시된 것처럼, 인플루언서의 글은 포털 사이트에 우선 노출됨을 고려했기 때문이다.

④ '집게사장'은 "게시글에 영화 포스터 말고는 이미지나 동영상이 없어서 심심해요."라며 '상우'의 글에 이미지와 동영상이 부족하다는 점을 지적함으로써 '상우'의 정보 구성 방식을 점검하고 있으며, "영화의 스틸 컷이라도 추가하면 어떨까요?"라며 보완되어야 할 점을 언급하고 있다.

⑤ '바람'은 "김▽▽가 상을 받은 건 〈더 스카이〉가 아니라 다른 영화 때문이에요."라며 '상우'의 게시글 내용 중 배우의 수상 이력에 관한 부분이 오해를 일으킬 만하다고 지적하고 있으며 "사람들이 오해할 것 같아 걱정되네요."라며 그 부작용에 대한 우려를 표현하고 있다.

Part 22

매체 실전문제 22회

22-1. ①

정답 설명

㉠을 통해 사용자는 자신이 과거에 저장한 내용을 한눈에 확인할 수 있다. '8월에 읽은 책들', '202X-08-22 저장함.', '202X-08-21 저장함.'과 같은 문구와 '공익 광고의 정석', '공익 광고 지식백과' 책의 이미지, 책의 내용이 요약된 글들을 통해 ㉠은 사용자가 과거에 읽은 책들의 내용을 정리해 둔 것임을 알 수 있다. 따라서 독서를 계획하고 있는 책들의 요약된 내용을 미리 확인할 수 있다는 선지의 설명은 적절하지 않다.

오답 설명

② ㉡에서 전자책의 사용자가 전자책의 내용을 음성으로도 들을 수 있음을 알 수 있다. 이를 통해 사용자는 전자책의 내용을 눈으로 읽기 곤란한 환경에서도 해당 책의 내용을 파악할 수 있을 것이다.

③ ㉢에서 전자책의 사용자가 전자책 화면에 제시되는 글자의 크기를 조정할 수 있음을 알 수 있다. 이를 통해 사용자는 화면에 제시되는 정보를 자신이 읽기 편한 형태로 바꿀 수 있을 것이다.

④ ㉣에서 전자책의 사용자가 해당 책의 목차를 즉각적으로 확인할 수 있음을 알 수 있다. 이를 통해 사용자는 종이책보다 효율적인 독서를 할 수 있을 것이다.

⑤ 화면 하단의 '화면 캡처하기'를 통해 전자책의 사용자가 해당 화면을 캡처할 수 있음을 알 수 있다. 그러나 ㉤에서 사용자가 캡처한 화면을 무단으로 공유할 경우 법적인 제재를 받을 수 있다고 하였다. 이를 통해 사용자는 자신이 캡처한 화면을 타인에게 공유하기 위해서는 저작권자의 허락이 필요함을 확인할 수 있을 것이다.

22-2. ④

정답 설명

학생은 '메모 3'에서 '공익 광고의 문구'를 '우리가 물을 아껴야 우리의 아이들도 깨끗한 물을 사용할 수 있습니다.'로 해야겠다고 언급하였다. 한편 (나)의 [화면 3]에 따르면, '직접적이고 사실적인 표현보다는 은유적인 표현이 메시지에 대한 대중의 관심을 유도하기 쉽'다고 하였다. 그런데 학생이 선정한 공익 광고의 문구는 물 절약의 필요성을 직접적이고 사실적으로 표현한 것이라고 할 수 있다. 따라서 학생의 '메모 3'이 (나)의 [화면 3]에 제시된 대중의 관심을 유도하기 위한 방법을 고려한 것이라는 해당 선지의 내용은 적절하지 않다.

오답 설명

① 학생은 '메모 1'에서 '최근 우리나라의 남부 지방을 중심으로 한 가뭄이 심각한 수준이라고 들었'음을 언급하였다. 한편 (나)의 [화면 1]에 따르면, '공익 광고는 합리성'을 중시해야 하며, '합리성은 광고 내용이 그 나라의 역사적, 문화적, 사회적 상황에 합리적으로 부응'해야 함을 의미한다. 따라서 학생의 '메모 1'은 해당 공익 광고가 우리나라의 사회적 상황에 부응할 수 있도록 합리성을 고려한 것으로 볼 수 있다.

② 학생은 '메모 2'에서 '물을 절약하자는 메시지를 전달하기 위해 가뭄으로 갈라진 땅의 이미지를 활용'하겠다고 언급하였다. 한편 (나)의 [화면 3]에 따르면, '공익 광고는 주로 현실적인 문제를 다루므로, 부정적 소구 방법을 활용하면 대중의 경각심을 고취하기 쉽'다고 하였다. 따라서 학생의 '메모 2'는

대중의 경각심을 고취하기 위해 '가뭄으로 갈라진 땅'이라는 이미지를 통해 부정적 소구 방법을 활용하려는 것으로 볼 수 있다.

③ 학생은 '메모 2'에서 '갈색으로 변한 새싹'의 이미지를 넣겠다고 언급하였다. 한편 (나)의 [화면 3]에 따르면, '우리나라의 공익 광고들은 이미지와 문구를 통한 은유적 표현과 부정적 소구'를 가장 많이 활용하는 것으로 조사되었다. 따라서 학생의 '메모 2'는 우리나라 공익 광고의 보편적인 특징을 고려하여 '갈색으로 변한 새싹'의 이미지를 통해 물이 부족해 생명이 위험해진 상황을 은유적으로 나타낸 것으로 볼 수 있다.

⑤ 학생은 '메모 3'에서 "'물'이라는 글자는 더 크고 굵게 나타내야겠"다고 언급하였다. 한편 (나)의 [화면 2]에 따르면, 공익 광고는 '광고 수용자가 메시지를 효과적으로 기억할 수 있도록 다양한 방법을 활용해야 한다'고 하였다. 따라서 학생의 '메모 3'은 공익 광고의 수용자가 메시지를 효과적으로 기억할 수 있도록 문자의 크기와 굵기를 다르게 하려는 것으로 볼 수 있다.

22-3. ②

정답 설명

ⓑ의 '및'은 '그리고', '그 밖에', '또'의 뜻으로, 문장에서 같은 종류의 성분을 연결할 때 쓰는 부사이다. 해당 문장에서는 '공공 사회의 발전'과 '복지 증진'이라는 두 가지 공익 광고의 제작 목적을 연결하여 나타내기 위해 사용되었다. 즉, ⓑ는 공익 광고가 지닌 여러 목적의 선후 관계를 나타낸다고 볼 수는 없다.

오답 설명

① ⓐ의 '또한'은 '그 위에 더. 또는 거기에다 더'라는 뜻의 부사이다. 해당 문장에서는 공익 광고를 구성할 때 '누구나 이해하기 쉽고, 공감할 수 있는 형태'여야 할 뿐만 아니라, 광고 주제가 '사회적 피해를 알리거나, 모두에게 이익이 될 만한 내용'이어야 함을 언급하기 위해 사용되었다. 즉, ⓐ는 공익 광고를 구성할 때 고려해야 하는 사항들을 덧붙이기 위해 사용되었다고 볼 수 있다.

③ ⓒ의 '만하다'는 '어떤 대상이 앞말이 뜻하는 행동을 할 타당한 이유를 가질 정도로 가치가 있음을 나타내는 말'의 뜻을 갖는 보조 형용사이다. 해당 문장에서는 공익 광고의 주제가 '사회적 피해를 알리거나, 모두에게 이익'이 되는 내용으로 구성되어야 함을 나타내기 위해 사용되었다. 즉, ⓒ는 공익 광고의 주제가 마땅히 나타나야 하는 내용을 밝히기 위해 사용되었다고 볼 수 있다.

④ ⓓ의 '통하다'는 '어떤 사람이나 물체를 매개로 하거나 중개하게 하다.'의 뜻을 갖는 동사이다. 해당 문장에서는 우리나라의 공익 광고들이 '이미지와 문구'를 매개로 은유적 표현과 부정적 소구 방법을 활용함을 나타내기 위해 사용되었다.

⑤ ⓔ의 '이'는 바로 앞에서 이야기한 대상을 가리키는 지시 대명사이다. 해당 문장에서는 우리나라의 공익 광고들이 '이미지와 문구를 통한 은유적 표현과 부정적 소구 방법을 가장 많이 활용하는 것'을 가리키기 위해 사용되었다.

22-4. ⑤

정답 설명

(가)에서 진행자는 "소개되지 못한 사연들은 □□고 방송반 누리집에서 확인할 수 있답니다."라며 정보의 수용자가 추가 정보를 확인할 수 있는 경로를 제시하고 있다. 한편 (나)에서 '우혁'은 "지금 포털 사이트에서 검색해 봤는데, 이 인터넷 신문 기사에 잘 정리되어 있네! 클릭하면 기사로 연결되도록 공유할게."라고

말하며 다른 회의 참여자, 즉 정보 수용자가 정보를 확인할 수 있는 경로(하이퍼링크)를 제시하고 있다.

오답 설명

① (가)는 교내 방송으로, 진행자는 정보 수용자들의 사연을 받아 이를 소개하고 있다. 진행자가 "시간 관계상 사연 하나만 소개할 텐데요."라고 언급하고는 있으나, 이는 (가)의 방송이 시간의 제약을 받는다는 점을 고려한 것일 뿐 정보 수용자의 반응에 따라 제공할 정보의 양을 즉각적으로 수정한 것이 아니다.

② (나)는 온라인 화상 회의로, 음성 언어와 문자 언어, 시각적 이미지를 모두 활용하고 있다. 그러나 (나)에서 회의에 참여하고 있는 정보 생산자 간 발화 순서를 지정하고 있는 부분은 확인할 수 없다.

③ (가)는 교내 방송으로, 교내에 있는 학교 구성원들 모두를 대상으로 한다. 따라서 (가)가 특정 개인을 수용자로 한정하여 정보를 제공하고 있다고 볼 수는 없다. (나) 역시 학생들의 온라인 화상 회의이므로 특정 개인을 수용자로 한정하였다고 보기 어렵다.

④ (나)에서 '민지'는 채팅을 통해 자신의 주변이 시끄러워 '목소리가 안 들릴 것 같다는 상황을 밝히며 자신은 '문자 채팅으로만 참여해도' 괜찮을지를 물었고, 다른 회의 참여자들은 이에 모두 동의하였다. 이를 통해 '민지'는 채팅 기능을 통해 회의에 참여하고 '화이트보드 기능'을 통해 자신의 의견을 제시하고 있을 뿐, 음성을 통해 정보 공유에 참여하고 있지 않음을 알 수 있다. 한편 (가) 역시 진행자의 음성과 함께 배경 음악을 활용하고 있으므로, 음성을 통해서만 정보 공유에 참여하고 있다고 보기 어렵다.

22-5. ④

정답 설명

ⓔ을 통해, 회의 참여자들이 화이트보드 기능을 이용하여 소통하고 있음을 확인할 수 있다. 이때 화이트보드에 입력된 각 정보는 입력자의 이름과 함께, 글자의 방향, 형태 등이 다르게 설정되어 있다. 이를 통해 화이트보드에 각 정보를 입력한 사람을 구분할 수 있을 것이므로, 해당 선지의 내용은 적절하다.

오답 설명

① ㉠에서 스피커 이미지와 '(말하는 중)'이라는 문자를 통해 발화의 유무, 무음 상태를 드러내고 있으므로 이는 회의 참여자의 변동 사항을 표시한 것이라 볼 수 있다. 그러나 (나)의 회의 참여자는 '현승', '우혁', '민지', '영지' 네 명으로 정해져 있으므로 (나)의 매체가 불특정 다수에게 개방된 것이라고 볼 수 없다.

② ㉡에서 '민지'가 전송한 '좋아요!' 이모티콘이 나타나고 있음을 확인할 수 있다. 그러나 '민지'가 활용한 그림 문자는, "우리 다 같이 볼 수 있게 화이트보드 기능을 이용해서 메모하면서 회의하는 건 어때?"라는 '우혁'의 제안에 대해 동의의 뜻을 표현한 것이지, 자신의 상황을 알리려는 목적을 담고 있는 것은 아니다. 또한 '민지'는 현재 자신의 주변이 시끄러워서 회의 참여자들에게 자신의 '목소리가 안 들릴 것 같다'고 했을 뿐, 회의 참여자들의 음성을 들을 수 없는 상황에 처해 있는 것은 아니다.

③ ㉢을 통해, '영지'가 다른 대화 참여자들과는 달리 배경 바꾸기 기능을 활용하고 있음을 알 수 있다. 그런데 '영지'는 "배경 바꾸기 기능이 있더라고. 청소를 못 해서 써 봤어."라고 말하며, 배경 바꾸기 기능을 사용한 목적을 밝히고 있다. 이를 통해 '영지'가 화상 회의가 이루어지는 온라인 공간을 강조하기 위해 자신의 현재 화면을 공유하고 있는 것은 아님을 알 수 있다.

⑤ ㉣을 통해, '우혁'이 채팅창의 하이퍼링크 기능을 활용하여 인터넷 신문 기사

를 공유하고 있음을 확인할 수 있다. 즉, '우혁'이 공유한 것은 인터넷 신문 기사이지 영상이 아니다.

22-6. ②

정답 설명

(나)에서 '민지'는 '페트병 분리의 이점을 강조하면 좋겠어!'라는 의견을 제시하였다. 그러나 포스터에서는 '투명 페트병과 유색 페트병 분리하기!'에 별 이미지를 삽입하여 분리 배출을 강조하고 있음을 알 수 있다. 이는 페트병을 분리해 버릴 때의 이점과는 관련이 없으므로 선지의 설명은 적절하지 않다.

오답 설명

① (나)에서 '현승'은 "일단 사연에서 말했듯이 페트병 분리가 이루어지지 않고 있으니까 페트병을 버리는 방법을 세 가지로 나누어 알려 주자."라고 말하였다. 포스터에서는 이를 반영하여 페트병을 버리는 방법을 세 가지로 항목화하여 제시하였다.

③ (나)에서 '민지'는 화이트보드를 통해 '페트병 분리가 중요한 이유 : 투병 페트병은 고급 섬유 원료로 활용할 수 있음.'의 내용을 제시하고, 채팅방에 '페트병 분리의 이점을 강조하면 좋겠다'는 의견을 밝혔다. 이를 반영하여, 포스터에서는 '투명 페트병은 고급 섬유 원료로 활용될 수 있어요! 분리수거만 잘 해도 자원을 훨씬 아낄 수 있답니다!'라는 문구에 화살표를 활용하여, 페트병 분리를 통해 자원을 절약할 수 있음을 나타내었다.

④ (나)에서 '영지'는 "투명 페트병과 유색 페트병을 분리해서 버리는 그림을 색으로 구분해서 내용을 알기 쉽게 전달하면 좋겠어."라고 말하였다. 이를 반영하여, 포스터에서는 투명 페트병과 유색 페트병을 버리는 이미지를 따로 제시하고, 각 이미지의 배경을 다른 색으로 설정하여 두 페트병을 분리해서 버려야 함을 표현하였다.

⑤ (나)에서 '우혁'은 "페트병이 말하는 이미지를 제시해서 학생들에게 긍정적인 느낌을 주는 것 어때?"라고 제안하였다. 이를 반영하여, 포스터에서는 말풍선 이미지를 활용하여 투명 페트병과 유색 페트병이 "난 여기!"라고 말하는 것처럼 표현함으로써 수용자의 긍정적 반응을 유도하고 있다.

23-1. ⑤

정답 설명

[화면 3]의 ⓜ에서는 '화면이 복사'된 사실이 표시되고, 복사된 내용을 '무단 전재 및 유포 시, 법적 제재를 받을 수 있'음을 경고하고 있다. 한편 〈보기〉에 따르면, 복사한 내용은 '전자책을 열지 않고'도 확인 가능하므로, 학생이 전자책 외부에서 해당 화면을 볼 수 없다는 선지의 내용은 적절하지 않다.

오답 설명

① 〈보기〉에서 학생은, '나에게 필요한 기준에 맞춰 책을 정렬할 수 있어서 편하더라.'라고 언급하였다. 이는 [화면 1]의 ㉠에서 확인할 수 있다. ㉠에서는 학생이 책의 정렬 기준을 '출간순'으로 선택하였음을 알 수 있는데, 이는 학생이 최신 정보를 얻고자 했음을 보여 준다.

② 〈보기〉에서 학생은, "전자책 서점에서는 검색어를 입력하면 책의 제목뿐만 아니라 본문에서도 해당 내용을 찾아 주어서 좋았어."라고 언급하였다. 이는 [화면 1]의 ㉡에서 확인할 수 있다. ㉡은 학생이 검색한 '지역 축제'라는 단어가 책의 제목인 '지역 축제 활성화를 위한 전략'뿐만 아니라, 본문에서도 검색되었음을 보여 준다. 이를 통해 학생은 자신이 입력한 검색어와 관련된 책 내용의 일부를 미리 확인할 수 있으므로, 선지의 내용은 적절하다.

③ 〈보기〉에서 학생은, "모르는 단어가 있으면 전자책 내부에서 바로 의미를 확인할 수 있어서 빠르게 글을 읽을 수 있었어."라고 언급하였다. 이는 [화면 2]의 ㉢에서 확인할 수 있다. ㉢에서는 '브랜드 이미지'라는 본문 단어의 뜻을 제공하고 있는데, 이를 통해 학생은 독서 과정에서 따로 단어의 의미를 검색할 필요 없이 효율적으로 책을 읽을 수 있었을 것이다.

④ 〈보기〉에서 학생은, '글자 크기를 조절해 내가 원하는 부분만을 화면에 노출 시'킬 수 있다고 언급하였다. 이는 [화면 3]의 ㉣에서 확인할 수 있다. ㉣에서는 글자 크기가 [화면 2]에 비해 80%로 축소되었음을 알 수 있는데, 이를 통해 학생은 자신이 원하는 부분이 화면에 노출될 수 있게 하였을 것이다.

23-2. ④

정답 설명

학생은 '메모 2'를 통해, '매화 거리를 배경으로 하는 웹 드라마를 제작'한 후, '이를 SNS에 공유한 다른 지역 주민 중 일부를 추첨'하여 축제 입장권을 제공하겠다고 하였다. 한편 (나)의 [화면 3]에서는 □□시의 '녹차' 축제 사례를 소개하면서, 축제를 진행하기 전에 "지역 기반 온라인 커뮤니티에서 '녹차 2행시 공모전'을 개최했다."라고 하였다. 또한 "그 결과 □□시의 올해 '녹차' 축제는 작년에 비해 시민 참여가 20%가량 늘어났으며, 관광객 역시 증가했다."라고 하였다. 이때, (나)에 제시된 지역 기반 온라인 커뮤니티의 '녹차 2행시 공모전'은 □□시의 지역 주민들을 대상으로 진행된 것으로 다른 지역 주민들을 대상으로 이루어진 것이 아니다. 따라서 학생의 '메모 2'가 □□시 '녹차' 축제의 성공 전략을 고려하였다고 볼 수는 없다.

오답 설명

① 학생은 '메모 1'을 통해, "축제 시작 전에, ●●구 주민 온라인 커뮤니티에서 '매화 그리기 이벤트'를 열"겠다고 하였다. 한편 (나)의 [화면 3]에서는 □□시의 '녹차' 축제 사례를 소개하면서, 축제를 진행하기 전에 "지역 기반 온라

인 커뮤니티에서 '녹차 2행시 공모전'을 개최했다.'라고 하였다. 또한 '지역 기반 온라인 커뮤니티는 구성원의 행사 참여도가 높은 것이 특징'이라고 하였다. 따라서 학생이 ●●구 주민으로 구성된 온라인 커뮤니티를 활용하기로 한 것은, 지역 기반 온라인 커뮤니티 내 구성원의 높은 행사 참여율을 고려한 것으로 볼 수 있다.

② 학생은 '메모 1'을 통해, '축제에서 매화 관련 수공예품 제작을 지도할 주민을 모집'하겠다고 하였다. 한편 (나)의 [화면 3]에서는 '시민 주체성'을 설명하면서, 지역 주민이 '주체적으로 관광객과 소통하는 조력자가 되어야' 하며 이는 "지역 축제의 장기적 흥행을 보장할 수 있다."라고 설명하였다. 따라서 학생이 축제에서 수공예품의 제작을 지도할 주민을 모집하기로 한 것은, 지역 축제의 장기적 흥행을 위한 시민 주체성을 고려한 것으로 볼 수 있다.

③ 학생은 '메모 2'를 통해, '●●구의 매화 거리를 배경으로 하는 웹 드라마를 제작'하겠다고 하였다. 한편 (나)의 [화면 2]에서는 지역 축제 활성화 요인을 설명하면서, "지역 정체성이란 그 지역만의 특색을 살리는 것으로, 이를 활용한 전략으로는 지역 명소를 배경으로 한 영상 제작 및 배포가 있다."라고 하였다. 따라서 학생이 매화 거리를 배경으로 하는 웹 드라마를 제작하기로 한 것은, 지역 축제 활성화 요인 중 지역 정체성을 고려한 것으로 볼 수 있다.

⑤ 학생은 '메모 3'을 통해, '매화 모양의 머리를 가진 캐릭터를 축제의 마스코트로 설정하고 이를 앞으로의 매화 축제에서도 지속적으로 활용하여, ●●구의 이미지를 널리 알'리겠다고 하였다. 한편 (나)의 [화면 2]에서는 지역 축제 활성화 요인을 설명하면서, "경제성은 지역 축제가 지역의 경제적 가치를 높일 뿐만 아니라 지역 홍보의 역할을 하는 것을 뜻한다."라고 하였다. 따라서 학생이 마스코트를 만들어 이를 지속적으로 사용하기로 한 것은, 축제의 마스코트를 통해 지역을 홍보하는 역할을 하기 위함이므로 지역 축제 활성화 요인 중 경제성을 반영한 방안을 고려한 것으로 볼 수 있다.

23-3. ②

정답 설명

ⓑ의 '한편'은 '어떤 일에 대하여, 앞에서 말한 측면과 다른 측면을 말할 때 쓰는 말'을 뜻하는 부사이다. [화면 2]에서는 지역 축제 활성화 요인에 대해 말하면서, '전문성'에 이어 '경제성'을 설명하고 있다. 이때 '한편'은 '전문성'의 측면과 다른 '경제성'을 설명하고자 사용되었다. ⓑ의 전후로 제시된 '전문성'과 '경제성'은 모두 지역 축제 활성화 요인이므로, 두 관점이 상반되는 것은 아니다.

오답 설명

① ⓐ의 '이루어지다'는 '어떤 대상에 의하여 일정한 상태나 결과가 생기거나 만들어지다.'를 뜻한다. [화면 2]에서는 '지역 축제와 관련한 지속적인 프로그램'이 스스로 생기는 것이 아니라, 다른 대상에 의해 개발되는 것임을 나타내기 위해 사용되었다. 따라서 ⓐ는 지역 축제를 기획하는 주체의 행위에 의해, 그 결과로 지속적인 프로그램이 개발됨을 나타낸다고 볼 수 있다.

③ ⓒ의 '같다'는 '그런 부류에 속한다는 뜻을 나타내는 말'을 뜻한다. [화면 3]에서는 '지역 주민의 적극적인 참여가 보장되는 공간'의 부류에 '체험 공간'이 속함을 나타내기 위해 사용되었다. 따라서 ⓒ는 지역 주민의 적극적인 참여가 보장되기 위해서는 해당 공간이 필요함을 구체적으로 언급하기 위해 사용되었다고 볼 수 있다.

④ ⓓ의 '이'는 바로 앞에서 이야기한 대상을 가리키는 지시 대명사이다. [화면 3]에서는 앞 문장의 "지역 주민은 주체적으로 관광객과 소통하는 조력자가 되어야 한다."를 가리키기 위해 사용되었다. 따라서 ⓓ는 지역 축제의 장기적 흥행을 위해 필요한 지역 주민의 역할에 관한 내용을 반복하지 않고 나

타내기 위해 사용되었다고 볼 수 있다.

⑤ ⓔ의 '앞서'는 '남보다 먼저'를 뜻하는 부사이다. [화면 3]에서는 '녹차' 축제를 진행하기 전에 '녹차 2행시 공모전'이 개최되었음을 나타내기 위해 사용되었다. 따라서 ⓔ는 지역 기반 온라인 커뮤니티를 활용하여 개최한 '녹차 2행시 공모전'이 지역 '녹차' 축제에 선행하는 것임을 밝히기 위해 사용되었다고 볼 수 있다.

23-4. ②

정답 설명

(나)에서 '수빈'이 "3학년 2반에 내 친구가 있으니까 내가 따로 대화방을 만들어서 물어볼게~ㅎㅎ"라고 말한 것을 통해, 해당 매체에서는 필요에 따라 사용자가 여러 개의 대화 공간을 생성할 수 있음을 알 수 있다.

오답 설명

① (가)의 게시글에 '수정됨'이 표시된 것을 통해, (가)의 매체에서 특정 글이 수정될 수 있음을 알 수 있다. 그러나 이때 게시글의 수정이 정보 수용자의 반응을 고려한 것인지는 확인할 수 없다. 또한 (가)에서 수정된 글에 대한 댓글 내용에서도 해당 글에 대한 수정 요청을 확인할 수 없다.

③ (가)에서 '좋아요'를 통해, 특정 정보에 대한 수용자의 선호도를 확인할 수 있다. 그러나 (가)에서 게시글보다 댓글에 좋아요 수가 더 많은 것을 통해 정보에 대한 수용자들의 선호도를 기준으로 정보가 배열되고 있지 않음을 알 수 있다. 한편 (나)는 메신저를 이용해 나눈 대화로, 시간 순서대로 메시지가 배열된다.

④ (나)는 '영상 동아리방'이라는 대화방의 이름을 고려해 볼 때, ◎◎고등학교 영상 동아리라는 단체에 소속된 구성원을 대상으로 하는 대화 공간임을 알 수 있다. 또한 '수빈'이 "우리 동아리는 다 김△△ 선생님 수업을 들었네!"라고 한 것을 통해서도, (나)의 대화 참여자들이 모두 ◎◎고등학교에 소속된 구성원임을 알 수 있다. 한편 (가)는 '◎◎고등학교 온라인 커뮤니티'로, '◎◎고등학교 재학생과 선생님만 가입할 수 있는 비공개 커뮤니티'라고 소개되고 있다. 따라서 (가)와 (나)는 모두 ◎◎고등학교에 소속된 구성원만을 대상으로 정보를 공유하는 매체에 해당한다.

⑤ (나)에서는 메시지를 전송하는 참여자의 실명이 공개되어 있다. 그러나 (가)에서는 정보 생산자가 모두 '익명'으로 표시되고 있다. (가)의 댓글에서 "밴드부 부원 박▲▲입니다."를 실명이 공개된 것으로 볼 수는 있으나, 이는 해당 댓글의 작성자가 스스로 이름을 밝힌 것이므로 사용자의 실명 공개를 바탕으로 정보가 전달되고 있다고 볼 수 없다.

23-5. ③

정답 설명

ⓒ을 통해, '소연'이 전송한 메시지가 소연 자신에 의해 삭제되었음을 알 수 있다. 또한 "미안, 다른 대화방에 보낼 내용을 잘못 보냈어."라는 발화를 고려하면 삭제된 메시지의 내용을 이미 공유된 정보와 중복되는 내용이라고 보는 것도 적절하지 않다.

오답 설명

① '정우'는 (가)에 올라온 김△△ 선생님의 전근 소식을 다른 대화 참여자들에게 전달하면서, ㉠을 통해 그 소식에 대한 슬픈 마음을 시각적 이미지로 제시하고 있다.

② ⓛ에서 '민지'는 "우리가 전에 스승의 날 영상을 만들면서 김△△ 선생님 수업하시는 걸 찍은 적이 있었던 것 같은데?"라는 '정우'의 질문에 "그 영상이 대화방 파일함에 있을 거야!"라고 답하고 있다. 이때 '대화방 파일함'은 (나)의 매체가 제공하는 기능으로, 과거에 공유했던 파일을 다시 열람할 수 있도록 하는 것임을 알 수 있다.

④ ⓔ에서 '정우'는 "우리 대화를 다시 봤는데"라며, 현재까지의 대화 내용을 점검하였음을 밝히고 있다. 또한 "온라인 커뮤니티에 글을 올리는 게 먼저겠네."라며, 영상 제작을 위해 필요한 작업의 우선순위를 정하고 있다.

⑤ ⓜ에서 '소연'은 '2번째 회의' 일정을 추가하였다. ⓜ 앞에서 '소연'이 "다음 회의 일정 추가할게!"라고 한 것을 고려할 때, '소연'은 다음 회의 날짜를 대화 참여자들에게 공유하여 알리는 기능을 활용하였음을 알 수 있다.

23-6. ③

정답 설명

(나)에서 '소연'이 "우리도 온라인 커뮤니티에 글을 올려서 사연의 주인공들과 직접 연락해 보는 것 어때?"라고 제안하자, '민지'는 "짧은 인터뷰를 진행해서 김△△ 선생님 덕분에 성장한 모습을 영상으로 보여 주"자고 하였다. 그러나 해당 선지에 제시된 장면 스케치에서는, (가)에 게시된 사연의 주인공 '박▲▲ 학생'의 인터뷰 내용과 과거의 사진을 삽입하였다. 학생의 사진을 제시하여 해당 학생의 사연을 생생하게 전달할 수는 있겠으나, (나)의 학생들은 '학생의 사진'이 아닌 '인터뷰 영상'을 삽입하기로 계획하였으므로 선지의 내용은 적절하지 않다.

오답 설명

① (나)에서 '민지'가 "우리 김△△ 선생님께 감사를 표하는 영상을 만들어서 작별 선물로 드리는 건 어때?"라고 제안하자, '소연'은 "감사의 마음은 화면에 계속 나타나도록 하자!"라고 답하였다. 장면 스케치를 살펴보면, 영상의 좌측 상단에 '김△△ 선생님, 감사합니다'라는 자막을 고정하여 노출하고 있으므로, (나)의 대화 내용이 반영되었다고 볼 수 있다.

② (나)에서 '수빈'은 '정우'가 제공한 스승의 날 영상에 "선생님의 열정이 잘 드러나서 좋다"며, "꼭 사용하자"고 하였다. 해당 선지의 장면 스케치에는 열정적으로 수업하시는 김△△ 선생님의 모습이 삽입되어 있으므로, (나)의 대화 내용이 반영되었다고 볼 수 있다.

④ (나)에서 '정우'는 "지금 선생님께서 담임을 맡고 계시는 3학년 2반 친구들이 2반 교실에서 다 같이 인사하는 영상을 찍으면 어때?"라고 제안하였으며, 이에 '수빈'이 동의하였다. 해당 선지의 장면 스케치에는 3학년 2반 학생들이 교실을 배경으로 선생님께 인사하는 모습이 담겨 있으므로, (나)의 대화 내용이 반영되었다고 볼 수 있다.

⑤ (나)에서 '민지'는 "영상의 끝부분에서 아련한 느낌을 줄 수 있는 효과를 쓰면 좋겠다."라고 하며, 3학년 2반 학급에서 찍을 영상과 관련된 제안을 하였다. 해당 선지의 장면 스케치에서는 3학년 2반 학생들의 모습이 점점 흐려지지만 칠판의 메시지는 뚜렷해지도록 제시하여 아련한 느낌을 주고 있으므로, (나)의 대화 내용이 반영되었다고 볼 수 있다.

Part_24 매체 실전문제 24회

24-1. ②

정답 설명

(가)는 각 동영상의 내용을 짐작할 수 있는 시각 이미지(섬네일)를 제공하고 있다. 이는 해당 정보에 대한 수용자의 이해도를 높일 수 있으므로 해당 선지의 진술은 적절하다.

오답 설명

① (가)의 세 번째 동영상 제목 아래에 '광고'라고 명시되어 있으므로 해당 동영상이 상업적 목적의 동영상임을 알 수 있다. 따라서 상업적 목적의 동영상을 제한하고 있다고 볼 수 없다. 또한 상업적 목적의 동영상을 제한하는 것과 정보에 대한 수용자의 공정성은 관련이 없다.

③ (가)의 각 동영상의 조회수가 제시되고 있는 것은 맞지만, 이는 정보의 타당성 여부와 관련이 없다.

④ (나)에서는 게시글 작성자와 댓글 작성자 모두 익명으로 기재되어 있다. 그러나 이러한 익명성과 글의 내용 수정은 관련이 없다.

⑤ (나)에서 수용자의 댓글이 작성된 시간이 명시되고 있는 것은 맞지만 이것이 다른 수용자들의 최초 열람 시간을 의미한다고 보기는 어렵다. 특히 '익명4'의 "아까 읽었는데 댓글을 깜빡하고 안 달았네요."라는 발언을 통해 이를 확인할 수 있다.

24-2. ②

정답 설명

(가)의 두 번째 동영상은 체중 감량을 할 때 숫자에 집착하지 말라는 내용을 담고 있다. 따라서 해당 동영상이 체중 감량의 필요성에 대한 이용자의 고정 관념을 더욱 강화시키는 작용을 한다는 선지의 진술은 적절하지 않다.

오답 설명

① (가)가 〈보기〉에서 설명한 개인 맞춤형 콘텐츠를 제공해 주는 사이트라면, 표시된 동영상들은 이용자의 알고리즘에 따라 선별된 것이라고 볼 수 있다. (가)의 동영상의 공통 주제는 '다이어트'이므로, 이용자는 평소 '다이어트' 관련 콘텐츠를 선호했다고 볼 수 있다.

③ (나)의 댓글창에는 '고지방 다이어트'에 대한 긍정적 여론만이 나타나 있다. 따라서 이는 작성자의 편향적(한쪽으로 치우친 경향이 있는) 정보 소비를 더욱 확대시키고 있다고 볼 수 있다.

④ (가)의 세 번째 동영상은 '복부 지방 흡입'에 대한 장점을 부각하고 있다. (나)의 댓글창에서 작성자가 "안 그래도~확실히 효과가 좋긴 하더라고요."라는 발언을 통해 작성자는 (가)의 세 번째 동영상을 보고 '복부 지방 흡입'에 대한 신뢰를 형성하였음을 알 수 있다.

⑤ (나)의 작성자는 '고지방 다이어트'에 대한 다른 이용자들의 경험을 묻는 글을 작성하고 있다. (나)의 작성자는 (가)의 이용자이므로, 작성자는 (가)에서 고지방 다이어트를 다룬 네 번째 동영상에서 고지방식이 유행하고 있다는 정보를 얻어 이를 다른 이에게 공유하고 있음을 알 수 있다.

24-3. ⑤

정답 설명

⑩에서 '-(으)면'은 조건을 나타내는 연결 어미이다. '댓글로 좀 알려 주세요'는 작성자의 요청 내용이므로 뒤 절의 내용이 앞 절의 내용과 상반됨을 밝히는 것이 아니다.

오답 설명

① ㉠에서 '-님'은 '높임'의 뜻을 더하는 접미사이다. 작성자는 ㉠에서 해당 게시글의 독자이자 자신이 도움을 구하고자 하는 대상에게 접미사 '-님'을 사용해 높임 내지는 존중의 뜻을 나타내려 했다고 볼 수 있다.
② ㉡에서는 직접 인용 부호("")를 사용함으로써 작성자가 실제 다짐했던 내용을 생생하게 밝히고 있다.
③ ㉢에서 '-기'는 명사형 어미로서, '10kg를 감량하기'가 작성자의 실행 목표임을 나타내고 있다.
④ ㉣에서 '-고 있다'는 진행상을 나타내는데, '최근'과 함께 활용되면서 '고지방 다이어트'가 현재 화두로 떠오르는 사안임을 제시하였다.

24-4. ③

정답 설명

'세아'는 문자뿐만 아니라 사진이나 동영상 등의 자료를 즉각적으로 공유할 수 있다는 메신저 대화의 특성을 활용하여 '지지난 호'의 배너 이미지를 사진으로 첨부하고 있다.

오답 설명

① '윤재'는 소통의 대상을 '하민', '영은', '세아'로 지정하여 대화방을 열었다. 따라서 일대일로 소통 방식을 설정했다는 진술은 적절하지 않다.
② '영은'은 휴대 전화 메신저로 나누는 대화의 장점을 거론하고 있지 않다.
④ '하민'은 'http://□□library.kr'이라는 하이퍼링크를 이용하고 있으나 이는 '도서관 웹'으로 이동한다. 따라서 이를 통해 자신이 재가공한 정보를 공유하고 있지는 않으므로 적절하지 않다.
⑤ '영은'은 'ㅎㅎ'와 같이 한글 자음자로 된 기호를 사용하고 있으나, '세아'는 'ㅠㅠ'와 같이 한글 모음자로 된 기호를 사용하고 있으므로 적절하지 않다.

24-5. ②

정답 설명

㉡에서 언급된 '발행 정보'는 (나)의 상단 오른편에 사각형으로 한데 묶여 제시되고 있다. 그중 '발행 호수'만 글씨 크기가 커진 채로 나타나 있으므로, '발행처'의 글씨 크기를 다른 정보보다 크게 키워 제시해야 한다는 계획은 반영되지 않았음을 확인할 수 있다.

오답 설명

① ㉠에서 언급된 '소식지 이름'과 '발행 정보'는 (나)의 가장 상단에 나란히 배치되어 있다.
③ ㉢에서 언급된 내용은 소식지의 핵심인 만큼 (나)의 1면에서 주된 비중을 차지하고 있다.
④ ㉣에서 언급된 내용 중 행사명은 '독서토론회'와 '음악이 있는 북 콘서트'이다. 이 두 행사명을 다른 정보들보다 굵은 글씨로 강조하여 이미지 배너 형태로 배치하고 있으므로 적절하다.
⑤ ㉤에서 언급된 앱 아이콘은 오른편의 하단에 휴대 전화 아이콘을 삽입한 형태로 제시되고 있다.

24-6. ⑤

정답 설명

ⓔ는 '세아'의 피드백 중 "그리고 도서관 웹의 주소를 중앙 이미지 하단에 삽입하는 게 좋겠어."를 잘못 반영한 결과이다. 이에 따르면 오른편 배너의 하단이 아니라 중앙 이미지의 하단에 도서관 웹의 주소를 삽입해야 하기 때문이다.

오답 설명

① ⓐ는 '하민'의 피드백 중 "우리 소식지가 월간지라는 걸 강조하기 위해 해당 월 부분의 색을 달리하면 좋겠어."를 반영하여 '11월'의 색을 바꾼 것이다.
② ⓑ는 '세아'의 피드백 중 "중앙 이미지에 제시된 문구를 바꾸는 게 나을 것 같아. 핵심 내용인 독서 문화와 어울리면서 주최하는 행사와도 연결되는 내용으로 말이야."를 반영하여 '도서관 가는 길은 행복입니다.'를 '책으로 감각하고 사유하라!'라는 문구로 바꾼 것이다.
③ ⓒ는 '하민'의 피드백 중 "소식지에 자세하게 소개된 내용은 실린 쪽수를 기재하는 게 어떨까?"와 '영은'의 피드백 중 "행사를 소개하는 문구에서 중복되는 내용을 삭제하고"를 반영하여, 배너의 왼쪽 상단에 '4p'를 기재하고 중복되는 내용인 'BOOK CONCERT'라는 문구를 삭제한 것이다.
④ ⓓ는 '영은'의 피드백 중 "추천 도서에 기재한 정보는 저자, 출판사, 출판일로 나누어 제시하면 좋겠더라."를 반영하여 '출판사 : 해달출판사(2020. 10. 07)'을 '출판사 : 해달출판사', '출판일 : 2020. 10. 07'로 나누어 제시한 것이다.

Part 25

매체 실전문제 25회

25-1. ⑤

정답 설명

' 더보기 '를 통해 한 화면에 노출되지 않은 기사 내용을 수용자의 선택에 따라 추가적으로 확인할 수 있으므로 적절한 설명이다.

오답 설명

① ' ◀◀ ▶◀ ▮▮ ▶▶ '를 통해 기사가 음성으로 전달됨을 확인할 수 있으나, 이는 기사의 전달 방식과 정보의 공정성은 상관이 없다.

② '분야별뉴스'와 '랭킹뉴스' 중 '랭킹뉴스'를 선택한 것으로 보아 수용자가 기사의 배열 기준을 선택할 수 있다고 볼 수는 있다. 그러나 이것은 이미 일정한 기준에 따라 배열되어 있는 기사들을 어떠한 기준으로 확인할 것인지를 수용자가 선택하는 것일 뿐, 수용자가 직접 기사의 순서를 재배열하여 이용할 수 있는 것은 아니다.

③ ' 이 기사 추천하기 | 63 '를 통해 기사에 대한 수용자들의 선호를 파악할 수 있으나, 이를 통해 기사에 제시된 정보의 정확도를 검증할 수 있는 것은 아니다.

④ ' ⟳ SNS에 공유하기 '를 통해 수용자가 기사를 누리 소통망[SNS]에 공유할 수 있다는 것은 알 수 있으나, 이를 통해 수용자가 기사 본문을 실시간으로 재구성할 수 있는 것은 아니다.

25-2. ④

정답 설명

'많이 본 뉴스'의 '3 여름철 쉽게 변질되는 식품, 유통기한보다 보관 방법이 중요해'는 '유통기한'을 준수하여 식품을 섭취하는 것을 긍정적으로 보도하는 것이 아니라, '유통기한'보다 '보관 방법'이 더욱 중요하다는 요지를 담고 있는 것이다. 따라서 '많이 본 뉴스 3'이 수용자로 하여금 '유통기한'을 준수하여 식품을 섭취하는 것에 대한 긍정적 인식을 갖도록 한다는 선지의 설명은 적절하지 않다.

오답 설명

① '많이 본 뉴스'의 '1'과 '2'는 각각 '소비자 불만'과 '숙박 예약 소비자 피해'를 다루고 있는데, 이는 특정 문제 상황에서 소비자의 입장을 선택한 결과로 재구성된 현실에 해당한다고 볼 수 있다.

② '댓글 많은 뉴스'의 '3'은 '소비기한'이 소비자의 '혼란'을 '가중'한다고 언급하였으므로, '소비기한'의 기대 효과를 긍정한 '2'와는 대조되는 부정적인 관점을 따르는 것이라 할 수 있다.

③ '댓글 많은 뉴스'의 '2'는 '기대돼'라는 표현을 통해 '소비기한 표시제'라는 대상이 가져올 미래에 대한 긍정적 해석을 드러내고 있다고 할 수 있다.

⑤ '많이 본 뉴스'와 '댓글 많은 뉴스'에서 공통으로 1순위를 차지한 뉴스가 '성수기'에 급증한 '숙소 취소' 문제를 다루고 있다는 점에서 '많이 본 뉴스'와 '댓글 많은 뉴스'의 '1'은 해당 이슈에 대한 소비자의 높은 사회적 관심도가 반영된 것임을 알 수 있다.

25-3. ③

정답 설명

셋째 슬라이드는 학생의 카드 뉴스 제작 계획 메모 내용을 반영하여, 식품별 유통기한과 소비기한을 표로 정리하여 대비시키고 있다. 그러나 장면 구상의 내용처럼 소비기한에서 유통기한을 뺀 일수를 명시하고 있지는 않으므로 적절하지 않다.

오답 설명

① 첫째 슬라이드에 제시된 제목 중 '안전하게 식품 섭취'라는 구절에서 기사의 제목이 활용되었음을 알 수 있으며, 식품과 소비기한을 형상화한 그림이 삽입되어 있는 것 역시 확인할 수 있다.

② 둘째 슬라이드에 기사에 제시된 유통기한 및 소비기한 관련 내용이 표로 정리되어 비교하기 쉽도록 제시되어 있음을 알 수 있다.

④ 넷째 슬라이드에 소비기한에 대한 표기 없이 유통기한만 표기할 시 사회적 손실이 크다는 내용, 즉 음식물 쓰레기를 처리하는 데 발생하는 막대한 사회적 비용 문제를 보여 주는 자료를 제시하였으므로 소비기한을 표기하지 않은 현재의 단점을 뒷받침하는 자료로써 적절하다.

⑤ 다섯째 슬라이드에서 '소비기한을 고려'하라고 제시하고 있으며, 식품별로 적절하게 보관할 것을 권유하고 있음을 확인할 수 있다.

25-4. ②

정답 설명

(가)는 무선 이어폰 제품의 종류가 다양해지는 시기에 어떤 것을 고르는 것이 좋을지에 관한 소비자의 고민을 주제로 하고 있다. 이러한 상황에서 (가)가 제공하는 정보는 소비자가 제품을 선택할 때 도움을 줄 수 있는 시의성(당시의 상황이나 사정에 알맞은 성질)을 갖추고 있다고 할 수 있다.

오답 설명

① (가)는 텔레비전 방송 뉴스라는 점에서 뉴스가 방송되고 있는 특정 시간에 접근할 경우, 정보 전달이 진행 중일 수 있다. 하지만 정보 제공자는 계획한 순서에 따라 정보를 제공하며, 수용자는 뉴스를 시청하면서 이를 순차적으로 획득할 수밖에 없기에 수용자가 비순차적으로 정보를 획득할 수 있다는 선지의 설명은 적절하지 않다.

③ (나)는 제품의 주된 소비자층을 명시하고 있지 않다.

④ (가)는 소비자들이 제품을 구매할 때 가장 먼저 고려하는 요인이 음질임을 설문 조사 결과를 통해 제시하고 있을 뿐, 소비자들의 구매 기준이 변모했음을 보여 주고 있지 않다. 또한 여러 소비자와의 인터뷰 영상을 제시하고 있지도 않다.

⑤ (나)는 '소비자의 오해'와는 무관한 정보를 담고 있으며, (가)에 비해 많은 양의 정보를 담고 있지도 않다.

25-5. ④

정답 설명

ⓔ의 '또는 앞뒤의 문장이 비슷한 맥락에서 제시되었음을 나타내는 접속 표현이다. 이를 통해 뉴스는 'B사 제품'의 특징을 추가로 소개하고 있을 뿐, 뉴스의 핵심 정보를 요약하여 전달하고 있지는 않다.

① ㉠은 '~할까요?'에서 의문형 종결 어미 '-ㄹ까'를 통해 무선 이어폰 선택에 관해 시청자에게 도움이 되는 정보가 다뤄질 것임을 제시하고 있다.

② ㉡은 '국내 무선 이어폰 시장이 커졌다'는 원인과 '차별화된 기능을 탑재한 신제품들이 다양하게 출시'되고 있다는 결과를 통해 현재 상황의 배경을 제시하고 있다.

③ ㉢은 '알아봅시다.'에서 청유형 어미 '-ㅂ시다'를 통해 '노이즈 캔슬링' 기능이 실제 제품에 구현된 양상에 관해 구체적으로 소개할 것임을 예고하고 있다.

⑤ ㉤은 '최적의 결정'이라는 표현을 통해, 뉴스에서 제공한 정보를 참고하여 개인에게 적합한 무선 이어폰을 선택하도록 수용자를 유도하고 있다.

25-6. ④

(나)는 '가수 ☆☆'의 이미지를, '자료'는 실제 무선 이어폰의 이미지를 제시하고 있다. 그러나 (나)와 '자료' 둘 다 이를 통해 제품의 디자인에 대한 자부심을 드러내고 있지는 않으므로 적절하지 않다.

① (나)와 '자료'는 모두 광고 문구와 함께 음악 소리를 시각화한 음표를 배치하여 음악을 듣는 무선 이어폰의 쓰임새를 드러내고 있다.

② '자료'는 '자사 기존 제품보다 강력해진 연결 안정성'을 언급하여, 해당 제품이 소비자가 무선 이어폰을 구매할 때 중시하는 기준 중 하나인 '연결 안정성'을 충족하는 제품이라는 점을 부각하고 있다.

③ '자료'는 (나)와 달리 제품 이미지와 광고 문구를 잇는 연결선을 활용하고 있으며, 이를 통해 소비자가 해당 제품을 사용할 경우 누릴 수 있는 장점을 구체적으로 드러내고 있다.

⑤ (나)와 '자료'는 모두 광고 문구를 통해 제품에 활용된 핵심 기술 즉 '노이즈 캔슬링'을 언급하며, 각각 '뛰어난 음질'을 제공하고 '어쿠스틱 음악 감상에 최적'인 점을 제시하고 있다.

매체
N제

프리미엄 언매 문제집